体育与健康课教学设计经典案例研究

主　编 ◎ 梁占歌
副主编 ◎ 曹　垚

北京师范大学出版集团
安徽大学出版社

图书在版编目(CIP)数据

体育与健康课教学设计经典案例研究/梁占歌主编. —合肥:安徽大学出版社,
2016.10(2022.6 重印)

ISBN 978-7-5664-1143-3

Ⅰ.①体… Ⅱ.①梁… Ⅲ.①体育课—教学设计—教案(教育)—中小学
②健康教育—教学设计—教案(教育)—中小学 Ⅳ.①G633.962

中国版本图书馆 CIP 数据核字(2016)第 144024 号

体育与健康课教学设计经典案例研究　　梁占歌　主编

出版发行:	北京师范大学出版集团
	安徽大学出版社
	(安徽省合肥市肥西路3号 邮编230039)
	www.bnupg.com.cn
	www.ahupress.com.cn
印　　刷:	江苏凤凰数码印务有限公司
经　　销:	全国新华书店
开　　本:	170mm×240mm
印　　张:	14.5
字　　数:	266 千字
版　　次:	2016 年 10 月第 1 版
印　　次:	2022 年 6 月第 3 次印刷
定　　价:	29.00 元

ISBN 978-7-5664-1143-3

策划编辑:姜　萍　　　　　　　　　　　装帧设计:李　军
责任编辑:徐国威　卢　坡　苗　锐　戴欢欢　　美术编辑:李　军
责任印制:陈　如

版权所有　侵权必究

反盗版、侵权举报电话:0551—65106311
外埠邮购电话:0551—65107716
本书如有印装质量问题,请与印制管理部联系调换。
印制管理部电话:0551—65106311

编 委 会

安徽省高校人文社科重点研究基地
合肥师范学院教师教育研究中心   组编

顾　问：朱旭东　杨世国
主　任：吴昕春
副主任：宋冬生
主　编：李继秀
副主编：胡　昂　孙晓青
编委会：（按音序排列）
　　　　操申斌　郭要红　李友银
　　　　卢翠霞　刘晶辉　钱立青
　　　　唐　洁　吴秋芬　杨思锋
　　　　张　峰　赵　杰

※ 安徽省高校人文社科重点研究基地2014年重点招标课题"基于教师教育课程标准的实践性课程资源库建设研究"成果
※ 安徽省高等教育2013年、2014年振兴计划重大教学改革研究项目"〈教师专业标准〉框架下的教师教育研究"（2013zdjy131）、"师范院校与中小学'无缝对接'教师教育模式建构与实践"（2014zdjy099）研究成果
※ 安徽省高校人文社科重点研究基地合肥师范学院教师教育研究中心2014年规划项目研究成果
※ 本书得到安徽省基础教育改革与发展协同创新中心项目资助
※ 校友江博教育公益基金资助项目

总 序

2012年，为落实教育规划纲要，构建教师专业标准体系，建设高素质专业化教师队伍，教育部研究制定了《幼儿园教师专业标准（试行）》《小学教师专业标准（试行）》《中学教师专业标准（试行）》（以下简称《专业标准》）和《教师教育课程标准》。

2014年教师节前夕，习近平总书记在同北京师范大学师生座谈时指出，百年大计，教育为本；教育大计，教师为本。努力培养造就一大批一流教师，不断提高教师队伍整体素质，是当前和今后一段时间我国教育事业发展的紧迫任务。一流教师是有理想信念、道德情操、扎实学识、仁爱之心的教师。为了培养造就一流教师，我们要建设高质量、公平、开放、灵活、一体化和专业化的教师教育体系，加大对师范院校的支持力度，找准教师资格制度、教师教育课程、师范生实践能力培养等教师教育改革突破口和着力点，不断提高教师培养培训专业化水平。

面对"以能力培养为导向"的教师教育需求，"教师教育实践性资源库"丛书面世了。它是合肥师范学院教师教育研究中心组编的"教师教育资源库系列丛书"的一部分，是安徽省高等教育2013年、2014年振兴计划重点教研课题以及省级研究基地重点招标课题、基地规划课题的研究成果，是合肥师范学院教师教育研究中心与校教务处、学科教学论教研室、教师教育学院部分教师通力合作、认真研究的成果，也是合肥师范学院在教师教育研究中第一次出现的多部门、跨学科协同研究，在此感谢一群志同道合的研究者们。值得欣慰的是，此套丛书的问世或许能够更好地突出合肥师范学院师范教育悠久的历史和优势，更好地彰显合肥师范学院的办学定位："师范性、应用型"，更好地服务于在我国即将开始的"全面启动实施卓越教师培养计划"（2014年8月，教育部颁布了《关于实施卓越教师培养计划的意见》〔2014〕5号），更好地服务于职前职后基础教育教师的培养培训。

第一批出版的丛书由11本既相对独立又相互关联的分册组成。它们是：姜忞的《语文课教学设计经典案例研究》、张新全的《数学课教学设计经典案例研究》、蒋道华的《英语课教学设计经典案例研究》、王从戎的《物理课教学设计经典案例研究》、姚如富的《化学课教学设计经典案例研究》、傅文茹的《思想品德课教学设计经典案例研究》、梁占歌的《体育与健康课教学设计经典案例研究》、马晴的《美术课教学设计经典案例研究》、汪昌华的《先学后教课堂教学模式典型教学课例研究》、李继秀的《中小学回溯——以成长的故事感悟教师》、翟莉的《优秀教师成长案例及教育故事研究》。有的分册实行双主编制，一部分来自高师院校长期从事学科教学论研究和教育理论研究的教师，另一部分来自基础教育一线的教研员或优秀教师。丛书的立足点是基于教师专业标准、教师教育课程标准、符合基础教育课程改革特质，旨在实现理论与实践的结合、高师院校与基础教育学校的结合，使我们正在培养的未来教师能够最直接、最具体、最真实地感受基础教育学校经常发生的事，感受教师这个职业所需要的专业理念与师德——职业理解与认识、对待学生的态度与行为、教育教学的态度与行为、个人修养与行为，所需要的专业知识——学生发展知识、学科知识、教育教学知识、通识性知识、教育教学设计知识，以及所需要的专业能力——教学组织与实施能力、激励与评价能力、沟通与整合能力、反思与发展能力，也希望未来的教师们形成理论联系实际的思维和习惯，在离开母校后既能规范、熟练地掌握教育教学技能，又能保持理论的兴趣，穿行于理论与实践之中，形成难能可贵的教师思维，获得持续的专业成长力。

《语文课教学设计经典案例研究》《数学课教学设计经典案例研究》《英语课教学设计经典案例研究》《思想品德课教学设计经典案例研究》《体育与健康课教学设计经典案例研究》《美术课教学设计经典案例研究》《化学课教学设计经典案例研究》《物理课教学设计经典案例研究》每本书20万字左右，分两部分。第一部分是理论分析。阐释现代学习理论、教学理论指导下的各学科教学设计所必须掌握的中小学课程改革理念、课程标准、教师专业标准、教学设计的要求，为学科教学设计铺垫学理基础。第二部分是经典教学设计案例及点评。每学科选取10余个省内外名师和近年来获得省（市）级以上教学大赛一等奖的教学设计经典案例进行分析研究，案例以初中为主，兼顾小学。各学科教学设计在内容上兼顾不同题材的教学案例，如：语文教学是以阅读教学为主，兼顾拼音教学、识字写字教学、写作教学、口语交际教学等。选择的案例以人教版和苏教版为主，案例点评力图以简约的形式对该教学设计的内容、格式、特色等进行梳理，为读者学习、模仿指明路径。之后我们将继续推出生物、历史、地理、音乐学科的教学设计经典案例研究,以覆盖中小学各学科,使之成为师范类各专业学生教学设计技能培养时的指定教材、必读案例。

《先学后教课堂教学模式典型教学课例研究》一书是对中小学课堂教学经典案例进行汇集与评析,是一本关于师范院校教学论与学科教学法课程的辅助教材。在对教学模式基本理论研究的基础上,在理论研究的导引下,对先学后教(或以学定教)教学模式进行学科化的实践探索。建立以主干学科语文、数学、英语、政治学科为主要内容领域的先学后教教学模式典型课例(教案),也是目前全省很多学校推行的学案。通过对主干学科课堂教学模式典型课例的研究,推进教学改革,建立"减负增效,高效课堂",实施素质教育,提高教师对基础教育课程改革的适应性。

《中小学回溯——以成长的故事感悟教师》由142篇短文构成,约20万字。短文是从合肥师范学院教师教育学院、中文、英语、数学、物理、化学、生物、体育、美术、音乐等教师教育专业学生作品中精心挑选出来的。文中学生用自己的成长经历,结合所学教育理论,讲述着自己的故事,感悟着教师职业,他们深深体会到"将来我会像我老师那样……""将来我不能像我老师那样……""教师的一句话、一个点头、一个微笑……终生难忘……改变我的一生……"其文字朴实,字里行间流露出学生的真情实感。每篇学生的作品都配有教育学、心理学专家的精彩点评。

《优秀教师成长案例及教育故事研究》精选了教师教书育人和自我专业发展过程中具有真实性、典型性和启发性的故事和案例。其中有我校杰出校友故事和案例4例。教育案例是架起教育理论和教育实践之间的桥梁,能够让师范生在真实生动的教育实践中领悟抽象的教育理论,感悟教育情境、培养教育信念、习得教育智慧,学会像专家型教师那样思考教育问题、规划教师的自我成长。

书稿也是建立在对教师培养规律研究基础上的。如果把教师发展阶段分为"培养、任用、培训"三个阶段,那么高师学生属于"培养"阶段,这个阶段关于未来教师角色的印象是模糊的。庞大、复杂的教育理论对于师范生来说是抽象的,没有同化吸收的"根基",难以建立起有效的知识体系,更谈不上应用。到了实习阶段,他们开始关注自己的能力,诸如怎样当教师?怎样做班主任?如何走向讲台?教什么?怎么教?甚至直接关注起自己未来的职业竞争力、就业应聘能力等问题。此时的师范生进入快速"专业成长期",整个学习生活发生了重大变化:从只关心专业学科知识到关注中小学教材;从关心教材内容到熟悉课标,把握教材重点、难点;从关注学的方法到关注教的方法;从自己懂到让学生懂;从知识技能到过程方法、情感态度价值观;从理论到经验、生活、动手实践;从知识本位到学生本位；从结果到过程；从只关注如何在有限的时间内把知识讲完、是否能控制课堂、是否能被学生接受、受学生欢迎、自己课堂上的表现到关注把内容讲深、讲透、讲活，关注教学情景的创设、教学活动的设计，关注学生的参与互动等。虽然这些要求、环节要在"培养、任用、培训"几个阶段有重点地逐步实现，但是对于高师学生来说，这个过程来得很快，脚步急促。因为只要走上讲台，只要扮演起教师的角色，就要像个教师的样子，就希望自己成功、有效、优秀。

"教师教育实践性资源库"丛书将有效帮助高师学生使"模糊"的教师形象逐渐清晰起来；寻找到教育理论学习的"根基"，建立起理论联系实践的桥梁；在模仿与感悟中快速入轨，形成教师必备的专业信念与理想、知识与能力，形成职业竞争力和就业应聘能力。

本系列丛书适合我国基础教育改革对教师培养、培训的要求，适应中小学教师专业标准下高等师范院校教师教育课程改革的需要。

本系列丛书在写作过程中参考、引用了国内外有关研究成果和文献资料，在此对这些著作权人和作者表示敬意和感谢。

本系列丛书得到省教育科学研究院学科教研员的审阅，在此表示感谢。

由于我们水平的限制，本书的不足和问题一定存在，敬请各位同仁和读者提出宝贵意见和建议。

2016 年 4 月

目 录

导　言 …………………………………………… 1

上编　理论探讨

第一章　体育与健康课教学设计的准备工作 …… 3

　　第一节　体育与健康课教学设计的基本概述 …… 3
　　第二节　体育与健康课教学设计的准备工作 …… 21

第二章　新课程理念下体育与健康课教学设计 …… 46

　　第一节　新课程理念下体育与健康课教学设计的
　　　　　　基本模式和要求 …………………………… 46
　　第二节　新课程理念下体育与健康课教学设计的
　　　　　　基本内容 …………………………………… 53

第三章　体育与健康课教学设计的研究与优化 …… 80

　　第一节　体育与健康课教学设计的问题和解决
　　　　　　策略 ………………………………………… 80
　　第二节　体育与健康课教学设计优化的主要方式：
　　　　　　说课 ………………………………………… 81

下编　经典案例

案例1　肩肘倒立教学设计 ……………………… 97
案例2　跪跳起教学设计 ………………………… 101

案例 3　篮球——原地双手胸前传接球教学设计 …………… 107
案例 4　脚背正面运球射门游戏与体能练习教学设计 …………… 112
案例 5　趣味韵律操教学设计 …………………………………… 118
案例 6　下压式传接棒教学设计 ………………………………… 124
案例 7　空竹二十四式——左、右绕线教学设计 ……………… 131
案例 8　篮球行进间运球教学设计 ……………………………… 136
案例 9　民间传统体育项目——推铁环教学设计 ……………… 142
案例 10　小球操教学设计 ………………………………………… 147
案例 11　"三学"模式下的排球正面双手垫球教学设计 ……… 153
案例 12　跨栏跑教学设计 ………………………………………… 158

附　录 …………………………………………………………… 165

附录 1　《义务教育体育与健康课程标准(2011 年版)》………… 165
附录 2　《中学教师专业标准(试行)》……………………………… 202
附录 3　《教师教育课程标准(试行)》……………………………… 206

主要参考文献 …………………………………………………… 217

导　言

伴随着新课程改革的逐步推进,《体育与健康课程标准》的颁布实施也已经有13个年头了。无论是专家、学者还是一线的体育教学工作者都曾对新课程标准产生过疑惑、不解甚至茫然。于是,大家开始重新思考体育新课程相关理论与实践问题。在答疑解惑中,众多的体育工作者开始逐渐认清、理解乃至接受新课程,其先进的教学理念也逐渐深入人心。体育教学工作者也在改变"以课堂为中心、以教材为中心、以教师为中心"的教学观念,进而关注学生的情感体验,关注学生的生活经验,关注学生作为课堂主体的价值实现。

然而如何提高体育课堂教学的有效性,让体育课充满欢声笑语和魅力,使学生健康活泼成长,是每一位体育教学工作者现阶段需要着重思考的问题,也是体育师范生在入职前需要锻炼和掌握的一项能力。因此,为了培养适应未来职业需要的高素质体育教师,提高体育师范生的教学设计能力,丰富体育师范生的课程资源,彰显"师范性、应用型"的办学特色,我们特编写了《体育与健康课教学设计经典案例研究》一书。

本书旁征博引,博采众长,着力于培养学生体育教学设计的能力,希望能够做到在理论与实践之间架构一座桥梁,将体育与健康课教学设计的理论问题明白无误地传达给读者,并通过大量丰富的经典案例使读者更加深刻地认识和了解体育与健康课教学设计,力争做到理论讲解条理清晰分明,案例呈现生动形象、活灵活现,点评环节深刻到位、突出特色。

对于案例的选择,我们尽量做到在优秀的基础上更加经典。案例的选择主要源自参加全国中小学体育教学观摩展示活动的优秀课例,在课例的选择上尽量立足于安徽本土,体现安徽省基础教育体育课程改革的成效。在此基础上,也选择了部分其他省份的优秀课例。我们这样做的目的只有一个,那就是,更好地将第八次基础教育课程改革的部分优秀成果呈现给读者,以期通过阅读经典、学习经典进而走向经典。为此,我们衷心地感谢案例的提供者和执教者。

教学是一门存在着缺憾美的艺术,因而,教学需要不断反思和精心设计。我们遴选了经验丰富的教师对案例进行点评,在肯定案例优点和特色的同时,也指出了其存在的不足和需要完善的地方,尽量做到对读者有所启示,也希望能够更好地引领体育师范生培养教学设计能力。

《体育与健康课教学设计经典案例研究》分为"理论探讨"和"经典案例"。"理论探讨"主要讲述体育教学设计的一些基本问题,如体育教学设计的定义、理论基础、应用层次以及基本要素。"经典案例"主要介绍一些不同运动项目的课例,这些课例来源于获得第五届全国中小学体育教学观摩展示活动一等奖和安徽省第四届中小学体育教学观摩展示活动一等奖的选手的课例。本书在编写过程中,得到了合肥师范学院教师教育研究中心、教务处和学科教学论教研室的专家的指导;在案例的搜集和整理上,得到了安徽省教育科学研究院江玲研究员的帮助。为此,我们对大家的辛勤付出表示衷心的感谢,同时,也对课例的执教者表示最真挚的谢意。

梁占歌

2016 年 4 月

理论探讨

第一章 体育与健康课教学设计的准备工作

为了更好地稳步推进基础教育体育课程改革向纵深方向发展，满足现代教育理念对未来体育教师的职业要求和专业素养需求，《中学教师专业标准（试行）》和《教师教育课程标准（试行）》都对现行的体育师资力量的培养提出了基本规范和行为准则。《2010年全国学生体质与健康调研结果》表明，学生体质与健康状况总体有所改善，主要表现在形态发育水平持续提高、肺活量水平出现上升拐点、营养情况继续改善、中小学生身体素质下滑趋势开始得到遏制，尤其是反映中小学生身体素质的各项指标，与2005年相比，有了不同程度的提高。这说明《体育与健康课程标准》的实施成效初步显现，也恰恰说明新课程在促进学生全面发展方面的作用是明显的。抛开其他因素来说，学生身体素质的提高依赖于体育与健康课程的有效实施，体育与健康课程的有效实施又取决于体育教师专业水平的提高。我国许多学者都曾谈到教师的教学能力，并对其进行了分类，有相当一部分学者认为，教师的教学能力包括教学设计能力。可见，教学设计能力作为教师教学能力的一部分还是得到了人们的认可的。那么，什么是教学设计？体育教师如何通过学科与教育的有机融合进行体育教学设计呢？为此，本章就从教学设计的基本内涵和特征谈起，来梳理体育与健康课教学设计的准备工作。

第一节 体育与健康课教学设计的基本概述

体育教学是一项有目的、有计划、有组织地培养现代化合格公民的社会实践活动，是体育与健康课程实施的主要途径。为了更好地体现体育与健康课程的各种功能，实现学校体育的目标，取得良好的教学效果，体育教师必须在现代教育教学理论和体育教学理念的指导下，了解国际体育课程的发展趋势，分析影响体育教学的各个要素，熟悉体育教学过程的各个环节，对每个教学环节的教学活动进行精心组织和设计。为此，作为未来体育教师的我们就需要了解体育教学设计的有关理论知识和方法，为将来的职业发展做好准备。

一、教学设计的概念

为了更好地认识教学设计,我们有必要充分认识什么是"教学"和什么是"设计"。对于"教学"一词,古往今来,无数中外学者在其著作中频繁使用,但其含义却不尽相同。我们无须去考证和辨析对于"教学"一词的争论,我们需要做的就是在本书中对"教学"有一个明确的态度。

综观众多学者对"教学"一词的定义,我们更倾向于李秉德先生对"教学"一词的解释,即"教学"就是教的人指导学的人进行学习的活动。进一步说,就是教和学相结合或相统一的活动。[①] 在明确了什么是"教学"之后,我们再来认识一下什么是"设计"。

纵观古今,"设计"一词一直出现在我们耳边,也成为我们比较熟悉的一个词,如"艺术设计""桥梁设计""环境设计""园林设计""服装设计"等,似乎"设计"成了我们生活的一部分。那么,"设计"到底是什么呢?"设计"一词被广泛应用于众多领域,然而,人们对它的理解却不尽相同。有学者认为,设计是在创造某种具有实际效用的新事物或者解决新问题之前所进行的探究式的系统计划过程。[②] 国外学者认为,设计就是为创造某种具有实际效用的新事物而进行的探究。《现代汉语词典》的解释是,设计就是在正式做某项工作之前,根据一定的目的要求,预先制定方法、图样等。由此可见,我们进行任何一种有目的的活动,为了取得预期目标和获得理想效果,都必须在活动之前对其进行设计。设计不完全是计划,或者说计划只是设计的一部分,它注重的是如何对有目的的活动进行规划和组织。设计最终的形式应该是设计如何操作的一种方案。

因此,从教学和设计的角度来看,教学设计是对教学活动过程的预期与设想。在实践论者看来,教学设计"重点放在探讨如何指导教师制定计划,如何一步一步地达到目标"[③]。从现有教学设计的研究来看,国内外学者对"教学设计"定义的认识主要有如下几种观点。[④]

(一)教学设计是系统计划或规划教学的过程

这种观点把教学设计看作用系统的方法分析教学问题、研究解决问题途径、评价教学结果的系统规划或计划的过程,如:"教学是以促进学习的方式影响学习者的一系列事件,而教学设计是一个系统化规划教学系统的过程"(加涅,

---

① 李秉德,李定仁.教学论[M].北京:人民教育出版社,2001,2.
② 孙可平.现代教学设计纲要[M].西安:陕西人民教育出版社,1998,1.
③ 盛群力,程景利.教学设计要有新视野[J].全球教育展望,2003,191(7).
④ 何克抗,郑永柏,谢幼如.教学系统设计[M].北京:北京师范大学出版社,2002,2—3.

1992)。"教学系统设计是运用系统方法分析研究教学过程中相互联系的各部分的问题和需求,确定解决它们的方法步骤,然后评价教学成果的系统计划过程"(肯普,1994)。"教学系统设计是指运用系统方法,将学习理论与教学理论的原理转换成对教学资料、教学活动、信息资源和评价的具体计划的系统化过程"(史密斯、雷根,1999)。"教学系统设计是运用系统方法分析教学问题和确定教学目标,建立解决问题的策略方案、试行解决方案、评价试行结果和对方案进行修改的过程"(乌美娜,1994)。

(二)教学设计是创设和开发学习经验和学习环境的技术

美国著名设计专家梅瑞尔(M. David Meriil)在新近发表的《教学设计新宣言》一文中,将"教学设计"界定为"教学是一门科学,而教学设计是建立在教学科学这一坚实基础上的技术,因而教学设计也可以被认为是科学型的技术(science-based technology)。教学的目的是使学生获得知识技能,教学设计的目的是创设和开发促进学生掌握这些知识技能的学习经验和学习环境"(梅瑞尔,1996)。梅瑞尔的教学设计思想很大程度上受加涅的影响,但他强调教学设计应侧重于对学习经验和学习环境的设计与开发,以创设一种高效率的、具有强烈吸引力的教学。这里所谓的"经验",从梅瑞尔对"教学设计"定义进一步的分析中,可以推知主要是学习策略,涉及如何指导学生获取知识,帮助他们复诵、编码和处理信息,监控学生的学业行为,提供学习活动的反馈等。

(三)教学设计是一门设计科学

帕顿(Patten,J. V)在《什么是教学设计》一文中提出:"教学设计是设计科学大家庭的一员,设计科学各成员的共同特征是用科学原理及应用来满足人的需要。因此,教学设计是对学业成绩问题的解决措施进行策划的过程。"(帕顿,1989)这一定义将教学设计纳入了设计科学的子范畴,强调教学设计应把学与教的原理用于计划或规划教学资源和教学活动,以有效地解决教学中出现的问题。

关于"教学设计"的含义第一种观点强调教学设计的系统特征,突出循序渐进、合理有序的操作步骤;第二种观点更多地体现了以学为主的教学设计思想,强调教学设计应侧重于对学习经验和学习环境的设计与开发;第三种观点是从设计科学的角度,突出了教学系统设计的设计本质。以上定义反映了人们对教学系统设计内涵的不同理解和认识。也许可以说,概念既非真理亦非谬误,它只有贴切与不贴切、明确与含糊、有用与无用的区别。概念只是用以描述现实的某些相关方面,并进而构成所研究的事物的定义(规定性)的工具。因此,我们这样界定"教学设计":教学系统设计(Instructional System Design,简称ISD)也称作"教学设计"(Instructional Design,简称ID),是以获得优化的教学效果为目的,以学习理论、教学理论及传播理论为理论基础,运用系统方法分析教学问题、确定教学目标、建立解决教学问题的策略方案、试行解决方案、评价试行结果和修改方案的过程。

二、教学设计的特征

从对"教学设计"的含义分析来看,它有如下特征:

(一)教学设计是借助学习理论、教学理论和传播理论的相关知识,采用系统思想和方法来获取优化的教学效果

我们把为达到一定的教育、教学目的,实现一定的教育、教学功能的各种教育、教学组织形式看成教育系统或教学系统。教学系统是教育系统的子系统,它可以指学校的全部教学工作,也可以指一门课程、一个单元或一节课的教学,教学系统包含了教师、学生(均为人员要素)、课程(教学信息要素)和教学条件(物质要素)四个最基本的构成性要素,是系统运行的前提,组成系统的空间结构;教学目标、教学方法、教学组织形式等过程性要素形成系统的时间结构。因此,在面对包含各种要素的复杂教学系统时,要想综合考查、协调和控制各个要素,以保证系统的顺利运行和完成系统功能,其关键就是要掌握系统方法。例如一堂体育与健康课中,不仅要考虑教学过程的各个要素,把其作为一个整体来看待,还要考虑这堂课与本教学单元甚至该运动项目教学的关系。当我们把一堂体育与健康课当作一个系统来对待时,教学设计就要考虑其整体优化的问题,考虑其规律性的问题,从而有利于教师从行动上落实教学系统的整体观念,改变传统教学模式教学效果不佳的局面。

(二)教学设计有助于我们整体看待教学与学习的关系[①]

教学设计是一个综合考虑分析、设计和评价的过程,正如加涅所说"为学习设计教学",教学设计强调把"学习"看成学习者认知结构或业绩行为发生的持久性变化。这一变化不仅表现在过程上,还体现在结果上。学习过程伴随着学习者一系列复杂的身心内部变化,诸如警觉产生、知觉选择、诵读强化、编码组织、回忆提取、监控执行、期望建立等;学习结果则是学习者身心状态的积极转变,例如认知完善、情感陶冶、态度转变、动作精致、交往和谐等,两者共同构成了学习的内部条件。教学不仅仅是教师的教与学生的学的共同活动(劳动),更重要的是,教学是人们在精心创设的环境中,通过外部条件的作用方式,激发、支持和推动学习内部过程的有效发生和学习结果的取得。因此,学习的内部条件(学习过程与学习结果)与学习的外部条件(教学)共同决定了学习者的发展潜力。然而,教学本身却是围绕着学习展开的,教是为学服务的。为学习设计教学即意味着

[①] 盛群力等.简论系统教学设计的十大特色[J].课程·教材·教法,1998,5.

不能仅仅考虑教师教得方便、教得精彩、教得舒畅,而要把学习与学习者作为焦点,以教导学、以教促学。

(三)教学设计重视教学活动的循序操作

所谓"重视教学活动的循序操作",就是要突出教学在促进学习过程中的程序化与计划性。也就是说,教师在备课、上课、评课(价)、说课等一系列教学工作中,都应有相对明确的操作程序和基本要求。这些程序和要求有些是同教师以往的经验积累相吻合的,或者是他们在实践摸索中已经知晓的;有些则是学习理论、教学理论与技术、传播理论等多学科数十年研究得出的尝试性结论,它们往往需要广大教师,特别是那些有经验的教师去认真倾听和灵活对待。我们绝不能把循序操作看成对"教无定法"的否定,它不是让人死守教条、呆板行事,而是强调教学外部条件应环环相扣、步步落实。

三、体育教学设计的含义

体育教学是体育教师引起、维持、促进学生体育学习的所有行为方式。体育教师的主要行为包括教师的讲解与示范、师生对话与教师指导,辅助行为包括激发动机、期望效应、课堂交流和课堂管理等。体育教师通过这些行为活动,在课堂上有计划、有组织、有目的地使学生获得体育知识和技能,形成道德品质和世界观,发展智力和个性。为了提高体育教学的质量,在实施教学前,体育教师要对教学行为进行周密的设计和安排,考虑"教什么""如何教""要符合什么要求"等,也就是必须对体育教学活动进行设计。体育与健康课程的教学是一个特殊的教学过程,其组织和控制的难度是其他学科难以比拟的。因此,利用系统思想对体育教学过程中的各个要素进行分析研究,围绕着体育课程目标对体育教学过程进行充分准备和策划是非常有必要的。根据对教学系统设计基本含义的诠释,结合体育学科的特点,我们认为"体育教学设计"可以表述为为了获得优质的体育教学效果,以学习理论、教学理论、传播理论及运动生理学理论为理论基础,运用系统方法,分析体育教学中存在的问题、确定教学目标、建立解决教学问题的策略方案、试行解决方案、评价试行结果和修改方案的过程。

简而言之,体育教学设计就是"教什么"和"如何教"的一种操作方案,是对课堂教学的总体规划与具体布局,进行体育教学设计需要对教学有一个总体的构思、分析与设计,还要有一个具体的方案即撰写教案的过程。

四、体育与健康课教学设计的理论基础

任何一门独立的学科都有支撑其生长的理论基础,体育教学设计也不例外。我国教学设计研究者对教学设计的理论基础进行了大量的研究,并提出了许多

观点,概括起来有如下一些论点。(1)"单基础"论。认为教学设计的理论基础是认知学习理论,并强调主要指加涅的认识学习理论。(2)"双基础"论。主张教学设计是以传播理论和学习理论为基础的。(3)"三基础"论。一种观点认为教学设计是以学习理论、教学理论和传播学为理论基础的;另外一种观点认为至少有三种理论或技术对其起较大的作用:学习理论、教学系统法和传播理论。(4)"五基础"论。提出教学设计要以学习心理理论、现代教学理论、设计科学理论、系统理论和教育传播学为理论基础。(5)"六基础"论。主张学习理论、传播理论、视听理论、系统科学理论、认识论和教育哲学共同构成了教学设计的理论基础。

由此看出,人们对于教学设计的理论基础是有争议的,但能够肯定的是,人们把学习理论、教学理论和传播理论作为教学设计的理论基础的认识是相对统一的,尤其一致地认为学习理论是教学设计的理论基础。体育课教学也有其独特的规律和特点,所以在进行体育教学设计时还必须遵循生理学方面的有关规律。基于此,我们认为体育教学设计的理论基础包括学习理论、教学理论、传播理论和运动生理学理论。

(一)学习理论与体育教学设计

教学设计的发展与学习理论的研究息息相关。纵观教学设计的发展历史,学习理论对教学设计的影响最为深远。加涅于20世纪70年代末提出的"为学习设计教学"口号,也充分反映了学习理论是教学设计的重要理论基础。当前主要的学习理论有行为主义学习理论、认知主义学习理论、人本主义学习理论和建构主义学习理论,并由此形成相应的教学设计观。

1. 行为主义学习理论及其体育教学设计观[①]

严格意义上说,行为主义心理学的研究开创了学习理论的真正历程。行为主义心理学产生于20世纪初,流行于50年代的北美,形成了以桑代克(Thorndike)、斯蒂芬斯(Stephens)为代表的联结主义,以华生(Watson)、格思里(Guthrie)为代表的经典性条件反射主义,后期针对行为主义简单机械的S—R公式受到批评一事,出现了赫尔(Hull)习惯形成说、斯金纳(Skinner)操作性条件反射说等流派。研究者力图把行为主义学习理论变为更符合实际情况的学习活动。这些理论既丰富、扩展了学习的条件反射学说,又为行为主义继续发展提供了理论依据。

可以说,行为主义的"刺激—反应"联结学习论、桑代克的试误学习论、巴甫洛夫(Pavlov)的经典性条件反射学说、斯金纳的操作学习论等都是体育教育的重要基础理论。虽然行为主义学习理论主张学习是行为的发生,而不是意识的

---

① 张振华.体育教学策略与设计[M].北京:北京师范大学出版社,2012,10.

发生,坚信学习就是"刺激—反应"之间的联结,否认学习的内部心理过程,把人的心理现象看成人的肌肉运动与腺体分泌的过程,认为学习是动物和人在活动中受外在因素的影响获得或改变行为的历程;学习的产生是外控的,学习的保持是强化的结果;学习的结果是可观察和可测量的外显行为。把复杂的人类学习行为设想为条件反应连锁,这种观点是不正确的,但这一缺陷颠覆不了其"入世"的贡献。如当代最著名的行为主义学习理论家斯金纳。他通过老鼠压杠杆、鸽子跳舞等实验,总结了影响学习的因素,归纳出人和动物的学习过程规律。他提出了强化是学习的根本规律,并以强化理论设计了程序教学的模式。他的这一著名理论至今还深深影响着课堂教学并产生积极作用。再者,行为学习理论通过对动物学习行为的观察、实验得出的"刺激—反应"的学习行为及试误学习方式的贡献是不容否认的。行为主义学习理论关注与研究环境对个体的刺激(S)并没有错误,因为刺激是客观存在的,学习的发生是个体与环境因素相互作用的结果。人脱胎于动物,存有"生物性",这是被无数科学事实所证明的。所以人类的学习实践不管如何特殊,与动物的学习行为必然有相关联的一面,有共性的一面。人同动物一样,不仅有无条件反射,而且有有条件反射。建立在条件反射基础上的"刺激—反应"的学习行为,并不会因为人类建立起特有的第二信号(语言)条件反射而自动消失。毋庸讳言,体育学习动作技能的形成,很多是建立在试误学习基础上的,是可以用"刺激—反应"的学习原理加以解释和说明的。"刺激—反应"的学习原理与运动技能学习理论密不可分,体现运动技能形成和发展的过程,即泛化、分化、巩固和自动化的四个阶段,即一套刺激—反应的运动链联系系统。动作示范、模仿练习仍然是体育学习行之有效的方法和手段。体育动作技能的形成规律、环境条件、刺激强化依然是体育学习的重要因素和根本条件,在体育学习中起着积极作用。

  基于行为主义学习理论的指导,我们在进行教学设计时,要求教师掌握塑造和矫正学生行为的方法,为学生创设一种环境,尽可能在最大程度上强化学生的优良行为,消除不良行为。如对学生出现的好的行为及时给予各种形式的强化——赞赏、表扬、榜样示范等,就会使学生能够保持这种行为,消除不合适的行为。如对于困难学生的学习,可把学习目标分解成很多小任务,并且一个一个地予以强化,帮助学生尽可能做出正确反应,使错误率降低到最小限度,从而提高学习效率。如体育教学总是按照统一进度教学,则很难照顾到学生的个体差异,影响学生的自由发展,但如果能灵活运用成功教学、程序教学等方法,以学生为中心,鼓励学生按最适宜于自己的速度学习,就会收到好的教学效果。总之,行为主义学习理论有很多原则和方法值得我们学习、领会,揣摩把握。只要我们根据实际情况有选择地加以运用,就能收到事半功倍的学习效果。

2. 认知主义学习理论及其体育教学设计观[①]

由于人类学习实践是极其丰富、极其复杂的,行为主义"刺激—反应"及直觉顿悟只能解释人类的一些知觉水平上的学习行为,而对人类学习同时伴有的思维水平上的学习行为解释起来就显得无能为力了。于是,认知主义学习理论流派,于 20 世纪 60 年代产生发展起来。认知心理学先后经历了传统认知心理学和现代认知心理学两段历程。以传统心理学为基础的认知学习论包括以格式塔心理学为基础的顿悟理论,如科勒的学习论;以场心理学为基础的认知场学习理论,如勒温的学习论等。以现代认知主义心理学为基础的认知学习理论,包括加涅的以信息加工理论为基础的信息加工学习论、布鲁纳的认知结构学习理论、奥苏贝尔(Ausubel)的认知同化学习理论等。认知学习理论认为学习是学习者内部心理结构的形成和改组,而不是"刺激—反应"联结的形成或行为习惯的加强或改变,探讨的主题是"教"的过程中学习者内部心理结构发生的性质以及学习操作获得的认知结构的迁移。认知学习理论为教育的发展增添了新的内容,促进教育大大向前迈进一步,并于 20 世纪 60 年代在西方掀起了以认知课程论为主流的课程改革运动。在今天的体育教育中,我们仍然处处感到认知学习理论不可磨灭的影响。

基于认知主义学习理论的指导,我们在进行教学设计时,要使体育学习成为"有意义的学习",就必须注意以下四个方面:

一是在"会"和"乐"设计上下功夫,让学生获得到情感性、健身性、游戏性、娱乐性等愉悦的快感体验。这两者之间不可偏废,要正确理解二者之间相辅相成的关系,不能把它们割裂开来。对此,我们在教学中,如可以采用"抓大放小",一些基本的东西可由教师把握,一些"小"的环节可以放开让学生去尝试、去感受。不一定事事非得由教师统一安排、设计不可。

二是教材的选择。体育学习的教材中的确存在不少相对枯燥和比较有趣味的内容,两者是难以分离的。那么怎么能使枯燥的内容为学生接受,是我们今后课程安排需要认真考虑的问题。如在教学中积极创造条件,通过游戏形式或内容上施加变化调动学生的学习积极性。允许学生选择各种内容、各种形式的学习。正如有学者指出,"体育游戏对于当前的体育教学改革至关重要。有了它,一个枯燥的练习可以变得津津有味,一个沉闷的教学可以变得生机盎然"。

三是对教材意义的理解。在体育学习里,应该是技术教学和情感体验两者都不可偏颇。如有时只从锻炼、学技术认知出发就会大大淡化教材中情感的享受因素,破坏了体育教育知、美、乐有机整体的和谐性。如在体育学习内容中,有

[①] 张振华.体育教学策略与设计[M].北京:北京师范大学出版社,2012,12—16.

些是要习得技能的,有些是要获得健身的、娱乐的、休闲的效果。应让学生在"有价值的弯路中"去领悟,得到多种获得,从而帮助学生真正形成锻炼习惯和娱乐的能力。其中娱乐性也是吸引和对学生进行体育教育、培养他们各种能力的一种最好的教育手段。

四是教法和谐性的问题。体育学习是一种鼓励,是一种愉悦,而不是责备与强制。针对有些教材内容的枯燥部分,本来可以变化一下,让学生先玩后练,而不是光练不玩;有些教学内容和组织形式本来可以让学生自由选择一下的,却要强制;有些场地器材、规则、难度、强度本来可以改变一下、降低一下的,却墨守成规;学生在学习中发生一些事情,本来可以先鼓励后批评的,却一味求全责备。这些都会影响学生对体育学习主体的接受,最终降低学习质量。实践证明,如果一节课全是行为目标,将使目标单一,将会沦为机械学习,也不利于学生的发展。

3. 人本主义学习理论及其体育教学设计观[①]

人本主义学习理论产生于 20 世纪 70 年代,以马斯洛(Maslow)、罗杰斯(Rogers)为代表。人本主义心理学肯定人的尊严与价值,主张发挥人性,追求自我实现,为心理学开辟了一个新的研究领域。强调以个人的主观意识与经验为研究的主题,这是因为决定个人行为的动力是内在的意识经验与动机,而非外在的刺激或潜意识本能。人本心理学家对人性抱着积极的态度,认为人类具有实现自己性向及潜能的倾向,视人为主动的、理性的、成长的,其最终目的是追求有价值的目标,实现自己的各种潜能。以人本主义心理学为基础的人本主义学习论认为,人生来就有学习的潜能,学生是学习的主体,注重个性学习力的培养。倡导学习的关键在于使学习具有个人意义,现代社会中最有用的学习是了解学习过程,促进认知和情感的统一,以便培养出完整的人等。以人本主义心理学和学习论为基础,人本主义的课程观认为:课程是满足学生生长和个性整合(包括思想、情感和行为的整合)需要的自由解放的过程;课程的目标既不是要教学生学会知识技能,也不是要教学生学会怎样学习,而是要为学生提供一种促使他们自己去学习的情境;课程的核心是促进个体的自我实现,选择的课程内容必须与学生所关心的事情联系起来,并允许学生探索自己所想的、所关心的事情;课程的类型提倡合成课程,即通过把情感因素增添到常规课程中去,赋予课程内容以一种个人意义,以实现情感领域与认知领域的整合;课程的重点从教材转移到个体身上,教材的呈现并不重要,重要的是要引导学生从教材的学习中获取个人生活的意义。这一学习观打破了现代学校教育这种流水线式的普遍发展模式对个性的"未完成性"的束缚。为个性化的教与学架起一座希望的桥梁。

---

① 张振华.体育教学策略与设计[M].北京:北京师范大学出版社,2012,20—24.

根据人本主义学习理论的指导,我们在进行教学设计时,可以从以下四个方面予以重视:

第一,体育教育的途径应重视"自我实现",促进学生的全面发展。人本主义主张教学要激发学习者的潜能,重视学习者的意愿。因此,体育教学必须坚持"以人为本,促进人的全面发展"的教育方向。一方面使每一个学生都投身到体育活动中,并在教学活动和身体锻炼中得到提高,体验到体育的乐趣,领略到体育的魅力;另一方面就是要因材施教,防止体育教学中"吃不饱"与"吃不了"的现象出现。因此,帮助学生找到一条最能有效地发挥个人创造性和个性才能的学习途径与策略,鼓励学生去发现和发展最适宜自己的活动内容、活动方式和活动习惯,激励他们超越自我、体现个性、实现自我。

第二,体育教育的模式应"授人以渔",鼓励学生自主学习。人本主义强烈反对以教定学的行为,主张"非指导性教学"与自我实现论。为此,体育教师不应只传授体育技术技能和基本的理论知识,更重要的是要培养学生学会学习的能力。即所谓的"授之以渔"而不是"授之以鱼",使之形成终身体育教育的习惯。

第三,体育教育的方式应重"意义学习"。人本主义强烈反对重知轻情,或知、情分离的传统教育,提倡人本主义的意义学习。意义学习不单纯追求知识增长,更看重在其过程中把每个人各部分经验都融合在一起的学习。在罗杰斯看来,学习是一个有意义、无意义的连续体。在这个连续体的一端是无意义学习,这是一种机械灌入式的学习,不仅不能引起学习者的兴趣,反而会成为一种沉重的学习负担,使学习者感到厌烦、枯燥。在连续体另一端的是有意义学习,这是一种"自我主动的学习",使其自我潜能充分发挥出来,成为富有创造性的、人格健康发展的、能进行自由选择并为这个选择负责的人。

第四,体育教育应重视培养学生良好的道德品质与行为习惯。人本主义学习理论强调道德教育,认为理想的学习是将道德教育贯穿于教学之中,渗透于实践学习过程的各个环节,使学生寓教于乐,在不知不觉中形成健全的人格。

4. 建构主义学习理论及其体育教学设计观[①]

针对行为主义学习理论和认知主义学习理论"学习的目的就是接受""学习就是知识积累"、执着于"控制性教学的表现,去学生在场的教学行为"这一弊端,在20世纪最后10年,建构主义学习理论应运而生,掀起了教育史上的一场革命。建构主义学习理论源于认知主义的纯认知研究方向,但又对认知主义进行了大综合、大发展,远远超越了认知主义。它重视个体的建构潜能,强调建构性。它侧重于关注学生的认知过程,而不是学习结果。它认为学习是积极的,知

---

① 张振华.体育教学策略与设计[M].北京:北京师范大学出版社,2012,16—20.

识是主动建构的。学生必须主动地参与整个学习过程,根据自己的经验来建构新知识才有意义。以建构主义心理学为基础的建构主义学习理论在批判了行为主义和前认知主义的学习论思想和观点的同时,吸收了杜威的经验性学习论、维果茨基的发展学习论、皮亚杰的建构主义学习论、布鲁纳的认知结构学习论、奥苏伯尔的认知同化学习理论,以及认知心理学中的图式论研究等,在大综合、大发展的基础上,形成了自己的学习观。

力求从"新认识论"的视角,对仍然误导教育的以"教"为主的认识论做深刻反思。试图把学校变成一个快意的场所,为学习发现更多的联合因素。消除这种教育将狭隘的理性和抽象的推理过程视为完整人生的标准加以过分强调的弊端。要求教育关注的焦点应从教师转移到对学习者主体性的真正关注,推动追求意义理解的学习研究。其强调的"情境""协作""会话"和"意义建构"等新颖知识观点,已成为创造学习、教学、课程乃至整个教育新范式的主要依据。其强调的意义建构性、社会性、情境性,提倡合作学习和交互教学,允许学生对知识所具有的可能性保持开放,追求知识与课堂教学的社会和文化维度的情境。其指出学习不应仅仅强调个体身心活动的特征,更应兼顾个体与群体之间的互动、合作、讨论及达成共识。这可以帮助我们纠正传统的弊端,改变原来狭隘的看法,走出知识论、工具论的误区。

这些新的教育观念丰富了学科知识建构的理论宝库,为完善传统体育教育长期存在的缺失提供了支持,使学科避免沦为一个只是接受真理而不是创造真理的过程。因此,它超越了传统体育教学机械重复的"授—受行为"。恰恰是通过学生的理解,学科知识才进入学生个体的经验,成为有意义的学习,学科教学才获得存在的意义。正如经济学理论一样,虽不能完全保证我们拥有幸福生活,但它确实有可能对我们有所帮助。

基于建构主义学习理论的指导,我们在进行教学设计时,不能把学生的学习简单地归结为教化和训练。课堂是微型的社会,课堂教学是活生生的社会生活。学习是一种交互过程,学习是一种协商活动,学习是一种真实情境的体验。知识的获得是学习者与外部环境交互作用的结果,只有在真实世界的情境中才能使学习变得更为有效。学习的目的除了要让学生懂得某些知识,还要让学生能真正运用所学知识去解决现实世界中的问题。如果学生在学校教学中对知识记得很"熟",却不能用它来解决现实生活中的某些具体问题,只做到了单向的内化建构,而忽视了逆向的外化于物,就是一种无效的学习。

这一命题提出,教学不能仅从认知过程去理解,还要从心理学和社会学两个角度去认识知识的社会建构性,着力在教学中通过"同化"与"顺化"相互作用平衡的内在机制,建构起新的认知结构。从有意义学习的立场出发,创设情境教学,倡导"探究学习、合作学习、自主学习"的建构。注意连接学习者与环境交互迁移和连接互动,改变过去仅仅局限在学科知识的传授、课堂技能训练层面的弊端,走出当前学校体育单一技艺系统复制的狭隘框架,避免只能培养出体育的"勇士",而不能培养出全面发展的"人"的缺陷。

(二)教学理论与体育教学设计

学习理论虽然为教学设计提供了许多有益的启示,但它本身并不研究教学。教学理论是研究教学本质和一般规律的科学。教学的本质与一般规律指教学过程的基本性质以及教学过程与教学结果之间的因果关系,即各种教学事件(教学活动)和学习过程、学习结果之间的内在联系。它通过规律性的认识来确定优化学习的各种教学条件与方法。教学的社会职能是传授人类历史发展中积累的社会经验,它不能不受到社会背景规定的目的和任务的制约。教学理论所关心的是怎样最好地教学生想学的东西,它所关心的是促进学习而不是描述学习。[①]传授什么,如何传授,以及最后在学生身上形成什么样的品质等,这些都是教学理论的核心问题。因此,要进行教学设计,不但要有正确的学习观,而且要对教学规律有清楚的认识。

1. 教学理论的发展

古今中外教学理论的研究和发展为体育教学设计提供了丰富的科学依据。教学理论的研究范围涉及教学基本原理(包括教学的地位和作用、教学目标和任务、教学过程的本质和规律以及教学原则等)、教学内容(课程与教材等)、教学方法(包括教学方法和手段、教学组织形式)和教学评价等方面,其研究成果极其丰富。体育教学设计从其指导思想到体育教学目标的设计、体育教学内容的确定和对学习者的分析;从体育教学方法、体育教学活动程序、体育教学组织形式等一系列具体教学策略及其教学媒体的选择和制定到体育教学评价都从各种教学理论中汲取精华,综合运用,从而保证设计过程的成功。

我国教学论思想源远流长,以古代孔、孟为代表的儒家教学思想至今在教的方法、学的方法以及教与学的关系仍对我们有许多影响。如:孔子的"学而知之""多闻""多见""学而不思则罔,思而不学则殆""举一反三""循循善诱""因材施教"和孟子的"自得""循序渐进""启发诱导"诸原则及"问答法""练习法""讲解法"等教的方法。宋朝朱熹强调的自学自得,学习者首先要自己立志、自己下功夫的学习方法。近现代时期,进步思想家和教育家梁启超、蔡元培、徐特立、陶行知、陈鹤琴等倡导的教学要重视发展儿童的个性,从他们的特点出发,要发挥儿童主观能动性,培养儿童独立学习能力的主张,也对今天我们强调的从学生出发

[①] 施良方,崔允漷.教学理论:课堂教学的原理、策略与研究[M].上海:华东师范大学出版社,1999,18.

和对学生进行分析有不少启迪。

国外教学理论的发展首推西方,它经历了萌芽时期、近代形成期、现代发展期三个时期。这三个时期的教学理论的发展既有特点,又有其继承性和连贯性。萌芽时期,尽管还没有形成独立体系,但教育家苏格拉底(Socrates)、柏拉图(Plato)、西塞罗和昆体良已提出和使用问答法、对话式、练习法、模仿等教学方法。近代形成期,捷克教育家夸美纽斯在他的《大教学论》中对教育目的、内容和直观性、自觉性、系统性、巩固性和教学必须适应儿童年龄特征及接受力等教学原则做了比较系统的阐述,并提出了学年制和班级授课制。法国卢梭充分肯定了儿童的积极性及其在教学中的作用,并提出了观察法。德国的第斯多惠提倡发现法,指出不仅要用知识来充实儿童的头脑,而且要发展他们的智力和才能,并提出"一个坏的教师奉送真理,一个好的教师则教人发现真理"。还有德国的赫尔巴特(J.F. Harbart)和瑞士的裴斯泰洛齐(J.H. Pestelozzi)在教学活动程序上的探索等。现代发展期,美国杜威反对传统的"教师中心"和"课程中心",主张"儿童中心"和"从做中学",并提出五步教学法,尽管对教师在教学中的主导作用和系统科学知识的学习有所忽视,但对反对传统教学的弊端有积极意义。苏联的凯洛夫忽略儿童智力、能力的发展和学生在教学中的主体作用,但他强调教师的主导作用和重视系统科学知识、技能的传授也有积极可取之处。总之,这三个时期中提出的许多教学观点、原则和方法仍可供我们参考、借鉴,并应用于体育教学设计之中。

2. 教学理论研究的范畴

将教学理论的研究对象具体化,大致包括下列主要范畴:①

(1)研究教学的价值、目的和教学活动的具体目标,确立正确的价值观,探讨教学目的、目的制定的依据及其与教学活动的联系或关系;

(2)研究教学的本质,揭示教学过程的因素、结构及其客观规律;

(3)研究教学内容,探讨社会、教师、学生与教学内容的制约关系,揭示教学内容的制定、变化和更新的机制,研究课程、教材的正确选择与合理编排的原则和要求;

(4)研究教学的模式、原则和组织形式,研究教学的手段和方法,为教学实践活动建立规范,提出要求;

(5)研究教学评价,探讨教学评价的标准、要求和手段,为调整教学活动环节,保证和提高教学质量提供可靠的反馈系统。

3. 教学理论与体育教学设计的关系

体育教学设计是科学解决体育教学问题、提出解决问题方法的过程,是在教

---

① 佟晓东,刘铁.体育教学设计与实践[M].沈阳:东北大学出版社,2009,94—95.

学理论、学习理论指导下,用系统的思想和方法对教学理论研究的主要范畴即教师、学生、教学目的、教学任务、教学内容、教学形式、方法和原则等要素进行研究和应用。因此,教学理论是体育教学设计的直接理论来源。古今中外教学理论的研究和发展为体育教学设计提供了丰富的科学材料。斯金纳的程序教学理论、布鲁姆的目标分类理论、布鲁纳的引导—发现法、奥苏贝尔的"先行组织者"的程序教学、加涅的信息加工理论、赞可夫的"以最好的教学效果来促进学生最大发展"的理论、瓦·根舍因的范例教学理论,都是促进体育教学设计发展的坚实的理论基础。

体育教学设计从其指导思想到体育教学内容的确定、对学生以及学生学习需要的分析,从体育教学目标的设计到体育教学方法、体育教学活动程序、体育教学组织形式、体育教学媒体等一系列具体教学策略的选择和制定再到体育教学评价,都是从各种教学理论中吸取精华并加以综合运用,从而保证其设计过程的成功。体育教学设计以教学理论为基础,是教学理论与教学实践之间的一座桥梁。同时,体育教学设计的产生也是教学理论不断发展和完善的结果,体育教学设计在系统过程中为教学理论应用于实践的成功奠定了良好的基础。因此,体育教学设计以教学理论为基础,又可以为教学理论的改进和完善提供条件。

(三)传播理论与体育教学设计

按照信息论的观点,教学是由教师的教和学生的学所组成的一种互动的教育活动,教学过程是一个信息传播特别是教育信息传播的过程,在这个传播过程中有其内在的规律性和理论,所以教学设计应以人们对传播过程的研究所形成的理论——传播理论作为理论基础。

传播理论的研究内容范围很广,它探讨的是自然界一切信息传播活动的共同规律。传播理论虽然不单纯研究教学现象,但可以把教学过程看成信息的双向传播过程,包括信息从教师或媒体传播到学生的过程和信息从学生传播到教师的过程,也就是师生人际交流的过程(当然教学过程不只存在师生交流这一种交流活动)。这样就可以利用传播理论来解释教学现象,找出某些教学规律。

传播理论对教学设计的一大贡献是它的信息传播模式(如图 1-1)。[①] 从信息传播模式可以看出,教学传播过程所涉及的要素及各要素之间的动态相互关系,说明教学过程是一个复杂的、双向的动态过程,传播过程中的教师、学生、媒体(传播通道)的设计也构成了教学设计中的信息传播过程的基本要素。师生之间的有效交流是教学成功的必要条件之一。从信息传播模式图可以看出,在师生交流过程中,信息的传播会受到许多干扰。例如,在课堂教学过程中,如果教

---

① 何克抗,林君芬,张文兰.教学系统设计[M].北京:高等教育出版社,2006,14.

师表达不清或因外部干扰,就会使学生很难准确把握教师所讲述的内容。如果教师的语言组织不当或媒体设计不当,那么就有可能造成词不达意、传播不准确甚至有错误的信息,这种干扰存在于编码过程中。如果学生的阅读能力不够强,那么他将很难从语言材料中获取有效信息,这种干扰存在于译码过程中。从传播的角度来看,教学设计者要能够预见到可能的干扰,并利用有效手段消除传播过程中的干扰。

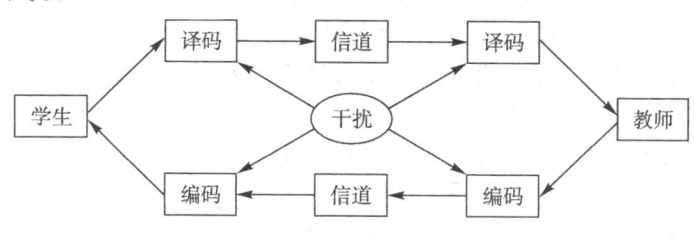

图 1-1 信息传播模式

(四)运动生理学理论与教学设计

在进行体育教学设计时,我们必须遵循生理学方面的有关理论要求,也就是说,我们必须遵循青少年儿童生长发育的规律、学生身体机能适应性规律和运动技能形成规律。

1. 青少年儿童生长发育的规律

学生身体形态的发育是随着年龄的增长而增长的,具有波浪式和阶段性的特点,并且具有明显的年龄特征和性别差异。学生身体发展指学生个体生理的连续变化过程,即有机体或器官在量方面增加,在构造方面变得精密,在机能方面有所提高的过程。青少年时期是学生身体发育最快的阶段,主要包括身体形态、身体机能、体能和机体适应能力等多方面综合的发展。

(1)学生身体形态发育的主要特点。身体形态是身体的外部形状和特征,一般是由长度、围度、重量及其相互关系来表现的,身体形态发育主要受遗传因素和后天环境影响。

学生身体形态发育是随年龄的增长而增长的,具有波浪式和阶段性的特点。学生身体形态发育高峰出现在青春期,随后,增长速度逐渐减慢,直到成熟为止。男生 7—11 岁,女生 7—9 岁,身体形态呈匀称增长,10 岁前男女学生形态发育的差异不明显,但由于男女学生青春期的开始时间不一致,所以一般女生较男生早 2—3 年。

由于学生身体形态发育具有不平衡性,身高增长的速度相对要比体重快,存在"身长体轻"的特点,肌肉的支撑力相对较弱,所以易出现脊柱异常弯曲现象。研究表明,城市学生的身高较乡村学生高,但体型显细长,女生尤为明显,这对学校体育内容的选择提出了新的要求。

(2)学生身体机能发育的主要特点。

①神经系统。小学阶段,神经活动第一信号系统的活动占主导地位,主要靠具体的直观形象建立条件反射,第二信号系统相对较弱,抽象思维能力较差。初中以后,神经抑制过程得到发展,抽象思维能力不断提高,两个信号系统的相互关系更协调和完善,分析综合能力显著提高,能较快建立各种条件反射。高中以后学生的神经系统已经发育完全,大脑的结构和机能已达到成人水平,兴奋与抑制过程基本平衡,第二信号系统起主要调节作用。

②骨骼肌肉系统。青少年儿童骨骼发育主要表现为长骨(即股骨和肱骨等)的快速增长,骨的弹性大而硬度较小,容易弯曲,发生畸形。因此,要特别关注学生身体的正确姿势。随着年龄增大,骨化过程加快,长骨两端的骨骺生长活跃,适当的生理负荷有利于骨的生长。肌肉的增长主要表现为长度的增加。小学学生肌肉的横断面积小,肌纤维细长,肌肉水分多,蛋白质和无机盐较少,肌肉力量和耐力较差,易疲劳,但恢复较快。到高中后,肌肉长度和横断面积同时增大,肌力增强,力量、耐力性素质练习承受的能力也有所增强。

③呼吸系统。青少年儿童呼吸系统的发育随年龄的增长而日趋完善,功能逐渐增强。小学和初中的学生胸廓较小,呼吸肌较弱,呼吸频率较快,肺容积小,肺活量也较小,呼吸调节机能较弱。高中以后,呼吸肌增强,频率减慢,深度加大,肺活量也增大。

④心血管系统。中小学生的心脏发育不如骨骼肌快,心肌纤维细,心收缩力较弱,心率较快,心脏每搏输出量比成人低。随着年龄增长,心收缩力逐渐增强,心率逐渐减慢。

(3)学生体能发展的主要特点。体能的发展随着年龄的增长而变化,表现出明显的年龄特征和性别差异。调查与研究结果表明,男女学生体能的发育速度不同,表现出明显的起伏性和阶段性。根据学生体能增长速度的特点和增长速度的基本趋势,可将学生体能的发展分为快速增长期、慢速增长期、稳定期和下降期。

在体能发展的过程中,不仅存在一个增长速度连续较快的时期,而且还有一个体能发展的敏感期,即体能增长较快的年龄阶段。大量研究资料表明,各项体能发展的敏感期是不一样的。一般说来,在身体形态突增期1—2年后,即出现体能发展的敏感期。由于男女学生在生长发育过程中存在着明显的性别差异,所以体能发展的敏感期也不相同。各项体能增长的速度有快有慢,出现高峰的时间也有早有晚,因此各种体能发展的顺序也有先有后。

2. 学生身体机能适应性规律

人体在进行运动时,体内产生一系列的生理变化。机体功能对这一系列的变化有一个反应与适应的过程,这一适应性的过程具有一定的规律。人体开始运动,机体承受负荷,吸氧量增加,各器官系统功能也发生剧烈变化,体内能源储备逐渐被消耗,这一时期,称为"工作阶段";经过间歇和调整,体内能源物质及各种功能指标等逐步恢复到接近或达到工作前的水平,这称为"相对恢复阶段";然后再经过合理休息和能量补充,上述物质和各种指标,不但可恢复到原有水平,而且还可超过原来的水平,从而提高机能能力,这称为"超量恢复阶段"。如果运动后,间隔时间过长,机能能力又会降低到原来的水平,这称为"复原阶段"。这就是恢复和超量恢复的过程和规律。如果我们把运动所引起的超量恢复的效果综合积累起来,就会引起机体在形态和机能上的适应性变化。这就是机能适应性规律的原理。

为了增强体质,提高机能能力,在体育训练、教学和锻炼中,应遵循这一规律,合理安排负荷结构,使下次负荷安排在上次负荷的超量恢复阶段,并让上次所学的技术、技能得到进一步的巩固和提高,这样负荷—适应、加负荷—再适应,便产生了相对稳定的机体适应性变化,有效地提高机体的机能水平。

3. 运动技能形成规律

在体育教学中,动作技能的教学有其自己的特点和规律。动作技能的形成通常分为三个阶段,即粗略掌握动作阶段、改进与提高动作阶段和巩固与运用自如阶段。在体育教学实践中,由于教学内容的难易程度、教师的教学组织水平及学生的体育基础等条件不同,三个阶段的具体特点和所需时间也各不相同。可见,三个阶段的划分也是相对的,没有明显的界线。尽管如此,动作技能形成的三个阶段是客观存在的,在不同的阶段中,动作技能的教学各有特点,有着与其相应的教学目标和要求。只有根据这些特点、目标和要求,用相应的手段和方法,才能收到事半功倍的效果。

基于上述规律,我们在进行体育教学设计时必须要把握这些规律,否则,在实施体育课程教学时就很容易误入歧途,造成"学生喜欢体育运动却不喜欢体育课"的现象。这些规律从学生身体发育的基本情况、运动技能形成的阶段等方面综合考虑,为体育教学设计的分析和设计阶段打下坚实的基础,也为体育教学过程的有效实施指明了方向。由此看来,运动生理学方面的理论也就成了体育教学设计的理论基础。

五、学习体育教学设计的意义

体育教学设计是一门具有很强的理论性和实践性的学科。它不像描述性理论用以揭示事物发展的客观规律,而像规定性理论更多地关注取得理想结果所采用的最优策略和方法。所以,学习体育教学设计具有深远的现实意义。

(一)体育教学设计的理论意义

1. 体育教学是由诸多要素组成的一个有机系统。通过学习体育教学设计的有关理论知识,我们可以运用系统思想和方法分析研究体育教学的各要素及其之间的关系。

2. 体育教学设计是体育教学理论与实践之间的桥梁。它一方面可以运用系统思想和教育教学理论结合体育教学的有关知识设计出科学可行的体育教学方案;另一方面该方案又可以指导体育教学实践,为教学目标的实现、教学任务的完成以及教学过程的顺利实施提供保障。

(二)体育教学设计的实践意义

1. 体育教学设计可以为教师的教学方案设计提供方法和模式。教师对体育教学设计过程的认识提高,有利于提高体育教学质量,改善体育教学效果和师生之间的关系;有利于教师从理论层面学习先进的教育思想和理论,提高他们的专业素养和创新能力。

2. 体育教学设计可以使教师从经验型、随意型向理性型、科学型转变。

3. 体育教学设计有助于教师真正发现教学中存在的问题,并能使其积极思考和探索解决问题的方法和策略,以改善教学。

六、体育教学设计的应用层次

体育教学设计是一门交叉学科,因为其原理并不仅仅来源于某一种理论,体育教学设计的理论基础比较广泛,如前所述,学习心理学、教学论、系统理论和传播学都是它的理论基础。体育教学设计又是一门应用性学科,它的目标是解决实际的教学问题。体育教学设计是一个问题解决的过程,根据教学中问题范围、大小的不同,体育教学设计也相应地具有不同的层次。教学设计发展到现在,一般可归纳为三个层次:

(一)以"产品"为中心的层次

我们知道,最初产生教学设计是为了开发一套系统分析教学过程要素的方法,从而形成一套培训材料[①],也就是说,教学设计是从以"产品"为中心的层次开始的。它把教学中需要使用的媒体、材料、教学包等当作产品来进行设计。教学产品的类型、内容和教学功能常常由教学设计人员和教师、学科专家共同确定,有时还邀请媒体专家和媒体技术人员参加,对产品进行设计、开发和测试、评价。

---

① 何克抗,林君芬,张文兰.教学系统设计[M].北京:高等教育出版社,2006,10.

(二)以"课堂"为中心的层次

如果说,以"产品"为中心的层次是教学设计最小的应用范畴,那么,产品,也就是培训材料,在实施时,就要考虑如何将其呈现给学习者。比产品更大一些的范畴就是"课堂"。所以说,这个层次的设计范围就是围绕着课堂教学,如何设计教学的各个要素以便更好地呈现给学习者。以"课堂"为中心的教学设计是在规定的课程标准和计划下,针对一个班级的学生,在固定的教学设施和教学资源条件下进行教学设计。其设计工作的重点是教师充分利用已有的设施选择或改编现有的教学材料来完成目标,而不是开发新的教学材料(产品)。如果教师掌握教学设计的有关知识与技能,整个课堂层次的教学设计完全可由教师自己来承担完成。当然,需要时,也可由教学设计人员辅助进行。

(三)以"系统"为中心的层次

按照系统论观点,上面两个层次的课堂教学和教学产品都可看作教学系统,但这里所指的系统是特指比较大、比较综合和复杂的教学系统。例如,个别化学习系统、一个学校或一门新专业的课程设置、职业教育中职工培训方案或一门课程的大纲和实施计划等。这一层次的设计通常包括系统目的、目标的确定、实现目标的方案的建立、试行和评价、修改等,涉及内容多,设计难度较大,而且系统设计一旦完成就要投入范围很大的特定场合使用和推广。因此这一层次的设计需要由教学设计人员、学科专家、教师行政管理人员,甚至包含有关学生组成的设计小组来共同完成。

第二节 体育与健康课教学设计的准备工作

伴随着第八次基础教育体育课程改革的实施,我国广大的中小学体育教师的教育观念也在发生着变化。体育教师不再是课堂的主宰,不再是学生获取知识的唯一渠道,体育教师的角色在发生转变,由课程的传授者变成学生发展的促进者。体育教师的教学行为也在发生变化,由传统的备课向有着先进的教学理念的教学设计转变。这就要求体育教师要随着学生学习方式的转变而更新并建立自己的教学方式,同时形成自己鲜明的教学风格和教学艺术,以实现"以学论教"。由此看来,实现这一目标的前提应该是体育教学设计。

在这个知识爆炸的时代,伴随着科学技术的日新月异,学生获取知识的渠道越来越丰富。体育教师不仅要不断拓展自己的知识面以丰富自己的课程资源,而且还要针对自己每一节课做出有效的教学设计。那么作为一名优秀的体育教师应该怎样进行教学设计呢？也就是说，优秀的体育教师的教学设计要符合哪些标准呢？需要做哪些准备工作呢？对体育与健康课进行教学设计的准备过程中，主要工作有研读课程标准、把握教学理念、整体把握学习者基本情况、了解社会对人才的需求、体育课程资源的开发与利用。

一、研读体育与健康课程标准，把握体育与健康课程理念

《基础教育课程改革纲要（试行）》指出，课程标准是教材编写、教学、评估和考试命题的依据，是国家管理和评价课程的基础。其应体现国家对不同阶段的学生在知识与技能、过程与方法、情感态度与价值观等方面的基本要求，规定各门课程的性质、目标、内容框架，提出教学和评价建议。课程标准是国家课程的基本纲领性文件，是国家对基础教育课程的基本规范和质量要求。虽然课程标准是教材、教学和评价的基本依据，但并不等于课程标准是对教材、教学和评价方方面面的具体规定。课程标准对某方面或某领域基本素质的规定，主要体现于课程标准中所规定的课程目标和课程内容。[①] 因此，课程标准的主要作用也就体现在它规定了体育教材、教学所要实现的课程目标及其在教学过程中所能选择的体育项目，规定了评价哪些素质及其评价的标准。对教材的编制、如何进行教学设计以及评价过程中的具体问题（教材的编写体系、教学顺序安排和课时分配、评价方法等）没有硬性要求。

作为未来的体育教师，我们在踏上工作岗位之前有必要也必须了解体育与健康课程标准是什么。只有这样，才能更好、更快地适应未来的工作岗位，才能在这个岗位上做出一番成就，才能更好地热爱这份工作。首先，我们要了解课程标准产生的来龙去脉。因为，只有这样我们才能更好地认识课程标准。早在20世纪初清政府实行新政时，在其设定的新学堂的各级章程中，就有《功课教法》或《学科程度及编制》，这是课程标准的雏形。[②] 1912年南京临时政府教育部公布了《普通教育暂行课程标准》，明确提出"课程标准"作为教育的指导性文件。其后，各科课程标准被陆续颁布，其中1929年国民政府教育部就颁发了《体育课程标准》，那时的体育课程标准在内容结构上是比较完整的。其中《高级中学普通科体育暂行课程标准》的结构包括目标、作业要项、时间及学分之支配、教材大纲、教材要点、毕业最低限度六部分。[③] 1952年以后，我国开始学习苏联的做法，制定教学大纲。教学大纲不仅规定了教学目标和教学内容，而且对日常教学中

---

① 朱慕菊.走进新课程——与课程实施者对话[M].北京：北京师范大学出版社，2002，50.
② 吕达.课程史论[M].北京：人民教育出版社，1999，12.
③ 朱伟强.基于标准的体育课程设计[M].北京：北京体育大学出版社，2008，13.

涉及的知识点、具体的教学顺序及其所占课时数都做了明确的规定,教师只要按照教学大纲进行备课、上课和考核就可以了。显然,教学大纲限制了教师的创造性,也扼杀了学生的创造力。直到1999年第三次全国教育工作会议的胜利召开,第八次基础教育课程改革的实施,课程标准取代教学大纲重新登上教育的舞台。

2001年教育部颁布了《体育与健康课程标准(实验稿)》。然而,在课程标准的推进与实践中,还是出现了许多棘手的问题(面对只有课程目标和内容标准的课程标准,教师不知该如何上体育课,从而导致"放羊式"教学现象的普遍发生;在倡导新的学习方式的教学理念指导下,课堂教学"有形而无神";在运动技能的教学和学生学习兴趣的关注方面常常出现顾此失彼现象)。2007年教育部又组织专家对课程标准进行重新修订,经过几年的酝酿,2011年教育部又颁布了《义务教育体育与健康课程标准(2011版)》。相比较《体育与健康课程标准(实验稿)》,2011年版课程标准有了很大改动。[①] 主要表现在以下几个方面:

第一,标准名称发生了变化。实验稿全名为《全日制义务教育 普通高中体育(1—6年级)体育与健康(7—12年级)课程标准(实验稿)》,修订后的正式稿名为《义务教育体育与健康课程标准》。将小学1—6年级的课程名称从"体育"转变为"体育与健康",与7—12年级的课程名称统一起来。同时,将实验稿中关于高中体育与健康课程部分的内容全部删除,本次修订稿仅针对义务教育体育与健康课程而言。

第二,前言部分的变化。(1)序言部分的变化。增加了有关青少年体质健康方面问题的描述,强调了进行体育课程改革的现实意义。(2)课程性质部分的变化。根据教育部的要求,所有学科的标准都去掉对"课程价值"描述,增加对课程性质的说明。在定义体育与健康课程的性质时,加上了"体育与健康课程是一门以学习体育与健康知识、技能和方法为主要内容……"。突出了体育与健康课程的四个特性:基础性、实践性、健身性和综合性。[②] (3)课程基本理念方面的变化。①在"坚持'健康第一'的指导思想,促进学生健康成长"理念中,强调了本课程要努力构建体育与健康知识与技能、过程与方法、情感态度与价值观有机统一的课程目标和课程结构,并强调在重视体育学科特点的同时,融合与学生健康成长相关的各种知识。②在"激发运动兴趣,培养学生体育锻炼的意识和习惯"的理念中,为了防止一线教师因为对"激发运动兴趣"理念的误解而不重视学生对

---

① 注:本部分内容是根据教育部中小学体育与健康课程标准研制组和修订组组长季浏博士的讲稿整理而成的。
② 季浏.《义务教育体育与健康课程标准》修订说明与分析(一)课程名称和前言部分[J].中国学校体育,2012.3.

运动知识和技能的学习,最终导致将体育课上成"放羊课"的现象,修订稿在强调激发运动兴趣的同时,提出运动兴趣要与培养学生刻苦锻炼的精神、学习运动技术和技能有机结合。(4)课程设计思路方面的变化。修订稿将实验稿中"课程标准设计思路"改变成"课程设计思路",这是教育部对所有学科课程标准的统一要求。这一部分主要在文字的表述方面做了一些修订,使课程设计的落脚点放在了促进学生更好地学习和发展方面。

第三,课程目标方面的变化。(1)根据教育部的统一要求,修订稿将实验稿中的"课程目标"和"学习领域目标"改变成"课程总目标"和"课程分目标",并在"课程总目标"中加上了"学会学习和锻炼,发展体育实践和创新能力""体验运动的乐趣和成功"等描述。(2)修订稿将"学习领域"改为"学习方面",并对实验稿中的五个学习领域进行了调整,将"心理健康"和"社会适应"学习领域合二为一,最终形成运动参与、运动技能、身体健康、心理健康与社会适应四个学习方面。(3)在"课程分目标"中,对于运动参与、运动技能、身体健康、心理健康和社会适应四个学习方面的目标,先是用一段文字描述每个方面是什么,其次是描述重点采用什么方法达成这个方面的目标,并突出了小学与初中阶段学生应重点学习和发展的目标,然后设置每个方面的分目标。与实验稿相比,修订稿在分目标方面保留了主要的精神,但文字的表述上做了一些调整和修改。(4)为了防止体育课堂教学中将各个分目标割裂开来进行教学的现象,修订稿在"课程目标"这一部分的最后,特别加上一段描述来强调四个方面的课程目标是一个有机联系的整体,并且主要是通过身体练习的过程实现的。每节课的教学活动在注意全面实现课程目标的同时,可根据教学内容的特点和学生的发展需要有所侧重。

第四,内容标准方面的变化。(1)为了方便教师阅读和教学,修订稿在内容标准的体例上做了一些调整,即将实验稿中按学习方面排列水平目标的方式,改为按学习水平排列四个方面的学习目标。这样更有助于教师一目了然地了解某一水平在四个方面的学习目标和要求。(2)为了增强对一线体育教师教学的指导性,修订稿中以举例的方式,列举了一些教学内容供一线教师选择,并增加了"评价要点"和"评价教学方法举例"。这样既可以帮助一线体育教师知道选择什么教学内容去达成学习目标,又有助于一线体育教师清楚如何评价学习目标的达成情况,从而真正体现了"内容标准"。(3)考虑健康教育的重要性,修订稿在"身体健康"学习方面适当地增加了卫生保健和健康教育方面的学习目标和内容。

第五,实施建议方面的变化。(1)教学建议方面:①根据教育部的统一要求,在修订稿中,将"教学建议"部分关于地方和学校课程实施方案的制定挪至附录部分,同时对地方和学校体育与健康课程的实施方案和实施计划提出了更加明确的要求,旨在强化地方和学校对体育与健康课程建设的责任和权利。②为了提高教学建议对教师进行体育教学的针对性和指导性,修订稿主要从设置学习目标、选择和设计教学内容、选择和运用教学方法三个方面进行了阐述。同时,考虑到《标准》是国家性文件,而不是教学法书籍或《标准》解读,因此,对上述三方面的内容阐述尽量做到明确和简洁。③修订稿在保留了实验稿主要思想和内容的基础上,强调要突出知识与技能、过程与方法、情感态度与价值观三维目标,教学方法也要有助于促进学生在知识与技能、过程与方法、情感态度与价值观方面的整体发展;强调目标引领内容和方法的思想,即无论《标准》层面,还是在水平教学计划和课时教学计划层面,都要体现"目标引领内容和方法、内容和方法促进目标达成"的思想;强调健康教育的必要性和重要性,并明确提出健康教育内容的教学原则和每学年不少于16个学时的教学时长。(2)评价建议方面:①考虑到整个体育与健康课程的设计都是为了学生的体育学习和发展,故在评价建议部分去掉了实验稿中对教师教学的评价和对课程建设的评价。②突出对学生体育学习评价的阐述。在评价思想和理念不变的基础上,主要从明确体育学习评价目标、合理选择体育学习评价内容、采用多样的体育学习评价方法、发挥多方面评级主体的作用、合理运用体育学习的评价结果五个方面进行阐述,力求提高评价内容和方法的针对性和指导性。③为了提高体育学习评价的可操作性,增加了一些可供教师直接参考的案例,以拓展教师的思路,解决一线教师不知道如何根据新的学习评价思想和理念对学生进行学习评价的操作问题。④在对"体能"的评级中,特别注意与《学生体质健康标准》的衔接。除此之外,针对目前实施的"国家学生体质健康标准""体育中考"和"体育、艺术2+1"等,导致体育教学几乎成了应试教学,以及体育教师不理解实施体育新课程与这些测试之间的关系,修订稿还专门增加一段说明,提出"体育教师应正确处理体育学习评价与'国家学生体质健康标准''体育中考'和'体育、艺术2+1'等测试之间的关系,避免大量的'应试课'冲击和替代正常教学课的现象,影响体育教学质量"。(3)体育课程资源的开发与利用:① 强调课程资源的开发与利用一定要与身体练习有关。② 增加了时间资源的利用与开发,建议教师充分利用课余时间,引导学生积极参与课外体育锻炼,并指出体育场地比较紧张的学校要注意合理安排体育课时间,提高体育场地设施和器材的使用效率。③目前,全世界主要国家普遍在小学阶段开设"健康教育和卫生保健"方面的课程,并编写出版了相应的教材,考虑到健康教育以及从小培养学生的健康意识和行为的重要性,以及目前我国小学阶段健康教育的严峻现实和迫切要求,修订稿提出要在水平一至水平四编写健康教育教科书,以便于体育教师开展健康教育方面的教学。

在了解了体育与健康课程标准的大致情况后,我们更要深切地领悟体育与健康课程的基本理念。第八次基础教育课程改革的核心理念是为了中华民族的复兴,为了每位学生的发展。这一基本价值取向"预示着我国基础教育课程体系的价值转型"①。《义务教育体育与健康课程标准》是这样表述课程基本理念的：(1)坚持"健康第一"的指导思想，促进学生健康成长；(2)激发运动兴趣，培养学生体育锻炼的意识和习惯；(3)以学生发展为中心，帮助学生学会体育学习；(4)关注地区差异和个体差异，保证每一位学生受益。

(一)坚持"健康第一"的指导思想，促进学生健康成长

1999年，《中共中央、国务院关于深化教育改革，全面推进素质教育的决定》中明确指出，学校教育要坚持"健康第一"的指导思想，切实加强体育工作，使学生掌握基本的运动技能，养成坚持锻炼身体的良好习惯。体育与健康课程的性质也就决定了本课程是在学校教育中落实"健康第一"指导思想的主要途径。这并不是说只要在学校开设足够的体育与健康课程，就自然能够很好地落实"健康第一"指导思想，就能够很好地促进学生健康成长。要想很好地将"健康第一"指导思想落到实处，就必须在课程目标确定、课程内容的选择与组织、课程的实施及课程评价等方面真正体现"健康第一"的要求，以实现学生三维健康观的全面提高。

(二)激发运动兴趣，培养学生体育锻炼的意识和习惯

德国教育家第斯多惠曾经说："教学艺术的本质不在于传授本领，而在于激励、唤醒和鼓舞。"所以，作为课堂教学的组织者和引导者，体育老师应该运用自己的教学艺术和风格唤醒学生的潜能，激发学生学习的兴趣。因为，兴趣是最好的老师。学生的学习兴趣直接影响着学生的学习行为和效果，学生能否通过体育与健康课程的学习，形成体育锻炼的习惯和养成体育锻炼的意识，兴趣发挥着非常重要的作用。兴趣是学习的初始动机，也是有效学习的保证。因此，在学生学习兴趣萌发的初始阶段，优秀的体育教师应该能够激励和鼓舞学生克服困难、保持兴趣，这样才能更好地使学生自觉、积极主动地进行体育课程学习。

(三)以学生发展为中心，帮助学生学会体育学习

每个学生都是独一无二的，教学只是在于唤醒学生的潜能，而非复制老师的知识。因此，我们要关注学生作为"整体的人"的发展。在传统的体育课教学模式下，学生如同容器，只能被动地接受知识，被动地按照教师的安排进行练习以掌握运动技能，这种机械的、单向灌输式文化传递模式忽略了学生的理解、感受和体验，遗落了学校课程文化的精神内涵，因而很容易让学生感到厌烦和反感，致使"个体的知识学习与精神建构产生了质的断裂"②。因此，本次基础教育课程改革重要目标之一就是要改变课程过于注重知识传授的倾向。所以，本次基

---

① 钟启泉，崔允漷.新课程的理念与创新——师范生读本[M].北京：高等教育出版社，2003，2.
② 钟启泉，崔允漷.新课程的理念与创新——师范生读本[M].北京：高等教育出版社，2003，3.

础教育课程改革提出了"知识与技能""过程与方法""情感态度与价值观"的三维目标,充分体现了学生整体发展的思想,弥合了个体知识学习与精神建构的断裂。

(四)关注地区差异和个体差异,保证每一位学生受益

我国幅员辽阔,南北气候差异大,东西经济水平差距明显,在这种情况下,学校要想实现体育与健康课程的目标,就要考虑气候条件和经济水平对体育教学内容选择的影响。体育与健康课程的性质告诉我们,体育是一门以身体练习为主要手段的课程,学生学习的结果主要体现在学生体能、技能和锻炼意识的改变上,而这种改变不仅仅与其后天练习和发展有关,也与先天遗传有关系。① 因此,体育与健康课程应根据学生身心发展的客观规律,从保证每个学生受益的前提出发,充分认识学生在身体条件、兴趣爱好和运动技能等方面的个体差异,并根据这种差异性确定学习目标和有弹性的学习内容,并进行有益的评价,从而保证绝大多数学生都能完成课程目标,体验到学习的成功乐趣,满足其身心发展的需要。

二、整体把握学习者的基本情况,努力做到因材施教

教学设计的目的是有效促进学习者的学习,而学习者是学习活动的主体,学习者所具有的认知、情感、社会等特征都将对学习的信息加工过程产生影响。因此,教学设计是否与学习者特征相匹配,是决定教学设计成功与否的关键因素。

受生理、心理与社会文化等因素的影响,学习者个体之间既表现出一些共性、稳定性的特征,又表现出多样化的差异。不同年龄阶段的学习者认知水平不同,同一年龄段的学习者在认知结构、学习风格和学习动机等方面也会表现出诸多差异。因此,在分析学习者特征时,既要考虑学习者之间稳定、相似的特征,又要分析学习者之间变化的、差异性特征。相似性特征的研究可以为集中教学提供理论指导,差异性特征能为个别化教学提供理论支持。为此,我们对学习者进行特征分析时可以从以下两个方面进行:一是分析学习者的一般特点和学习风格,为在体育教学中因材施教、使学生向个性化方向发展、培养学生的创新意识和能力提供条件,让每一个学生都明确自己的目标,在重视个人特征和自我价值观的基础上学会怎么"做",为每一个学生提供科学合理的体育教学。二是分析学生的起点能力,为"如何教"寻求共性的实践依据。只有以学生原来具有的知识技能、生活经验以及对体育学习的兴趣、态度等为基础,精心设计体育教学活动,指导学生不断完善自己的体育知识、技能和能力,才能获得很好的体育教学效果。

---

① 季浏.体育(与健康)课程标准(实验稿)解读[M].武汉:湖北教育出版社,2002,31—32.

(一)起点能力水平分析

任何一位学习者在学习时都是把他原来所学的知识和技能带入新的学习过程中的,因此,我们在进行教学设计之前必须了解学生在从事特定学习内容时已经具备的知识技能基础,以及对有关学习内容的认识与态度,我们称之为"起点能力水平"或"起点能力"。学习者起点能力水平的分析方法多采用测验的方式进行,起点能力分析包括四个部分:预备能力分析、体能与健康状况分析、目标能力分析和学习态度分析。

1. 预备能力分析

进行预备能力分析是为了明确学习者对于面临的学习是否有必备的行为能力,应该提供给学习者哪些"补救"活动。

分析方法:在传统的课堂教学中,通常根据经验,先在学习内容分析图上设定一个教学起点,将该起点以下的知识技能作为预备能力,并以此为依据编写预测题,从而对预备能力进行预估。

2. 体能与健康状况分析

了解学生身体技能和身体素质、健康状况是否适应未来的体育学习。

分析方法:一般采用体能技能测试、健康测评。

3. 目标能力分析

目标能力分析是为了了解学习者对要学习的东西已经知道了多少,是否存在错误理解等。

分析方法:可以直接使用期终考试题在学程开始之前就对整个学程的教学目标所要求的能力一并进行预测。

4. 学习态度分析

学习态度即学习者对所学内容的认知水平和态度,对教学传递系统的态度或喜好程度,这对选择教学内容、确定教学方法等都有重要的影响。

分析方法:判断学习者学习态度最常见的方法是态度问卷表。此外,观察、访谈等方法都可用于学习态度分析。

(二)学习者一般特征分析

人的心理发展表现出若干个连续的阶段,处在不同年龄阶段的学习者会表现出不同的心理特征。学习者的心理发展规律及其特征是教育工作者的重要依据,教学内容和教学策略的选择都要考虑这一因素。

学习者的一般特征指学习者具有的与具体学科内容无关,但影响其学习的生理、心理和社会特征,它包括年龄、性别、认知成熟度、学习动机、生活经验等内容。在一般特征方面,学生之间既有共同的地方,也存在着个体差异。例如,相同年龄的学生具有大致相同的感知能力、信息处理能力,但个体间也会存在智商、认知成熟度等方面的差异。因此,在教学过程中,教师应把握学生在一般特征方面的相同点,并以此作为集中教学时选择教学内容、制定教学策略等工作的依据,同时还要充分重视学生在一般特征方面的差异,并以此作为制定个别化学习策略、进行个别辅导等工作的依据。重视学生在一般特征方面的个别差异对实现因材施教的教学目标有着非常现实的意义。

分析学习者的心理特征因素,可以从心理的认知因素(例如感知、记忆、思维、想象等方面)和意向因素(例如动机、注意、情感、意志等方面)入手。前者是决定认知过程速度与水平的主要因素,也称为"智力因素";后者与学习者的积极状态相关,称为"非智力因素"。还可以从学习者的认知特点、注意和意志的特点、情感特点和个性特点等方面入手。

1. 小学生智能和情感发展的一般特征

小学生的思维具备初步逻辑或言语的思维特点,这种思维具有明显的从具体形象思维到抽象逻辑思维的过渡性——低年级学生的思维既具有明显的形象性,也同时具有抽象概括的成分,二者相互联系,随着年级高低和不同性质智力活动而变化。到小学高年级时,学生逐步学会区别概念中本质和非本质的属性、主要和次要的属性,学会掌握初步的科学定义,学会独立进行逻辑论证,但是这些都离不开直接和感性的经验。因此,在小学生教学中要注意引导学生思维从以具体事物表象为主要形式逐步过渡到以言语概念的逻辑思维为主要形式,而且对小学生来说,逻辑思维在很大程度上,仍然是直接与感性经验相联系,带有很大成分的具体形象性,但也要注意到不同的学习对象、不同的学科,上述的一般发展趋势也常表现出很大的不一致性。要关心思维由具体形象到抽象逻辑过渡的"关键年龄"段,一般认为出现在四年级前后(10-11岁),若教育条件适当,也可能提前到三年级。

小学生在情感方面的自居作用、模范趋向和自我意识有较快的发展,学习动机多倾向于兴趣型,情绪发展的主要矛盾是勤奋与自卑的矛盾,意志比较薄弱、抗诱惑能力差,需要更多外控性的激发、辅助和教导。

因此,小学阶段,体育老师应该通过有技能的体育游戏学习引导学生体验运动乐趣,激发学生运动兴趣,培养学生参与意识,以塑造学生良好的身体姿态和体形,引导学生在体育活动中学会交往。

2. 中学生智能和情感发展的一般特征

在中学阶段,学生思维能力迅速得到发展,他们的逻辑思维处于优势地位,表现出以下五个方面的特征:(1)通过假设进行思维。能按照提出问题、明确问题、提出假设、检验假设的途径,经过一系列抽象逻辑过程来达到解决问题的目的。(2)思维的预计性。在复杂的活动前事先采取诸如打算、计谋、计划、制定方案和策略等预计措施。(3)思维的形式化。中学生思维成分中形式运算思维已逐步占了优势。(4)思维活动中,自我意识或监控能力明显增强。中学生能反省和自我调节思维活动的进程,使思路更加清晰、判断更为正确。(5)思维能跳出旧框框。中学生的创造性思维迅速发展,追求新颖、独特的因素,追求个性色彩和系统性、结构性。初中生抽象逻辑思维虽占优势,但很大程度上还属经验型,需要感性经验的直接支持。他们能够用理论作指导来分析、综合各种问题,从而不断扩大自己的知识领域。他们还能掌握一般到特殊的演绎过程和特殊到一般的归纳过程。经验型水平向理论型水平转化是从初二年级开始的,这是一个关键阶段,到高二时思维则趋向定型、成熟。和小学生一样,中学生的智力与能力发展也存在着不一致性。

在情感方面,初中阶段和高中阶段有不同的特征。初中学生自我意识逐渐明确。他们富于激情,感情丰富,爱冲动,爱幻想;他们开始重视社会道德规范,但对人和事的评价比较简单和片面;他们在对知、情、意的自我调控中,意志行为日益增多,抗诱惑能力日益增强,但高层调控仍不稳定。高中阶段,独立性、自主性日益增强,成为情感发展的主要特征;学生的意志行为愈来愈多,他们追求真理、正义、善良和美好的东西;高层自我调控在行为控制中占主导地位,即一切外控因素只有内化为自我控制时才能发挥其作用。另外,从初中到高中,学习动机也由兴趣型逐渐转向信念型。

因此,初中阶段体育老师应通过不同的体育项目逐步培养学生体育锻炼的意识和习惯,鼓励学生参加多种形式的比赛,加深其对体育运动的理解,掌握科学锻炼的方法,形成健康的生活方式,在体育参与中培养团队合作的精神。

三、了解社会对人才的需求,确立切实可行的目标

教学设计其实是一个问题解决的过程,只有发现问题,认清问题的本质,才能着手对它进行解决。因此,我们既要了解培养质量存在的问题,也要了解社会需求对人才培养的要求。因为,只有这样我们才能及时调整人才培养目标,培养出符合社会需求的人才。社会对人才的需求要通过学习需要分析来确定"为什么教"的问题。在教学设计实践发展的过程中,人们最初关注的是"如何教",即教学策略的选择与运用问题;到后来关注"教什么",即教学目标、教学内容的确定与安排;现在又开始考虑"为什么教",即学习需要分析。这是因为学习需要分析可以使教学设计做到有的放矢。

学习需要分析是一个系统化的调查研究过程,这个过程的目的就是要揭示学习需要从而发现问题,通过分析问题产生的原因,确定问题的性质,并弄清教学设计是不是解决这个问题的合适途径,同时它还分析现有的资源及约束条件,以论证解决该问题的可行性。正因为如此,学习需要分析属于一种前端分析。

那么，什么是学习需要分析呢？学习需要分析指通过系统化的调查研究过程，发现教学中存在的问题，通过分析问题产生的原因，确定问题的性质，论证解决该问题的必要性和可行性。其核心是发现问题，而不是寻求解决问题的办法。为了全面准确地发现教学中存在的问题，我们在进行学习需要分析时需要做三个方面的工作：一是深入调查研究，分析教学中需要解决的问题是什么；二是通过分析该问题产生的原因，以确定解决该问题的合适途径；三是分析现有的资源条件和制约因素，明确设计教学方案，以论证解决该问题的可行性。

学习需要分析的结果是提供有"差距"的有效资料和数据，从而帮助形成教学设计项目总的教学目标。

四、体育课程资源的开发与利用[①]

20世纪的体育教学，为我们提供了许多宝贵的经验，其中有一条重要的经验就是许多学校能因陋就简、因地制宜地利用有限的体育设施产生较好的使用效果。今天，虽然我国经济发展水平较以前上了一个台阶，但在教育投资方面还存在着"粥少僧多"的现象，各校的体育教学条件差距还很大，许多边缘地区、农村的学校甚至没有什么体育设施和场地。这就需要学校努力挖掘校内外的体育资源，以使学生达到国家体育与健康课程标准所提出的目标要求。

这里有必要特别提及学习目标的普适性问题。所谓"普适性"，就是学习目标对不同地区的广泛适应性。这意味着体育的场地和设备并不是实现学习目标的最重要的因素，也意味着学校和教师完全可以根据自己的实际情况选择不同的教学内容、采取不同的教学方法去使学生达成学习目标。总之，我们不要老是埋怨体育条件这也不行、那也不行，应该采取积极的态度多挖掘和利用各种体育资源，这样就能促进学生达到体育与健康课程的目标，使学生的健康水平得到提高。

在体育与健康课程的基本理念中提到"关注地区差异"，这就要求各地区和学校要根据体育与健康课程目标及内容标准，因地制宜，合理选择和设计课程内容。为了更好地结合学生身心发展特点，突出本地区的特色，体育教师要充分开发和利用本地课程资源充实体育课程内容，以满足学生的多种需要。在开发和利用课程资源时，我们要考虑到课程内容的时代性、选择性和民族性，以提高课程的适应性。

---

① 体育（与健康）课程标准研制组编写.体育（与健康）课程标准解读[M].武汉：湖北教育出版社，2002，163.

课程资源指形成课程的要素来源以及实施课程的必要而直接的条件。[①] 如知识、技能、经验、活动方式与方法、情感态度与价值观以及培养目标等方面的因素,就是课程要素的主要来源。又如直接决定课程实施范围和水平的人力、物力和财力,时间、场地、媒介、设备、设施和环境,以及对于课程的认识状况等因素,就属于课程的实施条件。

(一)课程资源在课程实施中的必要性

新中国成立以来,我国先后进行了八次基础教育课程改革,每次都取得了历史性的成就。面对新世纪的挑战,《中共中央、国务院关于深化教育改革,全面推进素质教育的决定》把"调整和改革课程体系、结构、内容,建立新的基础教育课程体系"作为全面推进素质教育的重要举措。在这个新形势下,原来的体育课程已不能完全适应时代发展和素质教育的要求,主要表现在以下两个方面:

1. 原来的体育课程内容已不能很好地适应素质教育的要求

过去由于竞技体育、体质教育的影响,体育课程主要以竞技运动项目作为主要内容。长期以来,体育课程教学从动作的学习到场地器材的配置规格,都是竞技化、成人化的,很少考虑学生的兴趣、需求和可接受性,使得原来的体育课程内容很难突破竞技体育的框架,一方面导致体育课程的内容极度单调、贫乏,另一方面又造成体育课程资源的极大浪费,从而在教材内容上不同程度地存在着繁多、陈旧、重复的现象。例如,从小学到大学,篮球的双手胸前传球动作一直在学,跑的专门性练习一直在练,这致使我们的体育课缺乏生机、活力和吸引力,并造成学生喜欢体育但不喜欢上体育课的现象。另外,由于我们受传统体育教学思想的影响,加之体育教学大纲把课程内容规定得过死,使体育课程内容的选择面过窄,从而忽视了各地经济、文化、教育和学生发展的不均衡性和特殊性,也忽视了社会发展的时代特征,特别是原有的体育课程内容城市化问题比较突出,缺乏地方、民族和学校的特色,在课程内容的选择上也缺乏置换功能,更没有考虑到不发达地区的经济、文化、教育的实际情况,使得不发达地区无法开展体育教学大纲所规定的教学内容。

2. 原有的体育课程结构已不能很好地适应素质教育的精神

过去,体育课程内容的设置是以学科中心主义为指导思想,偏重学科的逻辑性,过分强调运动技能的系统性和完整性,未能形成素质教育课程体系,忽视了体育对培养人的作用。现在,由于课程和体育课程理念的变化以及《体育与健康课程标准》本身的要求,我们应当审视现行体育课程存在的问题,重新构架适应时代进步和社会发展的新的体育课程体系。

---

① 朱慕菊.走进新课程——与课程实施者对话[M].北京:北京师范大学出版社,2002,211.

总之，新的体育课程理念的确立是体育课程改革和发展的必然要求，而课程资源的开发和利用则是我们构建以"身、心、社"整体健康为目标的课程体系的重要基础，也是完善体育课程的重要保障。我们应当认识到体育课程资源的开发和利用在实施新体育课程中的重要作用，并努力做好这方面的工作。

(二)课程资源的特点

中小学体育教育改革的核心是课程改革，而课程改革的一个非常重要的方面是课程资源改革。目前的体育课程资源已难以适应各地和各校的需要，也难以反映地方和学校的课程特色，这将影响课程目标的达成，影响教学质量的提高。因此，要提高课程的适应性和教学质量，必须加强地方和学校的课程资源建设和管理，地方和学校的课程资源必须要有自己的特色。

1. 课程资源要反映地方的经济和文化特点

在我国，各地经济和文化发展不平衡，体育课程只有符合地方经济和文化特点，才能提高体育课程的适应性。因此，应大力开发具有地方特色的课程资源，把那些反映各地自然地理和风土人情的、学生感兴趣的、带有民族特色的体育活动纳入课程内容之中。

2. 课程资源要反映学校的实际和体育运动传统

在我国，城市、城镇、乡村学校的办学条件具有很大差异，体育教学条件的差异尤为明显。体育与健康课程应当从各校体育教学的实际条件出发，努力发展反映学校体育运动传统的体育课程资源，大力开发校本课程。

(三)课程资源的种类

《义务教育体育与健康课程标准》把课程资源分为人力资源、体育设施器材资源、课程内容资源、自然地理资源、信息资源、时间资源六大类。[①]

1. 人力资源

人力资源主要包括体育教师、学生、班主任、有体育特长的教师、校医、社会体育指导员、家长等。我们应调动各方面的人员关心和参与体育与健康课程的建设，这有助于提高体育教学质量，促进学生积极参与体育活动，使学生更好地达成学习目标。

2. 体育设施器材资源

由于各地、各校的经济状况和办学条件差异很大，现有体育设施的情况也大不相同。沿海地区和发达地区的体育设施要远远好于边远地区和贫穷地区，然而即使是沿海地区和发达地区的学校，也不可能都能配齐所有的体育器材和设

---

① 注：此部分具体内容详见《义务教育体育与健康课程标准(2011年版)》实施建议部分的第四点：课程资源开发与利用建议。

备。因此，一方面，各校应根据国家制定的各级学校体育器材设施配备目录，尽量配齐所规定的学校体育器材设施；另一方面，各校（特别是办学条件差的学校）要努力利用和开发现有的体育设施资源，如发挥体育器材的多功能作用，制作简易的体育器材，改造场地和器材等。

3. 课程内容资源

开发课程内容资源有助于学校课堂教学内容变得丰富多彩，有助于激发学生进行体育学习和活动的兴趣，有助于形成学校的体育特色。然而，由于受竞技体育思想的影响，过去的学校体育课程内容一直是一些老面孔的竞技运动项目，这大大影响了学生对体育学习的兴趣和积极性。新的体育课程除继续重视一些传统的运动项目内容外，鼓励各地、各校对现有的运动项目进行改造，并大力开发新兴运动项目（如野外生存训练、轮滑、现代舞等）、民族和民间传统体育项目（如蒙古族的摔跤、朝鲜族的荡秋千等）。

4. 自然地理资源

自然地理资源主要包括空气、阳光、水、季节、气候、地理条件（如江、河、湖、海、荒原、雪原、草原、森林、山地、丘陵、沟渠、田野、海滩、沙地、沙丘等）。边缘地区、农村地区的学校完全可以利用自然地理条件开展体育活动，即使是体育课也可以在大自然中进行。

5. 信息资源

在一堂体育课上，学生所能获得的体育与健康信息是十分有限的，因此，要鼓励学生充分利用广播、电视、体育书籍杂志等资源获取体育与健康信息，沿海地区和经济发达地区的学校还可以让学生通过网络获得体育与健康信息。

6. 时间资源

作为一名有经验的体育教师，除了充分有效地利用好课堂教学的有限时间外，还应充分利用课余时间，使学生得到很好的锻炼，以培养学生参与课外体育锻炼的意识。

总之，充分利用体育课程资源，可以充实和更新体育课程内容，提高体育教学效果，使学生获得更多的体育与健康知识和技能。

（四）体育课程资源的开发与利用的途径和方法

1. 人力资源的开发

如上所述，人力资源主要有体育教师、班主任、有体育特长的教师、校医、有体育特长的学生、社会体育指导员、家长等，他们都是重要的体育课程资源。在开发人力资源的过程中，我们应挖掘他们的潜能，充分发挥他们的作用，鼓励他们关心和参与体育课程和教学的改革，以提高体育教学的质量。下面就如何开发人力资源，提出几点建议：

（1）利用儿童好玩的天性和生活经验，充分体现"以学生发展为本"的课程理念。在体育教学过程中，应当鼓励学生积极参与体育与健康课程资源的开发，发挥学生的主体作用，尽可能多地让学生自己参与新的、安全的、健康的、有趣的游戏，并对竞技化、成人化的运动项目进行改造，使学生将自己的生活经验融进体育活动之中。

（2）体育教师要加强学习，改善自己的知识结构，特别是要认真学习《基础教育课程改革指导纲要》和《体育与健康课程标准》，理解和把握《体育与健康课程标准》的精神，不断提高自己的专业素质和能力，以创新的意识积极参与体育课程的改革。

（3）应创造条件使有体育特长的教师和学生充分发挥自己的特长。如让有体育特长的教师兼带体育课，组织多种多样的体育活动；让有体育特长的学生当"小辅导员"，交给他们带操、辅导、组织体育活动的任务。

（4）应充分调动班主任的积极性，使其帮助、配合、支持体育教师的工作，共同促进学生坚持体育锻炼。如请班主任担任体育比赛和校外体育活动的组织者或协调员、安全运动的宣传员等。

（5）聘请社会体育指导员和家长为校外体育辅导员，充分发挥他们的特长和作用，使其成为学生在校外进行体育活动的支持者、帮助者、督促者、组织者。如社会体育指导员可以在节假日组织一些家庭之间的趣味体育比赛，家长可以邀请孩子与自己一起进行体育活动等。

2. 体育设施器材资源的开发

由于我国各地经济、文化发展不平衡，各地、各校体育器材设施配备水平大不相同，特别是我国西部地区和农村学校体育场地器材严重不足。在这种情况下，体育教师应当充分发挥现有体育器材设施的作用，开发其多种功能。

（1）发挥体育器材的多种功能。

一物多用，根据器材特点开发其多种功能和用途，是解决器材品种少的好办法。例如：

· 栏架——可以用来跨栏，也可以用作投射门，还可以用作钻越的障碍等。

· 跳绳——可以用来做绳操、斗智拉绳、三人角力、夹抛绳、跳移动绳、绳球、绳投掷、跑蛇绳、二人三足跑、踩龙尾等。

· 胶圈——可以用作滚雷、多人拔河、套活动目标、网圈接球、赶圈穿梭、运输队、撒网捕鱼、踩双圈接力活动器材。

· 接力棒——可以用作接力跑的传接器材、哑铃操的手持器材等。

· 标枪——可以用来投掷，还可以在两根标枪之间拉上橡皮筋当作跳高架，并可用作蛇形跑、钻洞跑、图形移动、跳跃等练习的道具。

· 实心球——可以用来投掷，也可以用作负重物、障碍物、标志物，还可以用来打保龄球。
- 小皮球——可以用来踢足球,也可以用来投掷,还可以用来打篮球。
- 呼啦圈——可以用作障碍物,也可以用来替代跳绳。
- 橡皮筋——可以用来替代栏杆、跳高的横杆等。

(2)制作简易器材。

利用废旧物、生活物品、生活设施和生产工具等解决器材的短缺问题,改善教学条件,是一个"量材录用"、因陋就简的积极办法。例如:

▲ 用废旧布、豆子或沙子制作沙包。
▲ 书包可以用作负重物、障碍物、标志物。
▲ 在进行接力跑活动时,可以用上衣、手绢等作传接物。
▲ 在进行合作跑、协同跑时,可以用椅子、扁担等作传接物。
▲ 校园里的水泥道沿边可以替代平衡木,让学生在上面做平衡走的练习。

(3)改造场地器材,提高场地的利用价值。

在我国,由于受竞技体育思想的影响,许多学校置办的多是成人化的体育场地器材,这实际上是忽视了学生的年龄特点和兴趣爱好,因而未受到学生的喜欢。因此,有条件的学校(特别是有条件的小学)可以将成人化的场地器材改造成适合学生活动的场地器材,努力将体育场地器材改造成学生的运动乐园,以满足学生体育活动的需要,吸引更多的学生参与体育活动。例如,可将体育场地或器材改造成:

- 三角形场地、三个球门的小足球场。
- 降低篮球架高度的多向篮球筐。
- 降低排球网高度的小型软式排球场。
- 降低排球网高度的沙滩排球场。
- 小型羽毛球场地。
- 小型健身房。
- 小型踢毽子场地。
- 可供轮滑、放风筝等活动的多功能活动区。
- 可进行拔河、"跳房子"等活动的游戏区。

(4)合理布局学校的场地和器材。

学校场地和器材的布局是一项重要的设计工作,应当认真研究、合理布局,最有效地利用学校空地。布置学校场地器材时,建议注意以下两点问题:

▲ 因地制宜,量体裁衣。根据实际情况,设置适宜的场地和器材。
▲ 设置综合性运动场区。中小学体育教学和体育活动内容一般都是综合性的活动内容,为方便体育教学和体育活动,有必要布置几个综合性场区。设置综合性场区时,应注意以下几点问题:

- 在一堂体育课中变换教学内容时，应当便于调动和观察学生。
- 尽量做到学生在进行体育活动时互不干扰，确保学生的安全。
- 应安排隔离通道，以防发生伤害事故。
- 应远离教室、图书馆、实验室。
- 应靠近体育教研室或体育器材保管室，并且附近要有水源设备和电源设备。
- 场地周围要有绿化，形成绿色环保场地。因为绿色植物的叶绿素通过光合作用，吸收的二氧化碳同水合成糖类，并放出氧气，有益于身体健康。茂密的树林能形成场地的"小气候"，即在夏季能使气温有所降低，在冬季能使气温有所上升。此外，绿色环保场地还有防风、防尘、隔音的作用。
- 应当充分满足学生课外进行体育活动的需要。根据我们的调查，城市、城镇、乡村不同性别小学生的运动兴趣有所不同（见表1-1），中学男生和女生的运动兴趣也存在差异（见表1-2）。因此，设置综合性场区时应充分考虑本校学生运动兴趣的特点。

表1-1 不同地区、性别的小学生最喜欢的体育项目

男				女			
市小	镇小	乡小	村小	市小	镇小	乡小	村小
小足球	武术	小足球	武术	舞蹈	游戏	游戏	舞蹈
游戏	小足球	游戏	乒乓球	游戏	舞蹈	舞蹈	韵律活动
小篮球	小篮球	武术	小足球	武术	武术	小排球	武术
乒乓球	乒乓球	小排球	游戏	田径	田径	田径	乒乓球
武术	游戏	小篮球	小篮球	韵律活动	韵律活动	小篮球	田径

表1-2 不同性别中学生喜欢的体育项目

性别	项 目
男	武术 足球 游泳 篮球 乒乓球 滑冰 羽毛球 田径 体操 棒/垒球
女	羽毛球 滑冰 足球 武术 舞蹈 篮球 游泳 体操 乒乓球 健美操

（5）合理使用场地和器材。

合理使用场地和器材强调的是在"使用"上下功夫，应最大限度地利用场地和器材的使用空间和时间，同时注意安全问题和场地器材的保养工作。可以从以下几个方面考虑：第一，为了最大限度利用场地和器材的使用空间，应当充分利用学校的空地和学校周边环境，处理好"利用"与"安全"、"使用"与"保养"的关系，认真进行实地考察和合理的统筹与规划。第二，校方在制定课表时，应考虑学校体育教学条件的现状，最大限度地利用场地器材的使用时间。第三，为了最

大限度地利用场地器材的使用空间和时间,应当制定体育教学和课外体育活动场地器材的分配时间表,并要求教师或学生按指定区域和时间进行体育教学或体育活动。

3. 课程内容资源的开发

(1)对现有运动项目的改造。

对现有的传统运动项目进行改造,重要的是要以整体健康观为指导。运动项目的改造应当有利于调动学生体育学习的积极性,促进学生身体、心理、社会适应等整体健康水平的提高,培养学生终身体育锻炼的能力。对现有运动项目的改造,可以从以下几个方面来考虑:

△ 简化规则——只保留一些能激发学生运动兴趣,使学生能兴高采烈"玩"起来的简单规则。

△ 简化技战术——只保留适合学生身心特点的基本技战术。

△ 修改内容——去掉不利于学生身、心、社三方面健康发展的、学生无兴趣的、陈旧的内容,减轻竞技运动的成分,淡化"达标"式的终结性评价方式,不过分强调内容的系统性和完整性。

△ 降低难度要求——降低运动难度、动作难度,不苛求动作的细节,减少器械的重量,改变器械的功能等。

△ 改造场地和器材——使场地和器材适合学生的年龄、性别、身高等特点,满足学生的需要。

(2)新兴运动项目的引用。

《体育与健康课程标准》提出,要将新兴运动项目引进学校体育课堂。新兴运动项目进入体育课堂不仅可以丰富体育教学内容,而且会深受中小学学生的喜爱,并使这些项目成为学生健康发展的重要课程内容。例如:

A.郊游、远足、野营等野外活动。

郊游指从城镇到郊外去游玩,远足指以步行的方式到野外去游玩,野营与这两者的不同点就在于学生需要在野外宿营。组织野外活动时需注意以下一些问题:

▲ 制定活动日程和内容。活动的日程和内容要根据大多数学生的兴趣、爱好、能力、活动时间以及环境条件等因素来安排,建议把体力消耗大的活动放在前半程,把体力消耗小的、趣味性强的活动放在后半程。

▲ 选择地点。地点的选择是决定野外活动是否有意义、是否成功的关键因素,应考虑以下几个问题:远离被污染的、嘈杂的地区,选择生态环境较好的地方;比较容易得到食物和物质的补充;附近有急救设施和良好水源;选择土地比较干燥,有草地、日照,又有适当林木的地方;地域比较开阔,通风好,风景宜人,又能避开山谷、密林的地方。如果想让学生在野外活动中得到更大的收获,还可

以考虑选择能进行生态考察、文物考察、景点观光、植物观察、化石学习、登山、游泳、划船等的地方。

▲选择时间。野外活动最好选择在天气较暖又非雨季时进行,时间不宜拖得太长,建议郊游和远足能在一日往返,内容也不要安排得过多。

▲组织上的准备。教师和学生要有明确分工,各尽其责,互相帮助,相互配合。分工主要包括这些任务:全面负责的、负责向导的、负责食物的、负责财物的、负责组织游戏的、负责联络的、负责保健的、负责设营和安全的等。

▲个人用品的准备。需准备的个人用品主要包括衣服、鞋袜、帽子、眼镜、雨具、背袋、寝具、日用品、餐具、洗漱用具、卫生用品等。

▲集体用品的准备。需准备的集体用品主要包括帐篷、设营工具、小药箱和医药品、野炊用具、照明用具等。

此外,当组织野外活动特别是郊游活动时,可以利用交通工具,也可以徒步旅行。徒步旅行时应注意行走的方法和速度,也可酌情安排休息时间。为了使郊游途中富有情趣,可以适当进行游戏活动、唱歌比赛、植物观察等。

在野营时,除了要注意以上方面外,还要注意以下几个方面的问题:

· 设营。选择搭帐篷的位置时应注意离取水点较近,但当河水上涨时又不至于对帐篷构成威胁;不潮湿,易排水;向阳,避风;帐篷的上方没有大树和岩石,以免被雷击或滚石击伤;如短时间宿营也可以搭建简易窝棚,但要注意不能毁林、糟蹋庄稼;野炊搭灶的方法有挖灶、垒灶、架灶等。

· 野营生活与活动安排。野营时应当加强营地生活和活动的管理工作,营地活动主要包括采集和制作标本、观赏景点、留影纪念、游戏活动、野炊、休闲活动(如钓鱼、放风筝、下棋、打牌等)、篝火晚会等。要切实加强安全教育,不乱食野生蔬果,以免中毒;不玩火,以免引起火灾。

体育夏令营是利用暑假,有目的地选择一个场所为营地,组织学生开展丰富多彩而又有意义的一种野营活动,是提供给学生接触社会、接触大自然的极好课堂活动。夏令营期间,学生们食宿在一起,愉快有趣,可促进学生之间的交流与合作,有利于学生综合素质的提高。体育夏令营通常是综合性活动,在内容上,综合了德、智、体、美、劳各方面的教育内容;在类型上,有各种专题夏令营,如体育骨干夏令营、健美夏令营、减肥夏令营、舞蹈夏令营、航模夏令营、健康夏令营、体育比赛集训夏令营、新生体育夏令营、毕业生告别母校文体联欢夏令营等;在时间上,分为时间较长的常规夏令营和短期夏令营,如一日登山夏令营、一日沙丘夏令营等。在夏令营里,可以开展一些内容丰富、新颖、健康、学生们喜闻乐见的活动,如体育活动、运动训练、游戏、竞赛、参观、访问、考察、劳动、野炊、露营、联欢、篝火晚会等。体育夏令营具有体育活动时间集中、以体育活动为主、参与的对象广泛、接触大自然和社会、培养生活自理能力、活动内容和形式适应少年儿童需要等特点。

另外,按照季节特点,除利用暑假开展夏令营以外,还可以利用寒假开展冬令营,春季和秋季利用周末开展春令营、秋令营。由于季节和地域不同,活动的内容和形式将会各具特色。北方学校以冬令营为宜,可利用寒假组织冰雪活动冬令营、滑冰集训冬令营、滑雪骨干冬令营等,开展滑冰、打冰球、滑雪、打雪仗、坐雪橇、抽陀螺、玩冰滑梯、看冰灯、赏冰雕和雪雕等活动。

B.旅游登山活动。

旅游登山活动也是一种新兴运动项目,包括一般登山活动、登山夏令营、登山比赛。登山前应当做好充分的准备工作,选好攀登对象和攀登路线,山峰的高度、路线的长度、坡度都要与学生的年龄、体能相适应。如果组织登山比赛,还要记录登达顶峰的时间和名次,这种比赛分为团体登山比赛、个人登山比赛和接力登山比赛。

登山活动是学生非常喜爱的体育活动之一,有助于增强学生的体能,培养学生的意志品质和合作精神等,但不论采用哪一种形式的登山活动,都要把学生的安全放在首位。体育教师应当进行周密组织,采取有效的安全措施。安全措施主要包括以下几个方面:

- 天气不好时(如雪天、雨天等)不搞登山活动。
- 登山前要向学生介绍上山方法、下山方法、联络的方法、救护人员的位置、规定山顶集合和山下集合的最后时限、集合信号和标志、特殊地段的处理方法、遇到险情的处理方法等。
- 制定登山纪律,如不准打闹、推挤他人等。
- 每队需安排救护人员随队上山。
- 勘察好登山路线,避开危险地段。
- 配备好救护队,准备好必要的救护物品和药品。

C.其他新兴运动项目。

除上述较为详细介绍的两个项目外,还有许多其他的新兴运动项目,如健美运动、现代舞运动、攀岩活动等。这里就不一一介绍。

(3)民族、民间传统体育资源的开发。

我国是一个多民族的国家,民族体育文化源远流长,体育与健康课程应当具有民族特色。民族、民间传统体育资源的开发要有助于形成具有各地、各校特色的体育与健康课程,使学生的生活经验与课程的学习内容紧密相连。因此,《体育与健康课程标准》非常重视民族、民间传统体育资源的开发问题。

A.对民族、民间传统体育项目的改造。

民族传统体育项目和民间体育活动项目有很多内容,在选择教学内容时,我们不能完全照搬所有的内容,要注意内容的选择性,同时也可对一些内容进行改造，使它们适合不同水平学段学生的身心特点。这里主要就一些民族传统体育项目和民间体育活动项目的改造问题进行讨论和分析。

▲叼羊。叼羊是柯尔克孜族、维吾尔族、哈萨克族和塔吉克族的传统体育活动，这一活动对于培养学生的意志品质、团队精神等具有重要的作用。在叼羊活动中，可以看到一幅壮观的场面：叼羊手分工明确，配合默契，纵马追逐，冲群叼夺，左躲右闪，左右护卫，掩护驮遁，追赶阻挡，冲击重围等。优秀的叼羊手备受尊重，被誉为"草原上的雄鹰"。但是各民族举行叼羊活动时，所叼的羊都是采用活或死的真正羊。因此，如果把叼羊活动作为体育与健康课程的内容，必须对其进行改造，可从以下三个方面加以考虑：一是参加的队数、人数；二是叼假羊，因为真羊轻至几十斤，重达上百斤，中小学学生由于力量有限，难以叼夺起来；三是可以用不骑马的形式进行这种活动。

▲顶瓮竞走活动。顶瓮竞走是朝鲜族的传统体育活动，参加者均为女子。比赛时，参加者头顶一个盛有 10 公斤水的瓦瓮，快步疾走，赛程为 100－200 米。疾走时瓦瓮不能倒，水不能溅出，以先到达终点者为胜。如果要把顶瓮竞走活动作为体育与健康课程的内容，建议从以下三个方面对其进行改造：男生和女生均可参加；瓦瓮重量为 2－5 公斤，也可以把瓦瓮换成书包；赛程根据学生的特点可长可短。

▲射弩活动。射弩比赛是傈僳族、怒族、独龙族、傣族等民族的民间体育活动。根据射弩者的体力，自行决定弩弓力量的大小，有的以箭叉为箭靶，有的以油煎粑粑或肉块为箭靶。如果把射弩比赛作为体育与健康课程的内容，建议从以下几方面对其进行改造：男生和女生均可参加；箭靶换成环靶；比赛姿势分为立姿、跪姿；每人每次射 3 箭，按环数多少分胜负。

▲跳山羊活动。跳山羊是白族的传统体育活动，流行于少年儿童之中。跳山羊时，一人或几人两膝伸直，上体前屈 90°，低头，两手触地或扶膝，呈山羊状，跳跃者两手撑其背部跃过。未跃过者当"山羊"，轮流跳跃。此项体育活动可以发展学生的支撑跳跃能力和勇敢、协作精神。

▲踢毽子活动。踢毽子是我国民间传统体育活动，由古代蹴鞠发展而来，有鸡毛毽、皮毛毽、纸条毽、绒线毽之分，踢法有盘踢、拐踢、蹦踢、间踢等，在我国极为盛行。比赛分为单人赛和集体赛。单人赛有比踢数、比花式等；集体赛则是在场子中央画一条约 1 米宽的"河"，将场子平分为二，两队各站一区，一队先将毽子踢过河，对方须在毽子落地前踢回来，如此反复，如一方未能将毽子踢回即失一分，以 10 分为一局，采用五局三胜制。

▲抢花帽活动。抢花帽是乌孜别克族的民间体育活动，参加人数不限，分两队排队报数，每个人记住自己的号数，然后两队围成一个圆圈坐在地上，圆心放一小花帽，选一人站在圈外喊号。喊号后，两队同号者一起跑向圆心抢花帽，

其余的人拍手唱歌。抢到花帽者沿圆圈快速奔跑,未抢到者在后面紧追。如果在唱歌结束前追上了持花帽者,追者就将花帽拿过来扣在被夺者的头上,夺帽者得1分;如果在唱歌结束后追不上持花帽者,则持花帽者得2分。然后各自回到自己的位置坐下来。如此循环反复进行,最后以得分多的队为胜。

▲ 打雪仗活动。打雪仗是我国北方少年儿童所喜爱的民间体育活动,是在雪地里用捏成团的雪球,互相扔打。为了打中对方或避开追打,须做奔跑、跳跃、投掷、躲闪等动作,这一活动可以达到增强体能、培养意志品质和提高抗寒能力的目的。打雪仗可以分队比赛,如分成人数相等的两队,在雪地上筑成掩体、壕沟、碉堡等,进行阵地战、游击战和冲锋陷阵战,以攻克碉堡、占领阵地为胜,或以雪球击中对方的次数多少定胜负。

B.民族、民间传统体育课程的内容。

民族、民间传统体育活动或经过改造的民族、民间传统体育活动深受少数民族学生的喜爱,其中,有些活动项目汉族学生也很喜欢。这类体育课程内容可以把一个民族的传统文化通过一种形象直观的方式表现出来,使得古老的民族文化得以继承和发扬。此外,这类课程内容还有助于加强各民族之间的团结。民族、民间传统体育课程内容大体分为以下几类:

• 以嬉戏娱乐为主的民族、民间传统体育课程内容。这类课程内容以闲暇消遣、健身娱乐为主要目的,虽有一定规则,但不严格。

• 以竞赛为主的民族、民间传统体育课程内容。这类课程内容既有游戏娱乐的成分,也含有竞赛的内容,是一种以竞赛体力、技巧、技能为内容的娱乐体育活动。

• 配合节庆习俗的民族、民间传统体育课程内容。节庆习俗是一个民族特有的传统庆典活动,构成了一种寓意深刻的、独特的文化表达方式,在文化传递中起着重要的作用。这类体育课程内容可以使学生通过参与传统庆典活动接触社会和认识社会。

C.设计民族、民间传统体育课程内容的注意事项。

在设计和使用民族、民间传统体育课程内容时,应注意以下问题:

△ 教育学生遵守少数民族风俗习惯,热爱自己的民族。

△ 对不适宜在少年儿童中开展的民族、民间传统体育项目进行改造,以适应学生身心发展的需要。

△ 在设计、使用民族、民间传统体育课程内容时应加强安全教育。

许多民族、民间体育活动与学生的生活经验紧密相连,因而学生对这类课程内容非常喜爱。同时,教师要引导学生结合当地气候、自然、地理等条件,开展新的民族、民间体育活动。

4. 自然地理资源的开发

自然地理资源的开发不仅对发达地区的中小学有一定的价值和意义,而且对欠发达地区和农村中小学更具有特殊的课程价值和意义。江、河、湖、海、草原、森林、山地、丘陵、沟渠、田野、海滩、沙丘、空气、阳光、季节和气候等都可以作为体育课程资源,而且自然地理课程资源是我们最经济、最简便的体育课程绿色资源,如雪上活动是与气候、自然、地理环境有关的体育课程内容,可以培养、训练学生适应当地的气候、自然、地理环境的能力。所以,我们应当在组织好课堂体育教学的同时,带领学生走出校门,到大自然中去,因地制宜、因时制宜地组织学生进行多种体育活动。

教师在组织和实施这类体育课程内容时,应当把安全教育放在首位,如冰上活动要防止冰裂,雪上活动要避开雪崩地区,水中活动要了解水质是否受到污染、是否为血吸虫病传染区,沙滩活动要注意涨潮时间,沙丘活动要防止塌方,雨天要提防泥石流等。

5. 体育信息资源的开发

体育信息资源具有时代气息,我们可以利用各种媒体获取新的体育与健康的知识和方法,观看体育比赛等,以便不断充实课程内容,如体育远程教育资源就是不容忽视的课程资源,它有助于改善教学条件,提高教学效果等。

在当今的信息社会里,要充分利用各种信息资源获取体育信息,不断充实和更新课程内容,提升专业素养。体育信息资源的开发和利用包括校内广播、黑板报、挂图、比赛、体育小报、体育作文等载体的创设,加强校园体育文化的建设;课题实践中还要引导学生在校外主动通过广播、电视、网络各种信息媒体等途径获取体育信息资源,使学生懂得如何获取、整理、筛选、利用信息,为自己终身从事体育锻炼提供参考依据或借鉴资料。

6. 时间资源的开发与利用

下面,我们通过例子来看一下课程资源综合开发利用的情况。

【案例1-1】 "橄榄手球"。[①] 某中学在选项教学中开设了橄榄球项目,选择该项目的学生有20多名。老师介绍了橄榄球的传球、接球技术,并让学生们了解橄榄球的比赛规则。开始学生们感到很新鲜,学得也很起劲。大家在足球场上来回奔跑,吸引了不少学生,逐渐选择橄榄球的同学越来越多,有十几个女生也报名加入了。原来的足球场一下子变小了,大家不得不把场地分成几块。然而问题随之而来,橄榄球的传球可扔、可抛、可踢,带球

---

① 教育部基础教育司,教育部师范教育司组织.体育与健康课程标准研修[M].北京:高等教育出版社,2004,134.

可满场跑,有时不注意,球就传到另一块场地上,特别是用篮球场作场地,来回传不到两次就出界了。原来很过瘾的运动一下子变得枯燥了。针对这种情况,老师向学生布置了一项作业,让大家想办法改变现状,包括规则修改,传接球的方法等。学生们的建议一项项传到老师的手里,有的提出传球不能用扔和抛的动作,只能传;有的提议将球门改小,如用跨栏架作球门等。老师从学生的建议中得到启发:把橄榄球和手球结合起来,规定传球只能用手,不能用脚踢,抱球跑不能超过5步,改小了球门。这样一来,学生的热情又高涨起来,大家又传又抢,器材是橄榄球,用的却是手球规则,射门就更像手球了。于是,学生给这个项目起了个名字,叫"橄榄手球"。

【案例1-2】 "合作互动的武术课教学"。① 某中学体育师资力量比较充足,但场地设施有限,仅有两块篮球场,能保证两个班级同时上体育课。为了取得更好的教学效果,体育组长要求大家在上课时要互相协作,共同上好每一节课。在一次武术单元课的教学上,一教师是这样设计的:在课的开始阶段,学生散点式地站在篮球场上,每个学生原地两臂侧平举并前后转动,以此来圈定自己的活动区域,并按要求,相邻的学生组成一个3人的团队,每个团队的成员按照1、2、3的序号进行编号,然后互相交流一些话题。接着所有序号为1号、2号、3号的学生分别组成一个超级大团队,这样就将全班学生重新组合成三个超级大团队,其中A教师指导1号超级大团队学习第一个动作,B教师指导2号超级大团队学习第二个动作,C教师指导3号超级大团队学习第三个动作。学练结束后,各序号学生再回到最初的3人团队中,1号学生将所学动作教给本队2号和3号学生,以此类推,2号、3号学生分别将所学动作教给本队1号和3号、1号和2号学生。通过这样的合作学习,所有的3人团队都学会了一套完整的武术动作,最后在音乐的伴奏下大家开心地投入练习中,课堂气氛显得很活跃。在这样的教学设计中,学生的主体地位得以充分体现,无一人游离于课堂之外,无论是学还是教,每人都尽心、尽力、尽责,都想让自己的团队成为真正的超级团队。学生们通过既是学习者、教学者、合作者又是指导者等多种角色转换的体验,学会了与他人交流、分享、合作,也促进了智力、品德、责任心、自信心、文明礼貌的养成与提升。

上述两个案例分别节选自《体育与健康课程标准研修》和《对美国SPARK体育课程教学培训的梳理与思考》,根据需要,做了些许改动。从上述案例中,我们能够发现当代体育老师的教学智慧,其教学都很好地体现了新课程的基本理

---

① 石冰冰. 对美国SPARK体育课程教学培训的梳理与思考[J]. 中国学校体育,2013,1.

念和教育思想,同时,也很好地向我们说明了如何进行体育课程资源的开发和利用。

(五)开发和利用体育课程资源时应注意的问题

1. 在开发和利用体育课程资源时要注意课程内容的选取。选取的内容应当适合学生的年龄特点,能满足学生的兴趣和爱好,并具有因地制宜和因时制宜的特点,如选择空气新鲜、阳光明媚、水质良好、安全性好、没有污染、没有传染病(如血吸虫病、流行性感冒)的地方进行教学。同时还要努力寻找与自然地理相适应的体育活动方法。

2. 在开发和利用体育课程资源时要注意更新课程理念,根据"身、心、社"整体健康观进行课程设计,防止"穿新鞋走老路",活动的内容和方法要有助于学生达成体育与健康课程目标。

3. 体育课程资源的开发和利用是课程建设的重要工作,要注意结合当地和本校的实际情况。只有从实际出发,才能有效地开发和利用体育课程资源。

4. 应当把开发和利用体育课程资源工作纳入体育教研工作之中,克服懒惰、消极情绪,防止"束之高阁"和"走过场"的现象发生。

5. 建议各地教育行政部门加强对体育课程资源进行开发和利用的管理、督察和指导工作,把体育课程资源的开发和利用作为评价学校体育与健康课程建设的一项重要内容。

6. 建议各地教育行政部门对体育教师开发和利用体育课程资源的能力和体育课程设计能力进行专门的培训,并将体育课程资源的开发和利用纳入学历教育和学历后教育的计划之中,抓紧实施,落实到位。

7. 各地、各校应注意不断总结开发和利用体育课程资源的经验,并加以推广。

第二章 新课程理念下体育与健康课教学设计

第一节 新课程理念下体育与健康课教学设计的基本模式和要求

教学设计发端于"二战"时期的美国,萌芽于20世纪50年代至60年代初的程序教学理论。作为专门研究如何促进学习者学习的领域,教学设计的理论常常被作为一种处方式理论或规范性理论,对影响某种学习结果的变量和条件有预先的设定。它要给出使教学朝着好的学习结果的方向发展的设计原则,还要提供各种设计原则的理论基础,指出这些理论基础的研究依据,并要给予应用这些设计原则的指导,而教学设计的实践则要根据教学设计的理论提供开发学习环境和学习资源的方法与技术(策略)。

在过去的半个多世纪里,教学设计理论与实践从过去仅仅关注程序教学发展到今天整合了心理、技术、评价、测量、管理等多门学科的一个多维研究领域。其间,大量系统的教学设计模型或程序被开发出来,并被冠以"教学设计的系统方法"(the systems approach)、"教学系统设计"(instructional systems design)、"教学开发"(instructional development)和"教学设计"(instructional design)等不同名称。[1] 尽管这些模式在设计程序上有所不同,但大多数都包括这几个步骤:教学问题分析,对用于解决这些问题的材料和教学程序的设计、开发、实施和评价。因此,我们在此考察一下教学设计模式的发展历程以便更好地认识新课程理念下体育与健康课教学设计。教学设计的过程模式是用简约的方式,提炼和概括了教学设计实践活动经验,解释和说明了教学设计理论。它既是理论的具体化,也是实践活动的升华,因而,它成为理论与实践操作之间的中介。

一、教学设计过程模式的沿革

美国学者迈克尔·艾劳特(Michael Eliot)在1988年梳理了60年代以来不

---

[1] 裴新宁.面向学习者的教学设计[M].北京:教育科学出版社,2005,52.

同理论背景下的各种教学设计过程模式。其中,划分了教学设计过程模式的三个发展阶段,并指出了每个阶段的不同特点。①

第一阶段,教学设计是一种应用科学。这个阶段教学设计过程模式的特点是,把行为主义心理学理论应用到教育和各种培训中,强调把行为目标作为教学设计的标准,注重学习的行为及其先决条件,侧重学习任务的分析,注意教学设计的序列化。所以,这时的主要任务就是分析和分解学习内容,并转化为各种类型的行为目标,依据这些行为目标选择恰当的教学媒体和教学方法,为教师提供可行的教学序列。斯金纳的程序教学就是影响较大的此类教学设计模式。在这种模式中,教学设计者是专门的分析专家,教师则是把分析专家的实施方案转化为具体的教学活动的操作人员。这种模式的优点是反映了教学设计的实效性和可操作性,但其缺点也较为明显,过分强调分析和分解学习内容,缺少对学习者获取知识过程的阐述,肢解了教学环节,对教学整体性的关注度不够,结果往往容易导致学习者处于被动地位,无法体现师生之间的交往性。

第二阶段,强调美学对教学设计的影响。在第二阶段,教学设计者更加注重从美学的角度来设计教学活动以吸引学习者的兴趣,同时考虑到学习者的情感因素。强调教师以综合的方式设计教学,在传授知识、技能时应选择那些师生之间交互性较强的教学策略和教学序列,以便于使教学设计和其指导下的教学成为一个开放的系统。因此,在此阶段,教学设计者和教师被认为不仅是设计师和操作人员,而且应该是教学艺术家。

第三阶段,教学设计更加关注解决问题的过程和方法。在这个阶段,教学设计者逐渐认识到学习是学习者自行探究、自我解决问题的过程,在这个过程中学习者发挥自身主观能动性,通过自己的独立钻研,解决学习过程中的问题。所以,学习者原有的知识和经验储备对学习能否获得成功起着关键作用。在学习者自主探究的学习过程中,教学设计者提供了较为复杂的探究性的学习目标,教师是学习的指导者。

二、教学设计过程模式的要素

教学设计的过程模式侧重实践方面,其主要功能是确定教学设计的步骤,而不是描述变量之间的关系。也就是说,其目的是便于应用而非描述或解释教学设计的有关事件。1980 年,安德鲁斯(Andrews)和古德森(Goodson)对 40 多个教学设计过程模式进行了全面分析,总结出了教学设计过程的 14 个主要任务,其中包括需要的评估、考虑不同的解决问题的方法、形成系统、明确限制,形成广

---

① 徐英俊.教学设计[M].北京:教育科学出版社,2001,41—42.

泛目标和可观察的详细子目标,生成与总目标和子目标相匹配的前测和后测测验,分析总目标和子目标的类型并将下属技能序列化,确定学习者的特点和准备状态,形成与科目和学习者需要相匹配的教学策略,选择媒体以实现教学策略,制作以策略为基础的教学课件,对课件进行形成性评价以诊断课件使用者的学习困难,在诊断的基础上对课件进行修改等。这些教学设计任务一定程度上反映了当时教学设计过程模式的基本特点和基本要素,而瑞奇则认为安德鲁斯和古德森的分析框架较为复杂。因此,她在两者分析的基础上总结出了教学设计的六个核心要素,即:确定学习者的需要、确定目的和目标、建构评估过程、设计和选择教学传送的方式方法、试用所设计的教学系统、安装和维持系统。瑞奇认为,当这六个核心要素与各种不同的教学环境相结合时,将会产生各种不同类型的教学设计过程模式。教学设计过程模式总的发展趋势是由原来的单一的应用科学形式转向多样性的综合化形式。但无论如何变化,教学设计过程都必须解决四个基本问题:[①]一是学习者或培训者的特点是什么?二是教学的目标是什么?三是教学资源和教学策略是什么?四是怎样评价和修改?对这几个基本问题进行不同的展开和处理,就会产生不同的教学设计过程模式。

过程模式之所以会有不同的结果,与理论和经验两方面的因素有关。一方面,过程模式因为个人经验的不同而存在差异;另一方面,又因为相同的理论基础而具有共同的特点。在教学设计发展的初期,人们往往是通过直接经验——通过确定经验中的关键因素,并将这些关键因素经过抽象,形成一系列的具体操作步骤来进行教学设计。伴随着人们对教学设计的深入研究,理论在教学设计过程模式中开始发挥巨大的作用。一方面,人们对从经验中获得的过程模式进行思考和归纳,并上升为理论知识;另一方面,又通过理论的发展来指导教学设计过程模式,使之更加有效、合理。由此可见,"理论是构成过程模式的一部分,它的完善必将影响过程模式的发展"[②]。

对于体育教学设计过程模式的要素,许多学者也进行了有益的研究。中国教育科学研究院的于素梅研究员结合第一届全国中小学体育教师教学技能大赛对体育教学设计的考核要求,并通过对前几届全国中小学体育教学观摩展示活动的教学设计进行统计分析发现,在实践中,体育教学设计的结构形式多种多样,在要素的取舍上很少有完全一致的现象。这些案例反映出教学设计很不规范,缺乏相对统一的范式,还说明,目前大家对体育教学设计缺乏相对稳定的认识。[③] 因此,提出了一种结构模式,并将其运用在第一届全国中小学体育教师教

[①] 孙可平.现代教学设计纲要[M].西安:陕西人民教育出版社,1998,85—86.
[②] 孙可平.现代教学设计纲要[M].西安:陕西人民教育出版社,1998,87.
[③] 于素梅.体育教学设计范式及要素分析[J].中国学校体育,2012,4.

学技能大赛中,对一线教师进行考核。其模式要素为指导思想、教材分析、学情分析、教学流程、安全隐患、教案。其中,前五个要素是从总体上对体育课进行构思与分析的,常常采用文字的形式呈现。该模式认为教案是教学设计最核心的部分,常常以表格的形式呈现。

三、几种主要的教学设计过程模式

从教学设计过程模式的理论基础和实施方法看,教学设计过程模式可以分为三大类:以教为主的教学设计过程模式,以学为主的教学设计过程模式,"教师主导、学生主体"的教学设计过程模式。

(一)以教为主的教学设计过程模式

这种模式以课堂教学为焦点。已有的教师、学生、课程计划、设备、设施和资源都是进行设计的前提条件。设计的目的是解决教师在这些条件下如何做好教学工作,完成预期的教学目标。设计的要求往往产生于学校教师想改进教学、提高教学质量的时候,通常由教师自己来完成设计任务。这种模式的设计重点是选用合适的教学策略,选择、改编和应用已有的媒体材料,而不是从头开发。这种模式主要供专职教师参考使用,包括中小学教师、职业学校教师和大专院校的教师。这种教学设计过程模式的代表是肯普模式。

在肯普的早期模式中,他是用线条把各个要素顺时针连接起来的,但在他后来的研究与实践中,他看到教师和设计人员所面临的教学问题与实际情况千差万别,实际的设计并不是完全按照一定顺序进行所有步骤的,因此,肯普对原模式做了改进,提出了由十个环节构成的椭圆形结构模式(见图2-1)。

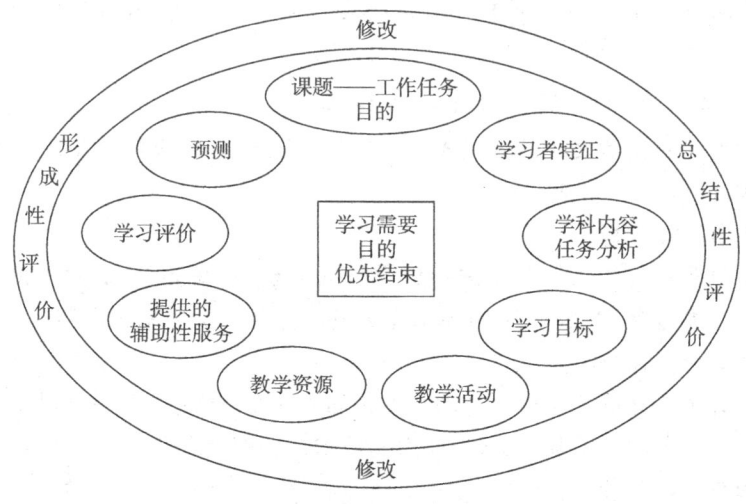

图 2-1 肯普模式

肯普模式的主要特点可以用三句话概括：在教学系统设计过程中强调四个基本要素，需要着重解决三个主要问题，适当安排十个教学环节。

1. 四个基本要素

四个基本要素指教学目标、学习者特征、教学资源和教学评价。在肯普看来，任何教学设计过程都离不开这四个要素，它们构成了教学设计的总体框架。

2. 三个主要问题

学生必须学到什么（即在教学过程中确定什么样的教学目标）；为达到预期的目标如何进行教学（即根据确定的教学目标，安排怎样的教学内容和教学资源；在学习者特征分析的基础上确定教学起点，并据此选择什么样的教学策略——采用怎样的教学模式、怎样安排教学程序、如何选择教学方法、运用什么样的教学组织形式等）；检查和评定预期的教学效果（进行教学评价）。

3. 十个教学环节

①确定学习需要和学习目的，为此应先了解教学条件（包括优先条件和限制条件）；②选择课题与任务；③分析学习者特征；④分析学科内容；⑤阐明教学目标；⑥实施教学活动；⑦利用教学资源；⑧提供辅助性服务；⑨进行教学评价；⑩预测学生的准备情况。

在这种教学设计过程模式中，教学设计是很灵活的过程，可以根据实际情况和教师的教学风格从任一环节开始，并可按照任意的顺序进行；此外，评价与修改贯穿整个教学过程的始终。但是在这种模式中，学习者特征分析仅仅考虑到了学习者的学习基础和知识水平。

这种模式由于具有较强的实用性和可操作性，加上允许教师按自己意愿来安排教学的各个环节，所以具有灵活性。多年来，它在世界范围内产生过较大影响，并成为教学设计模式的代表作。

（二）以学为主的教学设计过程模式

以学为主的教学设计过程模式是一种基于建构主义的教学设计过程模式，这种模式可以用图2-2表示。

1. 教学目标分析

对整门课程及各教学单元进行教学目标分析，以确定当前所学知识的"主题"（即与基本概念、基本原理、基本方法或基本过程有关的知识内容）。

2. 学习者特征分析

学习者特征分析关注学习者的智力因素和非智力因素，其中智力因素分析主要包括学习者的知识基础、认知能力和认知结构变量分析。

3. 学习情境创设

建构主义认为，学习总是与一定的社会文化背景，即"情境"相联系的，创设与当前学习主题相关的、尽可能真实的情境,有利于唤醒长时记忆中有关的知识、经验或表象,从而使学习者能利用自己原有认知结构中的有关知识与经验去同化当前学习到的新知识,或者对原有认知结构进行改造与重组。

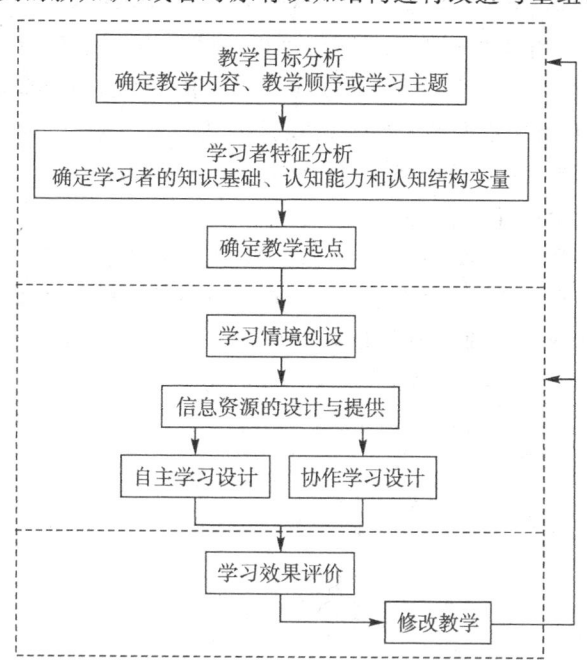

图 2-2　以学为主的教学设计过程模式

4. 信息资源的设计与提供

信息资源的设计,指确定学习本主题所需信息资源的种类和每种资源在学习本主题过程中所起的作用。对于应从何处获取有关的信息资源、如何去获取(用何种手段、方法去获取),以及如何有效地利用这些资源等问题,教师应及时给予帮助。

5. 自主学习设计

自主学习设计以学为中心,是教学系统设计的核心内容。在以学为中心的建构主义学习环境中,常用的教学方法有支架式教学法、抛锚式教学法和随机进入教学法等。根据所选择的不同教学方法,对学生的自主学习应进行不同的设计。

6. 协作学习设计

设计协作学习环境的目的是在个人自主学习的基础上,通过小组讨论、协商,进一步完善和深化对主题的意义建构。整个协作学习过程均由教师组织引导,讨论的问题皆由教师提出。

7. 学习效果评价设计

学习效果评价包括小组对个人的评价和学生本人的自我评价。评价内容主要围绕三个方面:自主学习能力、协作学习过程中做出的贡献、是否达到意义建构的要求。

(三)"教师主导、学生主体"的教学设计过程模式

尽管以"教"为中心的教学系统设计和以"学"为中心的教学系统设计的根本目的都是优化教学效果,促进学习,然而由于其学与教的理论基础,特别是学习理论基础的不同,所以这两类教学系统设计的核心和效果也就必然不同。只有将这两者结合起来,使两者优势互补,才能获得最佳的学习效果,由此,导致主导—主体教学系统设计的产生。

主导—主体教学设计从方法和步骤上来说,是以教为主的和以学为主的教学设计方法和步骤的综合,为了更好地比较、分析和理解双主教学系统设计的指导思想与教学系统设计的方法和步骤,用图2-3来表示。

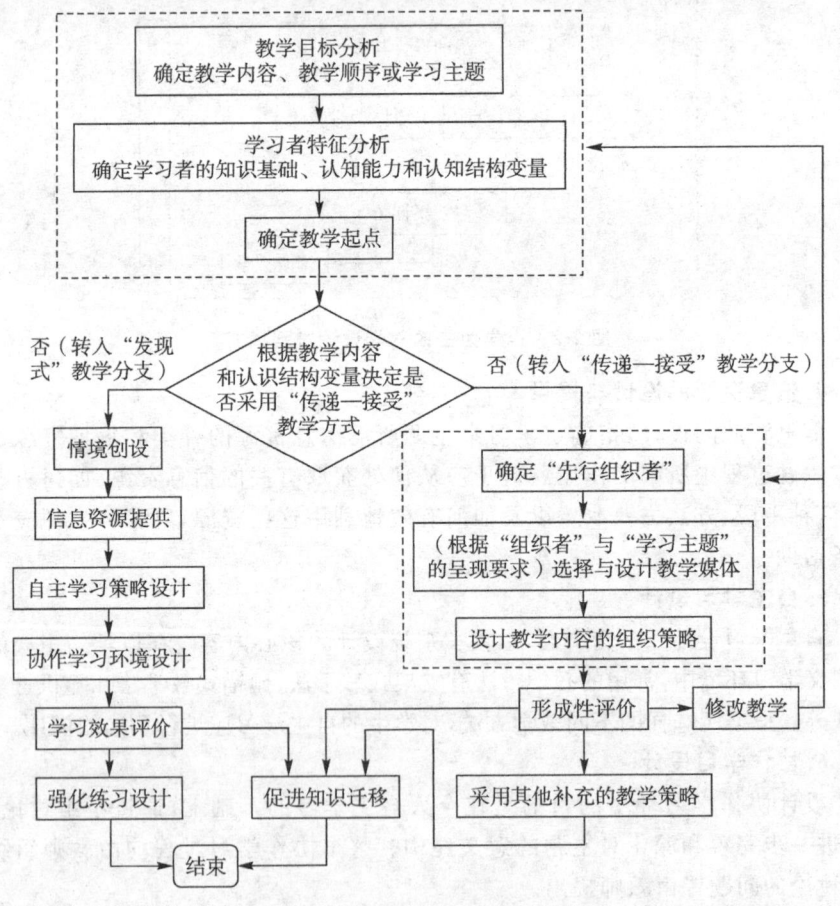

图 2-3　主导—主体教学设计过程模式

由图 2-3 可以看出，主导—主体教学设计过程模式具有以下特点：

1. 可根据教学内容和学生的认知结构情况灵活选择"发现式"或"传递—接受"教学分支。

2. 在"传递—接受"教学过程中基本采用"先行组织者"教学策略，同时也可采用其他补充的"传递—接受"策略（甚至是自主学习策略），以取得更佳的教学效果。

3. 在"发现式"教学过程中也可充分吸收"传递—接受"教学的长处（如进行学习者特征分析和促进知识的迁移等）。

4. 便于考虑情感因素（即动机）的影响。在"情境创设"（左分支）或"选择与设计教学媒体"（右分支）中，可通过适当创设的情境或呈现的媒体来激发学习者的动机；在"学习效果评价"环节（左分支）或根据"形成性评价"结果所做的"修改教学"环节（右分支）中，则可通过讲评、小结、鼓励和表扬等手段促进学习者三种内驱力的形成与发展（视学习者的年龄与个性特征决定内驱力的种类）。

由于具有两个分支（右分支对应"传递—接受"教学，左分支对应"发现式"教学），所以显然它应能支持以教为中心和以学为中心这两类不同教学模式的教学系统设计。此外，由于这两个分支既有公共部分又可相互跳转，因而还可方便满足双主教学模式的教学系统设计要求。考虑到教学过程中教师可以选择多种不同的具体教学策略，例如，"协作学习"策略还可进一步细分为竞争、协同、伙伴和角色扮演等不同子策略；"自主学习"策略也可进一步细分，加上有些策略之间可以相互跳转且有多条不同的出口通路，因而图 2-3 能够满足多种多样的教学需求。

第二节　新课程理念下体育与健康课教学设计的基本内容

通过对教学设计过程模式的分析，在进行体育与健康课教学设计时，我们认为应该着重考虑以下几个方面：学习者特征分析、体育学习内容分析、体育教学目标的设计、体育教学策略的选择与设计、体育场地器材的设计和体育课堂教学设计的评价。

一、学习者特征分析

对学习者特征进行分析能够让教师发现学生的"共性"和"不同"，有助于教师在班级授课的形式下区别对待每一个学生。

二、体育学习内容分析

分析体育学习内容的工作以总的体育教学目的为基础,旨在规定体育学习内容的范围、深度和揭示其各组成部分之间的联系,以保证取得教学最优化的内容效度。体育学习内容的范围指学习者必须达到的知识和能力的广度,深度规定了学习者必须达到的知识深浅程度和能力的质量水平。明确学习内容各组成部分之间的联系,也为教学顺序的安排奠定了基础。所以,学习内容的分析既与"学什么"有关,又与"如何学"有关。

体育学习内容分析包括下列三个步骤:第一步,体育学习内容的选择;第二步,体育学习内容的组织;第三步,体育学习内容选择与组织的初步评价。

(一)体育学习内容的选择

下面,我们来探讨一下如何进行体育学习内容的选择。

首先,我们要清楚什么是体育学习内容?所谓"体育学习内容"指为达到体育教学目的,要求学生系统学习的体育知识、技术、技能和行为经验的总和。它具体体现在体育课程标准中的内容标准以及教科书、教学软件等。体育学习内容是达到体育教学目标的重要条件,每一项内容的安排与学习都是为了更接近最终的学校体育教育的目的。体育学习内容应该是在充分研究和了解学生的身心发展特点和已有体育水平的基础上选择和确定的,对实现学生身心健康发展起到积极的作用。

其次,体育学习内容是如何选择的?体育教师一般按单元组织教学。单元是一门课程内容的划分单位,学科的特点不同,划分的标准也不同。对于体育学习内容而言,在划分教学单元时,可以按照某个运动项目的技术为标准划分单元学习内容,也可以按照主要技术和次要技术的标准划分单元学习内容。一个单元的内容有相对的完整性。单元实质上反映了课程编制者或教师对一门学科结构的总看法,以及在此基础上对这种结构按教学要求所作的分解和逻辑安排。

体育学习内容的选择是一个根据教学目标对各类运动素材分析判断的优选过程。首先,要根据体育课程的目标对有关运动素材进行价值判断(促进学生身体素质发展、基础运动技能学习、体育科学文化知识的传递、运动情感体验、良好心理品质培养)。其次,分析对完成体育学习总体目标的贡献的大小是否具有典型性学习意义。最后,根据学习条件判断其实施的可能性(学生内化、难度适宜、场地器材硬件条件)。我们可以使用下图来清晰地表示体育学习内容优化过程:

图 2-4 体育学习内容优化过程

(二)体育学习内容的组织

体育学习内容的组织是对已选定的体育学习内容进行单元化的系统安排过程,使它具有一定的系统性或整体性。

在一门课程中,各单元学习内容之间的联系一般有三种类型:一是相对独立,各单元在顺序上可互换位置;二是一个单元的学习构成另一个单元的基础,这类结构在序列上极为严密;三是各单元学习内容的联系呈综合性,如图2-5所示,在单元顺序安排上,第1、2、4、5单元可互换位置,但第3、4单元的次序不可随意更改。在组织学习内容时,首先要搞清楚各项学习任务之间的联系。

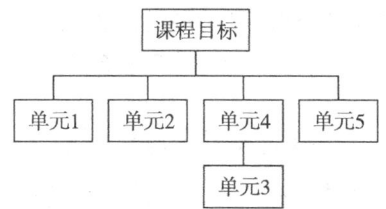

图2-5 体育学习内容的联系类型

由于体育学科的种种特性,体育教材的排列面对着许多逻辑上的问题,既不能像其他教材从易到难排列,也很难找到各种教材(主要是各个运动项目)之间的相互关系,而且已经成为体育教学内容、正在成为体育教学内容和可以成为体育教学内容的东西非常庞杂,精简很困难,排列就更困难。在我国,长期以来,体育教材排列的理论一直都接近空白,仅有的"直线式排列""螺旋式排列"以及"混合型排列"的理论既不能完全解决问题,自身又存在着不严谨之处。在现实中,长期存在着"教材整体和总量上繁杂"和"具体教学中内容低级重复,少有进步"等明显问题,这使得"学生12年到底学会了什么"的社会质疑越来越多。

(三)体育学习内容选择与组织的初步评价

1. 所选学习内容与学习需要是否吻合?
2. 所选学习内容是不是实现体育课程目标所必需的?还需补充什么?哪些内容与目标无关?是否应该删除?
3. 各单元的大小是否适宜?是否有利于教深教透和教学过程的优化?
4. 学生已掌握了哪些内容?教学应从哪里开始?各单元的顺序排列有无前后逻辑关系?是否有利于运动技能的迁移?
5. 各单元的内容及其排列是否符合学生的身心发展?是否有利于促进学生的身体发展?是否有必要进行重复排列?
6. 各单元的顺序是否符合本校和当地的实际情况?是否考虑了运动学习和锻炼的季节性特点?

(四)体育学习内容的重难点

1. 体育学习内容重点和难点的定义

体育学习内容的重点、难点,就是教师在体育教学中要解决的核心问题。只有抓住这个核心,才能真正解决体育教学所要解决的问题,达到体育教学的目标。"重点"是同类事物中重要的或主要的部分,"难点"是问题不易解决的地方。体育教学内容的重点可以理解为动作技术结构或完成掌握动作技术的主要和重要的技术部分,难点是突破重点的难处和关键部分。

如投掷项目,目的是要投得远,从动作的结构和力学原理进行分析,最后用力是投掷技术的重点,因为最后出手的力量、初速度和角度决定了投掷物抛物线的高度和远度,如何使腿部、腰部、臀部和手腕手指的力量协调一致用到器械上就成为难点。

2. 体育学习内容重点和难点的两种观点

第一种观点是从技术动作的角度出发,认为教学的重点是学生所学技术动作结构中的关键环节,而难点是学生在学习过程中难以理解和掌握的技术动作,并且在练习中容易出错或混淆的技术环节,二者既有联系又有区别。比如以跳远课为例,起跳技术就是教学的重点,而助跑与起跳的结合就成为本课教学的难点所在。

第二种观点是从体育教学的本质出发,认为体育教学的重点是教材内容本身固有的,是在教学中学生必须理解或掌握的,对这一内容的正确理解或掌握将直接影响整个教学的有效性。因此教学重点就必然是以发展学生的体能为主,而难点是教学中对于学生而言难以掌握、理解的主要知识点或运动技术环节等。仍以跳远课的教学为例,提高学生弹跳力是教学的重点,改进学生助跑与起跳技术的衔接便是教学的难点。

3. 确定体育学习内容重点和难点的原则与方法[①]

(1)确定体育学习内容重点和难点的原则。

原则一:从运动项目完整的动作技术结构确定动作技术的重点和难点。如从跳远、跳高的动作技术结构助跑—踏跳—腾空(过竿)—落地四个部分去分析,助跑和踏跳的结合是重点,腾空(过竿)的姿势是难点。跳箱动作技术的起跳(第一腾空)是重点,推手后的第二腾空是难点。从动作技术结构确定的技术重点和难点是固定不变的。

原则二:从学习内容和教学目标确定动作技术的重点和难点。它是不固定的,根据不同的教学内容要求和教学目标的变化而变化的。在体育教学中确定

---

① 董玉泉.如何确定教学内容的重点和难点[J].中国学校体育,2010,4.

的重点和难点，基本上是依据教学内容和教学目标而确定的。如把跳箱的教学内容选择为起跳时，双脚制动快速起跳就是重点，双腿后摆的高度就成了难点。学习跳远腾空步时，腾空的高度就变成了重点，保持身体姿势的稳定就是难点。

原则三：从学生的学习需要和学习目标确定学习的重点和难点。在学习动作技术的过程中，因学生身体条件和学习基础的差异，会出现各种各样的问题，解决时也会出现不同的重点和难点。这种从学生的个体需要出发确定学习的重点和难点，一般不出现在教案中，而是在纠正学生动作错误和强化学习的方法中去体现。

(2)确定体育学习内容重点和难点的方法。

方法一：从动作技术的结构中找重点和难点。

一个运动项目或一个动作技术，都是由几个相关的动作技术部分组成一个完整的动作技术结构的，可以从动作技术的结构中去寻找教学的重点和难点。如：跳远的技术结构由助跑—踏跳—腾空—落地四个部分组成，助跑、踏跳是重点，腾空是难点。快速跑的技术结构是由起跑—加速跑—途中跑—冲刺四个部分组成的，途中跑是重点，尽快地过渡到途中跑或保持途中跑的速度是难点。

方法二：从浓缩的动作技术要领中找重点和难点。

一个技术动作的要领有时会很多很长，将一个动作技术的要领经过整理、提炼和浓缩成口诀，就成为该动作的重点，再从突破重点中去寻找关键的点就是难点。如：篮球三步上篮的重点是"一大二小三高跳"，难点是高跳或动作的连贯。排球正面下手垫球的重点是"一插二夹三抬臂"，难点是移动到位。

方法三：从动作技术名称的寓意中找重点和难点。

根据教学经验，有时可以从运动项目和动作技术的名称上寻找重点和难点。如：前滚翻动作，滚动是重点，翻是难点。因为要滚动就必须要团身，要翻转就必须要提高身体重心（提臀），加快翻转速度。跳高项目，跳是重点，高是难点。快速跑项目，跑是重点，快速是难点。

方法四：从本课的教学目标确定重点和难点。

教学目标是依据教学内容要符合的要求和解决的问题而制定的。不同的教学内容、不同的教学目标，会有不同的教学重点和难点，可以从本课要实现的教学目标和解决的问题中寻找确定重点和难点。这是确定教学重点和难点主要的依据和方法。

方法五：从构成动作技术的要素中找重点和难点。

所谓"动作技术的要素"是决定跑得快、投得远、跳得高的重要因素，如决定快速跑动作技术的要素是力量、步频和步幅；投掷动作技术的要素是力量、初速度和角度。因此，可以依据生物学和运动力量的原理，从构成动作技术的要素中寻找教学的重点和难点。

结合上述方法,我们通过一些正误案例的对比再来认识一下如何确定体育学习内容的重难点。①

表 2-1　正确的教学重点归纳案例及分析

教学内容	教学重点表述	分析
篮球(初中)	感知篮球、球篮和球场	在第二次课中,让初次接触篮球的学生在领会学习中边体会篮球边学习篮球是重要的教学内容
手倒立接前滚翻(初中)	手倒立平衡后低头团身	完成手倒立是整个动作的前提,低头团身是后续动作的动力来源,少了这个环节就完成不了动作,自然是重要的教学内容
挺身式跳远(初中)	腾空后的挺身送髋动作	挺身和送髋是维持平衡和实现有效落地的需要,也是区别其他跳远的动作关键,完成这个动作就意味着该动作的实现
双手头上前抛实心球(小学)	前抛时的用力顺序	对于小学生来说,要想把比较重的实心球抛得更远,理解和掌握合理的动作顺序,利用腿部和腰部力量至关重要,而且涉及投掷原理问题,应该是投掷重物教学的重点

表 2-2　不正确的教学重点归纳案例及分析

教学内容	教学重点表述	分析	修正建议
屈腿腾跃(初中)	双脚踏跳,双手支撑,助跑与踏跳的结合	不是教学的重点,更像是动作顺序	起跳后的提臀和屈腿动作
手倒立接前滚翻—鱼跃前滚翻—挺身跳(初中)	单个动作质量,动作间的连接	每个动作和连接都说了,就没有重点了	连接的节奏与稳定
纵叉(小学)	两腿分开成一条直线	形容了动作完成状态,没说教学的重点	基本上不需要教学重点,因为教学性不强
简易保龄球(小学)	根据本体感觉调整滚球位置	没有说清楚教什么,"本体感觉"很虚	出手前的手上动作和手臂指向
模仿动物爬行(小学)	积极引导学生思维,创编新的模仿动作	这是教学目标和教学要求,不是教学的重点	抓住动物爬行的动作特征并表现出来

表 2-3　正确的教学难点归纳案例及分析

教学内容	准确的教学重点表述	分析
蹬地翻身(中学)	拉臂引体、腹部贴杠、翻腕抬头	三个动作都是不习惯的运动方式,因此比较困难,虽难点偏多但无错误
支撑前摆挺身下(中学)	推、移的时机	支撑前摆过杠面已不是困难,困难的是在合适的时机推杠移重心摆出

---

① 毛振明,杨帆.论"教学重点"和"教学难点"[J].中国学校体育,2010,4.

表2-4　不正确的教学难点归纳案例及分析

教学内容	教学重点表述	分　析	修改建议
跪跳起（小学）	摆臂与腾起协调一致	摆臂与腾起的一致性是表面问题，难的是发力时机问题	准确发力时机的教学
简易保龄球（小学）	动作协调，用力方向正确	"动作协调，用力方向正确"是教学目标要求，而不是难点	基本要领掌握后的稳定性
纵叉（小学）	脚面绷直、大腿紧贴地面	"脚面绷直、大腿紧贴地面"是动作要求，不是教学难点	基本不需要教学难点的表述
双杠支撑移行（中学）	移重心	移重心困难是现象，却不能说是教学的难点，还需进一步归纳是什么技术环节妨碍移动重心	握杠瞬间的顶肩动作

4. 重点和难点的关系

　　从理论上讲，重点和难点是比较容易区分的，但是在教学实践中有时很难区分。有些动作技术的重点很明显，难点却很难捕捉；有些动作技术的重点和难点区分度不大，重点中包含了难点；有些简单的动作技术只有重点，没有难点；有时随着教学内容和教学目标的变化和学习的深入，重点和难点也会相互转化，难点成了重点，重点变成了难点，你中有我，我中有你。抓住了动作技术的重点，就抓住了动作的本质，突破了难点又为解决重点提供了有利的基础条件。重点和难点是一种相互联系、相互依存、相互促进、相互转化的关系。

5. 教师在教学中如何把握重点和难点

　　(1)要充分理解教学内容的技术结构特点、动作技术原理和影响动作技术的重要因素，才能抓住动作技术主要的和关键的部分，把握好重点和难点，它是确定动作技术重点和难点的理论基础。

　　(2)要对运动技术有充分的学习和体验的基础，这样对动作技术的理解才能深刻和到位。体操专业出身的老师，他对体操运动技术的理解就比较深刻，在教学中确定的重点和难点会比较到位。如果自己对某项运动技术的理解和实践只是一知半解，那么确定的重点和难点肯定会出现偏差，对动作技术有充分的学习经验和实践体会是确定动作技术重点和难点的实践基础。

　　(3)根据教学内容的要求，制定一个合理、明确和可行的教学目标，依据教学目标抓住动作技术的关键和重要部分，确定教学的重点和难点，它是提高教学效益的关键。

　　(4)明确本课在动作技术教学要解决的问题，从要解决的问题中寻找重点和难点。

　　(5)先确定动作技术的教学重点，从重点中确定突破重点的难点。

　　(6)在教学中要有针对性地设计与突破重点和难点相匹配的有效方法。

三、体育教学目标的设计

体育教学目标是课堂教学的出发点和归宿，是教师进行课堂教学活动的指南，是学生能力发展的具体指标，是评价课堂教学效果的主要依据。因此，它的设计对课堂教学的成功至关重要。怎样设计一个科学的、操作性强的课堂教学目标是每位教师不得不面对的问题。

体育课堂教学目标的设计包括需求分析、需求类别化、目标筛选、目标分解、目标表述五个基本操作步骤。在此，我们重点讲述课堂教学目标是如何表述的。课堂教学目标的表述也称课堂教学目标的书写、陈述等。其实质就是把已经确定好的课堂教学目标用书面的形式展现出来，让别人明了你所制定的课堂教学目标。近几十年来，许多教学论、教育心理学专家致力于教学目标表述的研究，主要形成了行为目标的 ABCD 表述、表意目标的表述和内部过程与外显行为相结合的表述等课堂教学目标表述模式。

（一）行为目标的 ABCD 表述方法

行为目标是以对具体可操作的行为进行规定的形式加以陈述的教学目标，指明在经历教学过程后，学生身上所发生的行为变化及其程度。它具有精确性、具体性和可操作性的基本特征。事实表明，"行为目标（behavioral objectives）"有助于选择学习经验和指导教学，所以在现代教学目标的设计和表述中占据主导地位。它对基础知识和技能的熟练掌握，对保证一些简单的教育目标的达成，是非常有效的。

ABCD 指行为目标的四个要素，也就是我们在书写具体的教学目标时所包含的四个要素的英语单词首字母。其中，A 即 audience，意指"行为主体"，书写教学目标时评价学生的学习结果有没有达到的依据，而不是评价教师有没有完成某一项工作的依据。因此，行为的主体必须是学生。所以，在以往的目标陈述中，采用"使学生……""提高学生……""培养学生……"等方式都是不符合陈述要求的。B 即 Behavior，意为"行为动词"，要求说明通过学习，学习者应能做什么，是目标表述句中的谓语和宾语。教学目标所采用的行为动词应该是具体的、明确的、可操作的、可把握的，一句话，应该是可评价的。如使用"提高""灵活运用""培养学生……的精神、态度""了解"和"掌握"等动词，就缺乏质和量的具体规定性，评价就无法开展。编写三大领域的教学目标可供选择的动词如表 2-5、2-6、2-7。其中，有些动词的含义需要根据语言情境确定。

表 2-5　教学目标关键词——认知方面

目标层次	特　征	可参考选用的动词
知道	对信息的回忆	说出、列举、背诵、辨认、回忆、选择、描述、指明、再现、概括、定义、陈述、界定
领会	解释信息	鉴别、作图、画出、呈现、告知、推测、规划、转换、区别、归纳、举例说明、改写、总结
应用	将知识运用到新的情境中	示范、改变、释疑、制定……计划或方案或处方、推断出、确定、解决、辨析、演示、展示、叙述、使用
分析	将知识分解，找出各部分之间的联系	分析、比较、对照、对比、图解、指出、评判、分解、分离、猜测、区分、推理
综合	将知识各部分重新组合，形成一个新的整体	分类、编写、创造、设计、提出、组织、归纳、总结、假定、建议、形成、实验、调研
评价	根据一定标准进行判断	鉴别、比较、评定、判断、总结、证明、说出……价值

表 2-6　教学目标关键词——动作技能方面

目标层次	特　征	可参考选用的动词
知觉	依据具体的概念、观念和现象接受刺激与识别刺激的能力	看、听、闻、触摸、识别、联系、反应、作用于、感知
模仿	依据一般模式或情境，激活、仿效和协调自然潜能以形成行为的某动作或范式的能力，从知觉走向行动	模仿、重复、仿效、运用器械、支撑、摆动、悬垂、示范
生成	依据一定的品质和特征，整合完成动作，使技能可以被识破	整合、融合、演示、指导、采纳
外化	有效地维持和调整技能以完成预定功能的能力	完成、操作、维持、跟上、与……保持一致、适应、调整
精熟	创新与完善各种能力的品质与愿望	矫正、调适、创编出、精通、转换

表 2-7　教学目标关键词——情感方面

目标层次	特　征	可参考选用的动词
接受	愿意注意某事件或活动	看到、感到、听到、倾听、专注于、留心于、注意、选择、接受、赞同、分享、区分
反应	乐意以某种方式加入某事，以示做出反应	默许、接受、赞同、容许、遵守、记录、听从、欢呼、表现、帮助、移动
形成价值	对现象或行为做价值判断，从而表示接受、追求某事，表现出一定的坚定性	接受、承认、参加、完成、影响、支持、辩论、论证、区别、解释、评价、证实、提出……结论、赞同
组织	把许多不同的价值标准组成一个体系并确定它们之间的相互关系，建立重要的和一般的价值观念	认为、信奉、确定、建立、选择、承诺、操练、系统阐述、制定计划、决定、讨论、推理、比较
价值与价值体系的性格化	具有长期控制自己的行为以致发展了性格化的价值体系	展示、应用、修正、改变、调整、纠正、承诺、解决、贯彻、抵制、发扬、变化、获得

C即Conditions,意为"行为条件",在书写教学目标时,我们还要确定学习会在什么样的条件下发生。这是因为我们在设计教学目标时,学习者所表现的学习行为都是在特定的环境下发生的。例如增强体能,学生可以通过足球技术的学习发展体能,也可以通过田径或者健美操等其他项目的学习改善体能发展。在具体的运动项目学习中,如果条件很明显,可以对条件不进行明确的规定。如,在排球垫球技术的学习中,用双手垫球10次,就可以省去"用双手"。条件的陈述,可以是单项的,也可以是多项的。这样做可以更集中地投入到学习中,也可以提高学习行为的清晰度。在教学时,行为发生的条件如果不能被清晰地理解,学生就可能会做出与目标设想不一致的行为,从而导致学习效果不理想。在确定条件时,还要考虑到学生的实际情况——能够体现学习者在课内外可能发现的现实生活中的条件——也就是说这个条件要让学习者"跳一跳"就能"摘到桃子"。D即Degree,意为"表现程度",也叫标准。标准是合格行为的最低要求,也是学生达到目标的表现水平。教学目标标准的水平指使人满意地认为目标已经实现的期待的成就水平或者熟练水平。这种标准的水平应该是可以进行调整的。不同的班级、不同的学习环境和不同的学习条件可能会导致学习者达到所需的熟练水平存在差异。因为,多数情况下标准的水平只是我们根据经验所做的猜测。其实,我们在制定标准时主要是为了确定一个基准点,这样在评价时才能考查学生的学习行为是否达到了目标。如,考查篮球跳投,我们可以这样表述:在规定的距离外,1分钟跳投进4个球为达标线。

(二)表意目标的表述方法

表意目标(expressive objectives)指学生在具体的教育情境、教学活动和学习活动中的个性化表现,旨在培养学生的创造性,强调学习及其结果的个性化。美国学者艾斯纳(Eisner, E. W.)首先将教育目标区分为"教学目标与表意目标"。他指出,教育的作用可以分为两种,一是使人掌握已有的文化工具,二是为人提供可能性使之产生超越已有文化的创造性反应,并得以发展和个体化。"教学目标"适用于前者,而"表意目标"则适合于后者。"教学目标"旨在使学生学习掌握已有知识和技能等,熟悉现有的文化工具(cultural tools),所指向的行为方式是已知的,希望学生在学习的某一时间内能共同发展出来。"表意目标"则着眼于形成可能的种种创造性反应,是超越现有行为状态的,不但使学生发展,而且学生的发展是因人而异的。因此,"教学目标"也就是行为目标,可用行为目标的方式表述,但是"表意目标"则与行为目标有本质区别。

1. 理论根据

斯腾豪斯指出,学校教育至少包含四种不同的过程:训练(training)、教学(instruction)、启蒙(initiation)和导引(induction)。"训练"旨在获得技能,训练如果成功了,个人便具备实做或表现的能力,例如造独木舟、打字和说外国语等。"教学"和信息学习有关,成功的教学形成了信息的保留,例如化学元素、国名和日期等的记忆。"启蒙"旨在使人熟悉社会价值和规则,成功的启蒙使人能够解释社会环境、预测他人的反应。"导引"与文化思想体系的介绍有关,从此形成理解,例如把握要点、了解关系和做出判断等。

其中,最令人关注的是"训练""教学"和"导引"三种过程。"训练"的目的旨在行为或表现的改变,容易用行为目标表示预期的结果,军事训练和工商人员的训练,采用行为目标均取得成功。"教学"过程,采用行为目标亦适合,例如,记忆五个动词,记忆与否,很容易以行为显示。但是,"导引"过程,作为一种真正的教育,旨在使人类更加自由、更富有创造力。如在知识或艺术领域之中,学生成就最重要的结果是"试做"——图画、音乐、演奏、设计、制作等,而对"试做"的评价,应该着眼于创造,而不是根据事先规定的格式。"试做"无所谓对与错。

2. 表意目标的特性与表述

表意目标表述了学生"工作情景""问题处理"和"从事工作"的教育经历,但并不确定在这些经历中,学生会学到什么。因此,它只是给师生提供了探索个人感兴趣的事或某些重要问题的机会。表意目标是引发的,不是规定的。它使学生可以应用习得的种种技能去理解现在的主题,透过这个主题,学生能扩大、完善自己的技能和理解,显示个人的特质。表意目标反映学生个性和发展前景的多样性。在表意的理念中,教师能提供一定情景,让学生受到启发,但学生在这样的情景中获得的发展,不论是理论上的(theoretical)或质性的(qualitative),都会因人而异,所以对这些发展的评价工作不应采用相同的标准去衡量,而需因人而异去促进个人反省这些发展,突出它们的特性和重要性。

表意目标的表述,不在于明确学生从事教育活动后应该展示的行为结果,而在于确立学生所经历的情景。比如:

(1)用自己的语言描述一场比赛的观后感。
(2)评价一场比赛中自己和对手的表现。
(3)对别人的动作进行点评。

其中,描述一场比赛的观后感或点评别人的动作,均指出学生的问题,但学生的学习结果如何并未指定。由"经历"的种类,师生均可获得评价所需资料。这种评价方式如同审美批评(aesthetic criticism)一样,只就品质和意义来评估作品,而不事先引导艺术家去画出特定的作品。

(三)内部过程与外显行为相结合的表述方法

行为目标的表述方法和表意目标的表述方法,对不同课程理念和教学内容来说各有不同的适应性,但是又都有自己的局限性。格朗伦(Gronlund, N. E.)

指出,在陈述了一个"过程性"的一般目标后,需要对该目标进行深入具体的阐释规定,以描述清楚学生需做到的特定具体行为表现。"先陈述一般目标进而用具体化陈述对其进行阐释规定的这一过程,与单一目标陈述的使用相比,有着优越之处"。这是一种带有"综合性"特点的表述方法,应该说是一种陈述教学目标的更好方式,可以将其称为"内部过程与外显行为相结合的折中表述方法"。这种目标表述的方法也可以称为"生成性目标表述法"。

学习的实质是内在心理的变化,因此教育的真正目标不在具体的知识、技能或能力的行为表现,而在内在经验或情感的发展。内在心理变化,如理解、欣赏、热爱和尊重等,不能直接进行观察和测量。为了能间接地测量与观察这些内在心理变化,需要列举反映这些内在变化的行为表现,使有关目标具体化。例如,通过参加集体项目的比赛养成团结协作的意识的目标,具体表述如下:

(1)能够描述出团结协作的含义。

(2)在平时的训练中能够主动帮助别人。

(3)在平时的训练中能够任劳任怨、刻苦训练。

(4)在比赛中能够顾全大局。

这一目标表述,第一个层次是心理内部过程,第二个层次是心理外显行为。两者相结合的表述方法,既保留了行为目标表述的优点,又避免了行为目标只顾及具体行为表现而忽视内在心理过程变化的缺点。所以这种表述方法既适合认知目标的表述,也适合于情感目标的表述,受到很多人的青睐。

课程与教学目标的表述不能拘泥于某一种方法或某一种形式及其条条框框,而必须根据目标的层次、学习任务分析的结果、学生的特点等情况做具体分析,只要简洁明了、容易理解和可以操作就可以了。

(四)目标表述的系统化

教学目标的表述完成以后,还有一个系统化表述的过程,即将各教学目标类别化和层次化。类别化是按照有关目标分类理论,将已经确定的目标表述归入有关的领域或类别,比如按照布鲁姆的教育目标分类理论,将各教学目标归入认知、情感、动作技能三个领域。所谓"层次化",就是根据目标层次性要求,使教学目标的表述应反映学习结果的层次性。我们可以应用布鲁姆的教育目标分类理论,或其他目标分类理论,把教学目标归为不同类和分成不同层次,以便于分析评价、改进完善和掌握使用。

具体做法,可以设计使用一张双向细目表,一向是"教学目标"内容表述,另一向是"目标层次"分栏,再将具体内容填入,并在相应层次栏空格中画"√",表示各个目标反映的学习结果层次所在;可以采取文字"归类分层"法,将各个目标项目内容加以分析,按照先"类别"再"层次"将它们分列。

另外,我们前述的目标设计步骤和方法,是理想化的程式,在实际课程目标设计时,面对已经确定的单元教学目标、统一的教学内容和考试、教学对象特点、教学条件等因素,可以因地制宜地取舍这些步骤和方法。

综合以上观点,我们认为教学目标的科学表述应注意以下四点:(1)教学目标表述的是学生的学习结果,不宜表述教师的教学行为;(2)教学目标应尽可能表述得具体,可以测量;(3)目标的表述应反映学习结果的类型和层次;(4)不同类型的课堂教学目标表述要求不尽相同,要灵活选择最恰当的表述方式。

四、体育教学策略的选择与设计

学习需要分析是要解决"为什么教"的问题,学习者特征分析的目的在于解决"教学起点在哪里"的问题,体育学习内容分析主要是确定"教什么"和"学什么"的问题,而体育教学目标的设计则是解决"教学的终点是什么"的问题。接下来,我们就需要探讨"如何教"和"如何学"的问题,即体育教学策略的选择和设计。

有人比喻说,如果把教学设计的前两个环节,即确定教学目标和了解学生的初始特征当作医生弄清病理、诊断病情的话,那么教学策略的选择和制定就是开处方对症下药了。在这个意义上,教学策略的选择和制定是构成教学设计过程的中心环节。[①] 依据不同的标准,教学策略也会有不同的分类。如依据信息加工控制点的不同,教学策略可以划分为生成型教学策略、替代型教学策略和指导型教学策略。依据教学要素的不同,教学策略可以划分为内容型教学策略、方法型教学策略、方式型教学策略和任务型教学策略。依据教师行为的不同,可以划分为主要教学行为策略、辅助教学行为策略和课堂管理行为策略。在此,我们无意深究教学策略的分类,只是想在现有研究基础上,为了更好地实现体育有效教学,特讨论几种教学策略。

(一)指导行为策略

无论是传统体育教学模式,还是新课程理念下的体育教学模式,教师的指导行为都是一项非常重要的技能。在教师讲解、示范后,学生进入了独立练习阶段,教师的任务还是存在的。这种任务既不像呈示行为时教师有绝对的自主性,也不像教学对话时需要师生互动来解决,它是一种独立的教学行为方式,即指导

---

① 北京师联教育科学研究所编.有效教学的策略、艺术与技巧(上)[M].北京:学苑音像出版社,2004,1.

行为。① 这种指导行为对学生自主学习是非常重要的,在这里我们着重讨论中小学体育课中常用的练习指导。练习指导是教师通过帮助学生成功地完成课堂练习,达到学会知识或技能目标,保证教学顺利进行的行为。这里的课堂练习指学生的独立练习,它一般出现在教师讲解、示范和教师指导下的学生练习之后。使学生集中注意于练习活动且有效地进行练习是教师练习指导的两个核心内容。

1. 练习指导的功能与表现形式

(1)练习指导主要有以下三方面的功能:

首先,有助于教师了解学生对知识的理解程度以及运动技能运用的熟练程度。教师在练习队形中来回走动并注意观察学生练习情况,以发现学生对知识的理解与掌握存在的误区,为下一步教学决策提供依据。

其次,教师对学生指导可及时告知学生练习的成绩,并给予合理评价。教师发现学生练习中存在问题,可以采用讲解、示范等方式进行及时纠正。

最后,实施教学管理,使教学正常进行。

(2)依据学生练习类型的不同,练习指导有三种表现形式:

口头练习指导、书面练习指导和动作练习指导。对于我们体育实践课,最主要的练习指导形式是动作练习指导。

2. 练习指导的维度分析

(1)学生对独立练习的准备程度。

独立练习前,学生在多大程度上为知识、技能的理解和运用做好了准备,直接影响着学生对独立练习的专心程度,从而也会影响教学过程和教学成效。

(2)练习中问题类型安排的合理性。

练习中问题类型的安排主要有两种形式,即同一和变化。所谓"同一"是问题的类型与例子基本保持不变的安排形式;所谓"变化"是问题的类型与例子多样化的安排形式。两种形式各有优点。

(3)教师对独立练习的监控。

监控主要有两方面内容:一是对独立练习完成情况的监控;二是对专心练习情况的监控。对独立练习完成情况的监控主要是通过沿教室巡视、回答学生问题、提供反馈和简短讲解来实现的。

(4)独立练习的常规。

教师难以同时监控所有学生的专心程度和练习完成情况时,是否有独立练习的一般常规则成为关系教学能否正常进行的重要因素。

---

① 施良方,崔允漷.教学理论:课堂教学的原理、策略与研究[M].上海:华东师范大学出版社,1999,219.

3. 练习指导的运用策略

(1)独立练习前,帮助学生做好对知识、技能理解和运用的准备。

(2)均衡安排独立练习的强度和时间。

(3)有序地练习队形,便于教师监控全班学生。

(4)巡视监控时不要妨碍学生练习。

(5)建立起独立练习的常规。教师要建立两方面的常规:一方面,建立关于独立练习的基本观念性常规。所谓"观念性常规"就是独立练习的目的是进一步理解知识、技能,提高应用知识、技能的熟练化水平。如果师生没有这一基本观念,那他们就可能会把练习的形式放在第一位,而忽略练习的内容。另一方面,建立独立练习时有关程序安排的常规,作为师生的共同约定。这些常规包括学生独立练习过程中怎样做(如练习遇到问题时能否借助体育教材、必要时向教师求助、与同学交流沟通练习心得或互相协助练习等),怎样得到教师的帮助(如举手或在教师指导完一名学生后而不是在指导过程中请求教师的帮助)等。

(二)运用表扬与批评的策略[①]

在体育课堂教学中,表扬与批评是体育老师经常使用的一种重要手段。表扬是对学生取得成绩的公开赞美,其目的在于鼓励先进、激励后进,使得正确的思想和言行能够得到承认并能够发扬光大。批评是教师指出错误,促使学生去积极改正的有效办法,其目的是帮助学生认识缺点、纠正错误,使之成为品学兼优的好学生。表扬与批评是一把双刃剑,如若使用不当,既会伤害学生的自尊心、自信心,又伤害师生之间的情感关系。

现代教育理论研究证明,教学不是单纯传播知识信息的认知活动,也包含着人与人之间的情感交流,这种情感交流水乳交融地渗透和贯穿于传授知识的全过程。因此,教师的表扬与批评在教学活动中起到重要的作用。它不仅是成功教学的重要机制,而且是学生获得最大限度发展的必要手段。教师如能在教学中充分运用表扬来肯定学生的能力,运用批评来纠正学生的错误,将对其学习起到不可估量的作用。

1. 表扬

适当有效的表扬可以激发学生的学习兴趣,构建和谐的师生关系。然而,在教学实践中我们经常发现有些教师对表扬的运用存在着很大的误区,如表扬失度、表扬失实、表扬失准。也就是说,教师在鼓励学生时,可以采用表扬的手段,但不能为表扬而表扬,抓住他们身上的一点儿小事,就随意夸大其词地进行表扬,或为了安抚学生情绪而表扬,这样就会使受表扬的学生产生"假"的感觉,认

[①] 周军.教学策略[M].北京:教育科学出版社,2007,129.

为这不是在真心实意地夸奖他,而是在"哄"他进步。对学生不分场合、不看对象、不假思索、随口而出的褒扬是相当"廉价"的,结果会导致教师对学生的表扬迅速贬值,对学生来说自然就没有什么实际效果了,甚至会有损教师在学生心目中的形象。因此,在运用表扬时要适可而止,切记不可矫揉造作。

2. 表扬的策略[①]

(1)表扬要面向行为。

教师要对学生良好的行为表现给予经常的关注和及时的表扬。教师应该明白,在学生的心里,渴望着自己的行为受到关注,得到赞许。表扬的力量是巨大的,在教师不断的表扬声中,学生的行为将发生奇迹般的变化,积极的表现会越来越多,消极的行为随之减少。要明确表扬的目标是行为,而不是学生本身。俗话说"江山易改,禀性难移",须知一个人的个性是难以改变的,教师应该把注意力集中到学生的行为上。教师不要说"你真是好孩子",而要说"你帮助别的小朋友,真好"。或者换个说法,"老师喜欢你这样做"。表扬的目标指向,使学生本身可能产生这样的积极后果,使他们得到这样的认识:做得好就是好学生,做不好就不是好学生。为了做好学生,就不能出错。教师还应该明白,没有人永远正确,学生一旦做错事,就会产生消极的自我评价,这时候教师不能一味指责,穷追不舍。

(2)表扬要公正。

公正是表扬最基本的要求。不公正的表扬不但起不到积极、促进作用,反而会严重削弱学生学习的动力,甚至引起逆反心理。实事求是地树立不同的典型作为学生的学习榜样,既能调动学生的积极性,又能使每个学生看到自己的缺点与不足。表扬只能针对当事人,不能从其家长或家属的职业、成就或地位寻找依据,不能因某个学生有特殊关系就给予更多的表扬,从而歪曲了表扬的性质,致使学生之间产生抵触情绪,而达不到表扬的目的。要使表扬真正成为教学行为的积极诱因,必须根据学生的个性心理特点和心理发展水平,因人而异。现实中教师对待优秀学生常常是赞不绝口,但过多的赞美之词,有时可能导致优秀学生不能客观地自我评价,使其产生盲目的优越性,满足现状,对其发展是弊大于利。对于后进生,切不可以"有色"眼镜视之,要善于发现他们身上的"闪光点",对他们的每一点进步都给予及时的表扬与肯定,使表扬真正起到鼓励先进带动后进的作用。

(3)表扬要针对需要。

人和人之间存在差异,人和人的需要也存在个体差异。对学生进行表扬时,

---

① 周军.教学策略[M].北京:教育科学出版社,2007,130—133.

无论是精神表扬还是物质表扬都要针对学生的需要进行,这样才能收到更好的表扬效果。周弘在《教你如何赏识孩子》中,针对一位家长提出的"我女儿写作业很慢,一会儿要喝水,一会儿要上厕所,怎么办"的问题回答说,想要孩子快,不说孩子慢,你越讲他慢他越慢,在孩子动作快的时候进行表扬,优点一说不得了,缺点少说反而逐渐少。当教师一再指明孩子粗心大意、动作慢等缺点时,学生会形成一种惯性,真的认为自己粗心或慢。若教师把目光放在孩子细心、动作快的时候,多次强化之后,学生的心里就有一种"快"的心理暗示,越来越快。因此,教师在针对学困生进行教育时,不妨改变对学生的关注点,用教师的细心、爱心和耐心,发现学生的闪光点,赏识他,增强学生的自信心。对优秀学生进行表扬时,不妨提出更高的要求,激励他迎接新的挑战。

(4)表扬要发自内心。

有效的表扬需要教师发自内心,要善于发现学生的问题,根据学生的需要来进行。教师不仅要具有敏锐的观察分析能力,善于发现学生发言中的优点,而且要善于把这种发现转化为对学生的鼓励赏识。这样,学生感觉到自己的探究和发现被关注、被赏识,才会始终保持积极的学习情感。

(5)"表扬"是为了"不表扬"。

表扬最本质的目的是使孩子确立起一种内部激励机制,即当孩子做了好事、完成某项任务时,不需要外部表扬就能获得满足感和成就感。这也是孩子成年后从事工作和社会活动的原动力。所以,对孩子的"表扬""奖励"是为了今后不必再进行针对具体事件的强化,是为了"不表扬"。

总而言之,良好表扬策略的运用可以激发学生的积极情感,积极的学习情感是学生自主学习的不竭动力。

3. 批评

青少年学生的自控能力和辨别是非的能力还是很差的,容易产生不良行为或出现错误。因此,恰当且有针对性的批评,能及时帮助他们分清是非,认识危害,明确方向,从而推动学生努力学习,积极向上。就批评的种类而言,可以分为微笑式批评、建议式批评、商讨式批评、暗示式批评、严厉式批评、先表扬后批评等六类。比如学生上课迟到几分钟,或是上课做小动作,这时,教师如果对他微微一笑,学生就会意识到自己的不对。或者"你什么都好,就这方面存在不足,实在可惜","你要是不犯这个错误,那该多好啊"。这种方式既达到了批评学生的目的,又体现了教师对学生的理解和爱心,寥寥数语,效果却很明显。在采用严厉式批评时,教师一定要把握一条原则:不能以恶语伤人,有损学生的自尊心。在批评学生的过程中,教师要能够容人之短,不怀成见。要做到耐心、诚恳,以情感人。教师表情应自然,态度要温和,富有人情味,说理充分,语言确切,恰如其分,不夸大、不上纲、不讽刺、不挖苦,当然也不护短。教育要深刻,虽不声色俱厉,却能触及心灵,最终使学生接受批评,改正错误。若采取偏激的言辞和严厉的惩罚,不但收不到批评的效果,还将激化矛盾,严重时可能影响教学及挫伤学生自尊心。

当学生出现错误行为,教师在进行批评教育时,应该把握以下原则:用平等的态度面带微笑地对待犯错的学生,保证批评的客观公正,批评要注重情感交流,批评要注意场合和保护学生自尊心,了解学生的情绪和心理特点,重视批评后的工作。批评是为了解决问题,因此,在批评时既要告诉学生错在哪里,还要告诉他应该怎么做。在批评学生时,必须注意选择适宜的时机和场合。一般来讲,在下列情境下暂不适宜批评学生。(1)在课堂上,暂不适宜批评学生。(2)在人多或嘈杂的地方,暂不适宜批评学生。这样的环境一方面容易使学生的注意力分散,另一方面会使学生产生一种"被示众感"。(3)在家长和异性面前,暂不适宜批评学生。在家长面前批评学生,揭其短处,学生往往会垂头丧气,有的甚至觉得自尊心受到伤害而产生强烈的反叛心理。

4. 批评的策略

(1)主体变化的策略。

批评的主体是多种多样、可供选择的。因为过错行为和不良品德的形成原因是不同的,因而,批评的主体不同,收到的效果也就不一样。批评的实施者可以是教师,可以是家长,可以是学生干部,可以是学生同伴,也可以是学生自己。不同的批评选择不同的、适合的实施者,才能收到最佳效果。

(2)直接针对的策略。

批评需要对症下药,直截了当,不绕圈子。首先,需要深入了解情况,分析原因,抓住关键,对是与非、好与坏、真与假、善与恶、美与丑进行准确判断,这样的判断是正确批评和准确批评的基础。对学生的缺点和错误,应该开诚布公、直截了当,吞吞吐吐绕圈子,难以起到作用,但要注意一点:点名批评必须慎重,尽量少用。点名批评之前应考虑:点名之后,被批评者可能有几种反应,应如何对待;其他同学可能会有什么反应,应如何对待。若估计点名批评时,被批评者可能大吵大闹,那应该暂时不批评,认真核查事实,真正分清是非,然后再进行批评,但慎重归慎重,态度还是要坚决,应该点名的,绝不可姑息。例如有个班主任为整顿班风学风,召开班会,会上说"最近一段时间,我们班纪律总体是好的,但也有个别同学表现较差,有的迟到早退,有的自习课聊天……"。这里,用了不少模糊语言,"最近一段时间""总体""个别""有的""有的"等。这样,既照顾了面子,又指出了问题。它没有直接指名实际上收到了指名的效果,有时这种说法比直接点名批评效果更好。

(3)营造氛围的策略。

批评既是一个教育学的概念,也是一个心理学概念。批评教育是一个心理过程,因此,批评非常需要注意心理环境、心理因素。营造一种良好的心理氛围,是保证批评效果的重要条件。批评者的姿态、表情、语气等,对被批评者有十分重要的意义。

(4)把握分寸的策略。

批评需要公正,公正是批评的原则。没有公正的批评,不仅不能达到批评的目的,反而会适得其反,引起对抗。把握批评的分寸,则是使批评公正的保证。批评需要就事论事,不要无限上纲,小题大做。就事论事是实事求是的作风,小题大做只是吓唬人的办法。

(5)照顾自尊的策略。

批评教育的过程原本就是一个心理变化的过程,符合学生心理特点和规律的批评才能有效,违背学生心理特点和规律的批评就难以达到预期目的,甚至适得其反。照顾学生自尊就是重要的原则之一,照顾了学生的自尊,进行个别批评,给学生留面子,往往能够收到很好的效果;如果过分张扬,让学生丢尽面子,不仅不能起到作用,还违反了《中华人民共和国未成年人保护法》有关不得伤害学生人格尊严的规定。

(6)无声批评的策略。

"此时无声胜有声"是一种很高的境界,批评也是一样。对学生的缺点和错误,不一定非要进行有形、有声的批评。一般而言,学生犯错误绝非故意,学生做错事实属偶然,这时候,学生早已认识了自己的错误,已经决心改正错误,在学生非常担心老师批评和惩罚的时候,教师采取反常规手段,省略批评的环节,往往会收到意外的效果。这是一种自我教育,而自我教育是发自学生内心的,因而效果也是最佳的。

5. 奖励与惩罚[①]

为了保证课堂教学活动的顺利开展,营造良好的课堂心理氛围,体育教师有必要建立奖励与惩罚的制度。奖励可以提高学生练习的积极性,惩罚得当也是一种行之有效的管理策略。有人反对对学生实施惩罚,尤其是小学生,认为惩罚是教师在教育方法和教育策略上无能的表现,而且这种惩罚是不人道、不道德的。这些人的观点值得重视。有些体育老师在某种教学情景下很容易生气,导致惩罚失当。因此,体育老师在运用奖励与惩罚时需要掌握一些必要的策略。

(1)建立一套清楚的奖励办法。

在课堂管理中,教师要有目的、有计划地实施奖励。首先,教师在活动之前要向学生交代本活动要达到什么目标,以及怎样才能得到奖励。其次,奖励要因

---

① 周军.教学策略[M].北京:教育科学出版社,2007,143—153.

人而异并面向全体学生,不同的学生给予的表扬标准也不一样。对待学习表现比较好的学生,奖励的标准要高一些,而当学习较差的学生在一次考试中有较大的进步时,教师应马上给予口头奖励,并鼓励他再接再厉。

(2)正确使用言语奖励。

在所有的奖励中,言语奖励是使用得最多的。言语奖励可分为完整性奖励和简单式奖励。完整性奖励是班级组织和管理中非常有效的一种方法。它由三个部分组成:对所观察行为的描述、一段时间以来这种行为的转变情况以及行为的后果。例如,小明,你能够坚持按照动作技术的要求进行练习,很快就能够熟练掌握这个动作。

(3)惩罚的发生时间。

惩罚的发生时间指在错误行为发生多长时间后进行惩罚,它所强调的是什么时候惩罚效果最好。研究表明,延迟几小时的惩罚基本上不能防止同类错误的再发生。早惩罚比晚惩罚更有效。其原因是,根据惩罚的终止原理,如果在儿童开始发生错误行为时就给予惩罚,儿童的这种行为一开始就会同焦虑、恐惧相连,为避免这两种反应,他们就不得不终止这种行为。一旦此种行为终止,惩罚立刻结束,焦虑、恐惧反应也随之消失。如果在儿童的错误行为发生后惩罚,则儿童在做错误事情时,不会体验到病态情感。尽管有时也许在错事做完后感觉不好,但他们或许已经从错误行为中获得了许多乐趣,这些乐趣可能部分抵消了后来的惩罚带给他们的不快。不过,近期有研究指出,如果方法得当,延迟惩罚也可以相当有效,比如惩罚时对儿童解释是由于他们的哪些行为导致了这些不愉快的惩罚后果。

(4)惩罚的强度。

一般认为,较轻的惩罚形式不如较强的惩罚形式在阻止儿童的错误行为时更有效,但是某些过重的惩罚形式往往会带来一些其他后果。研究表明,较重的惩罚会使儿童回避并远离惩罚者,也不愿听从惩罚者的指导,甚至引发儿童的高度焦虑。

(5)惩罚的连贯性。

如果成人对于儿童的同一种行为时而给予惩罚,时而熟视无睹;或父母双方意见不统一,这种做法会使儿童的错误行为持续很久,甚至难以消除。即使后来成人开始有规律地惩罚,可能也为时过晚。因为非连贯性的惩罚会使儿童的错误行为得到"部分强化",这样的部分强化将巩固这些行为,甚至使这些行为成为习惯,并使儿童极端反对以后的惩罚。

(6)惩罚者同儿童的关系。

惩罚的效果也取决于惩罚者与儿童之间的关系。一般认为,那些与儿童情感联系越密切的人,对儿童实行惩罚的效果越好。这是因为与儿童情感联系密切的人对儿童实行惩罚,会使儿童感到这种情感的减少。一个和儿童本无多少情感联系的人企图纠正儿童的某种错误,效果就差得多。因为对儿童来说,他们的生气与否是无所谓的事情,不涉及担心感情联系减少的问题,当然更无重建良好关系的愿望。

(7)语词惩罚的效果。

许多父母对孩子实行惩戒时,往往要讲很多道理,告诉孩子错在哪里。这种语词惩罚比单纯惩罚效果更好,原因在于语词惩罚能使孩子十分清楚他们为什么应当抑制某种行为。语词惩罚还能使孩子的焦虑反应控制在一定限度之内。

(8)惩罚同正强化相结合。

提高惩罚终止效果的另一个方法是强化选择反应。有研究表明,单纯惩罚的效果不如单纯奖励。无论任何时候,只要儿童去做那些应该做而他们不愿去做的事情时给予表扬,用奖励形成期望选择反应,这样多次强化以后,儿童就会减少不良习惯并逐渐形成优良品质,这种方法的实质是使惩罚同正强化相结合,因为每次出现上述期望的行为都给予表扬,偶尔出现相反行为则取消表扬,对儿童来说其意义无异于一种惩罚,但这种"惩罚"比其他形式的惩罚效果要好。

以上我们探讨了一些具体的方式方法策略,下面我们再从体育教学设计的角度来认识一下什么是体育教学策略。我们认为,体育教学策略是对完成特定体育教学目标而采用的教学活动的程序、方法、形式和媒体等因素的总体考虑。因此,在进行体育教学策略的选择和设计时,我们需要从教学活动程序、教学方法、组织形式和教学媒体等方面综合考虑。

(三)体育教学活动程序

体育教学活动程序指教师在体育课堂教学中处理主教材内容时按照教学顺序所采用手段的呈现方式。所以说,体育教学活动程序能够清晰地反映出教师在处理主教材时的基本思路,同时也能够表达出教师采用了哪些有效手段来教授主教材的内容。因此,我们有必要了解和掌握体育教学活动程序是如何确定的,又有哪些表达形式等内容。

1.体育教学活动程序的内容及其确定

体育教学设计中的教学流程该发挥什么作用、决定着该部分设计要取舍哪些内容,以及如何确定这些内容,这是撰写教学流程首先要考虑的问题。无论何种项目的运动技术教学,表述的内容一方面要求清晰,能够反映出基本部分的主教材内容(即要教什么);另一方面需要有层次性地呈现出该教材的教学手段(即该如何教)。也就是说,任课教师需要将教学步骤做一高度的概括,最好以关键词或句的形式,借助于一定形状的图示表达出来,既要内容、手段明确,又要能够让人有耳目一新的感觉。教学流程设计得好,可以作为一个让大家了解和掌握体育课教学思路与方法的重要窗口。因此,既需要有高度的概括性,又需要有明确的层次性。每一个教学环节都要争取做到环环相扣、过渡自然、组织有方。

然而,教学流程内容该如何确定呢?建议可以尝试性采取如下步骤和方法。首先,进一步明确即将教授的主教材技术动作名称,如篮球的双手胸前传接球、体操的跪跳起等。然后,结合该项技术教学的单元位置,确定有效的教学手段。也就是说,用什么手段或方式能够最快地让学生掌握该项技术。至于如何组织练习、每种方式练习多少次,可以在撰写该部分的时候省略(因为教案中会有详细表述)。最后,勾画出流程图,并将具有递进性的教学手段或方式放入其中,最终达到简洁而连贯、新颖而自然的目标。

2. 体育教学活动程序的范式[①]

要把体育课上得精彩、有所创新,在教学流程安排上也应有所显现,但是,在实际的教学流程文本中并非如此。有的课则教学文本有创新,但教学流程上未体现创新;有的课与流程都无创新。然而,体育教学设计的教学流程既希望灵活、多样,更希望亮点突出、简单明了。也就是说,最好能有点新意,并能够让人一目了然,迅速明晰教学思路与方法。下面介绍两种突出的、相对比较规范的教学活动程序范式。

(1)突出循序渐进的教学活动程序范式。

体育课先教什么后教什么、先怎么教再怎么教等问题都是在确定教学活动程序,或具体地讲是做教学活动程序图时应考虑的关键问题。这种先后的顺序性,决定着教学的过渡性。因此,这种过渡要合理,要切合实际。

如,天津小学刘新建老师的"跪跳起"课例。其教学活动程序设计如图2-6所示。该教学活动程序,从内容上来看,主要体现出的是基本部分的主教材"跪跳起";从形式上来看,主要采用的是图示法,层层递进,环环相扣;从手段上来看,是从简单到复杂,从平地到垫上,再到平地(或垫上);从方法上来看,先往高处跳,再往远处跳,然后通过模仿练习,分别往一层、二层、三层、四层垫子上跳,最后过渡到单层垫子或平地上做跪跳起练习。除此之外,从图示中的箭头方向还可以看出,"跳至一层垫子、跳至二层垫子、跳至三层垫子、跳至四层垫子、跪跳起"之间都是用双向箭头表示的,说明在组织练习中,这些练习方式是可以进退反复的。这样的设计,体现出教师关注到了学生的个体差异性,学生可以结合自己的实际练习情况选择上一层级垫子还是返回到下一层级垫子上练习。

---

① 于素梅.体育教学设计中的"教学流程"设计与撰写[J].中国学校体育,2012,7.

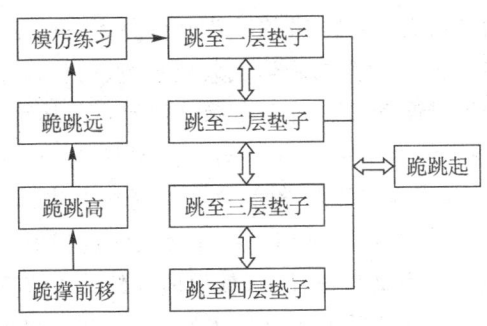

图 2-6 跪跳起教学活动程序

（2）突出行动导向的教学活动程序范式。

有些体育教学设计比较强调主教材教学过程中的"行动性"，其中包含教师教的行动和学生学的行动。这样的教学活动程序动感较强，且方法明确，重点突出。如北京市第六十三中学弭慧老师的"快速跑"课例中，教学活动程序如下：精彩回放，欣赏世界飞人博尔特—观看图解，了解快跑的途中跑技术—50 米分解技术练习—大步幅跑—快频率跑—分组探讨与研究学习—50 米跑教学比赛。从该案例可以看出，在短短四行的教学流程中，任课教师使用了"回放""欣赏""观看""了解""练习""跑""探讨""研究""比赛"9 个动词。一方面，能够让大家明确，该课主教材"快速跑"是如何实施教学的；另一方面，能够看出每一步要求学生做什么、怎么做，而且，该教学流程也同样符合观察感知、模仿体验、研究巩固的认知规律。

（四）体育教学方法的选择

在体育教学设计中如何选择适当的传送策略？采取什么样的传送形式？赖格卢斯等人认为，选择教学方法时要着重考虑到学习者的特征和教学资源的情况。在基础教育课程改革的时代背景下，在新课程理念的影响下，我们在进行体育课堂教学时追求新的教学方式和手段，是值得鼓励的，但我们也不能丢弃一些传统的教学方法。所以，在此我们还是重点探讨一下讲解和示范两种教学方法。

1. 讲解法指教师用简明生动的口头语言向学生系统地传授体育知识和运动技能的方法。运用讲解法应注意以下要求：讲解的目的要明确，要有针对性；讲解的内容要有科学性，符合学生的接受能力；讲解应少而精，要正确使用口诀、术语；讲解要有启发性；要注意讲解的时机。

2. 示范法指教师（或教师指定学生）以具体的动作为范例，使学生形成初步的动作表象，以指导学生进行学习的方法。它是体育课堂教学中最常用的一种直观教学方法，它在使学生了解所学动作的表象、顺序、技术要点和领会动作特征方面具有独特的作用。体育教学中动作优美的示范能够激发学生学习的兴趣,增强学生学习的自信心。示范法按示范面可分为正面示范、背面示范、侧面示范和镜面示范;按功能可分为初步形成表象示范、纠正偏差或错误示范;按示范的正误划分,可分为错误动作示范和正确动作示范。体育教学过程中应根据示范的作用和教学内容的性质特点等选择最佳的示范模式。

在运用示范法进行体育课堂教学时,必须注意如下使用要求:

(1)示范目的要明确,重点要突出。在体育教学过程中,由于示范的目的不同,所以在教学过程中要根据教学任务、教学内容的特点来安排示范的时间、速度、重点等,以突出重点,提高示范效果。例如,在学习新的运动技术时,为了让学生更易于接受,应以正常的动作速度完成动作示范;为了让学生看清上手发球的挥臂轨迹,在示范挥臂动作时速度就要慢些等。

(2)示范要准确熟练。示范的目的是让学生掌握正确的动作概念,形成正确的表象。准确熟练的动作示范可以在很大程度上影响学生的学习效果。因此,体育教师在课前必须熟练准确地掌握所教的运动技术,从而避免上课时做出错误的示范。

(3)选择适当的示范方向与位置。示范的位置与方向是根据场地情况、场地器材条件、队形情况、动作技术、安全因素等来确定的。队伍规模较大,为了不影响其他同学的视线,应选择较高的地势进行示范;广播体操、热身操以及武术套路等动作则应在扇形队伍的圆心处作镜面示范;人体纵向运动技术,如压腿、前后翻滚、起跑等运动技术应选用正向侧身示范。

(4)示范与讲解相结合。示范要取得好的效果,除了要选择恰当的方向与位置外,还必须配合讲解。示范与讲解可以同时进行,也可以先讲解后示范或者是先示范后讲解。对于全新的动作技术,教学时应先示范,后讲解;难以掌握的动作技术,应边示范边讲解;有清晰的动作表象,但是技术细节、结构不清楚的动作,可以先讲解后示范。

在运用示范法时,必须让学生明白示范的目的。也就是说,教师在示范动作时,学生的观察点是什么。如果学生能够集中注意力找准观察点,教师的示范就会收到事半功倍的效果。

(五)体育教学组织形式

体育教学组织形式指为了实现特定的教学目标,根据教学内容特点和学生具体情况,在一定时空环境中师生相互作用的方式。实用有效的教学组织形式能够充分发挥教师的主导作用和学生的主体性,能够提高教与学双边活动的效果。因此,体育教师应根据课程的教学目标、课程的类型和学生特点等因素,正确运用有效的教学组织形式,以提高课堂教学的效果和学生学习的质量。

就一节体育课而言,教学组织形式可以分为班级集体教学和班内分组教学。

1.班级集体教学是在教师的统一安排下,学生同时或依次完成练习的教学组织形式。一般在场地器材充足或不受器材限制的情况下使用,如徒手健美操、武术、游泳、准备活动等。这种形式便于教师的管理,能充分保证学生的练习密度,但不利于学生的个别辅导。

　　2.班内分组教学是根据课的目的要求将学生按照某种原则分成若干小组分别进行练习的教学组织形式。一般有分组不轮换与分组轮换两种形式。在分组时应遵循"组内异质,组间同质"的原则,所谓"组内异质"就是把学习成绩、能力、性别甚至性格、家庭背景等方面不同的学生分在一个合作小组内;"组间同质"就是要确保每个小组的相似性。这样就会使每个小组都成为全班的缩影。"组内异质"为互助合作奠定了基础,而"组间同质"又为在全班各小组间展开公平竞争创造了条件。在分组时,小组成员人数通常保持在2至8人。有研究表明,小组的最佳人数是6至8人[1]。每个小组要保证有一个领导者,负责本组的一切事务。当然,领导者的角色可以轮流承担,使小组每个成员都得到不同的锻炼。如果学校场地器材比较充足,在进行练习时可以采用分组不轮换的形式;如果场地器材较少,则采用分组轮换的形式进行练习。

五、体育场地器材的设计

　　中小学体育场地器材是保证体育教学和课外体育锻炼正常进行必不可少的物质条件。长期以来,中小学体育场地器材以竞技体育的体系为规格标准,器材的统一和成人化严重影响了学生体育活动和锻炼的兴趣。随着学校体育改革的深入和基础教育课程改革的实施,对体育场地器材的要求也越来越高。

　　体育老师上课之前一定要了解场地器材的情况,如球的气压是否合适、体操类的器材是否有损坏等,这样能够确保上课的安全性,同时也能够提高场地器材的利用率,增加学生的练习次数,确保课的练习密度。当然,也有利于教师对班级的管理和指导。在进行场地器材的布置时应注意以下几点:[2]

　　1.场地器材的布局与使用要合理,可移动器材应尽量向固定器材靠拢。

　　2.布置的场地器材应符合锻炼、卫生安全的要求,课前应认真周密检查,严防发生伤害事故。

　　3.场地器材的布置要有利于练习轮换时的队伍调动,有利于增加练习密度和适宜的生理负荷。

---

[1] [美]荷烈治,哈尔德等著,牛志奎译.教学策略——有效教学指南(第八版)[M].北京:中国人民大学出版社,2011,195.

[2] 李祥主编.学校体育学[M].北京:高等教育出版社,2001,129.

4.场地器材的布置便于教师对课程的调控和辅导学生。如在做一些体操垫上的分组练习时,可以以教师为圆心,将每组的体操垫面向圆心围成一个圆,也可以围成一个扇形。组数越多,体操垫距离圆心越远,这样可以避免每组练习时的相互干扰。

对于体育场地器材如何布置,我们认为于素梅研究员总结得很好:遵循"四最"原则:[①]"最节省"显然是充分利用场地,尤其是小场地的课堂教学,这方面显得就更为重要;"最安全"是任何场地器材布局中都要有安全保障,无论场地大小,安全地规划才能使教学中的每一个环节都不发生伤害事故;"最合理"是在确保安全和节省的前提下,器材安放在场地的什么位置才更便于教师示范学生观察、教师指导学生练习,这实际上是对场地器材进行布局的最低要求;"最有效"是在合理、安全、节省的基础上,尽可能地让场地器材发挥最大作用,有时需要一物多用,即一种器材被用于多项练习,有时需要多物一用,即多种器材服务于某一项练习活动等。如果体育教师在体育课堂教学中对场地器材的布置能够很好地遵循这"四最"原则,那么他就可以最大化地发挥其功效。

六、体育课堂教学设计的评价[②]

对体育课堂教学设计进行评价,大多数人会理解为教学评价,实质上,对体育教学设计评价包含两种形态,即设计态与实施态。设计态即对教学设计方案本身的评价,而实施态则是教学实施过程中的教学评价。[③] 我们一般谈到的体育教学评价都是实施态的教学评价,这种评价也能间接地反映教学设计方案的科学性,但考虑到教学实施过程中不可避免地会受到意想不到的干扰因素的影响,因此对设计态的体育课堂教学设计方案进行评价是不可缺少的环节,它能确保教学设计方案在实施前及时进行缺陷分析。

(一)体育与健康课教学设计的评价方法

教学设计既然属于教育技术学范畴,那就必须拥有能够检验自身缺陷的方法。如图2-7所示,这里我们介绍一种教学设计的缺陷分析法。对技术的改进和创造离不开技术的实践检验,也就是技术实际运用的过程和结果。从对结果的缺陷考查出发,再追溯到导致结果的过程本身的缺陷,这才能发现技术本身的缺陷。所以教学设计缺陷分析法评价的焦点不是它的优点或者有效性,而是它

---

① 于素梅.体育教学场地器材的"选"、"检"、"摆"及设计呈现形式[J].中国学校体育,2012,8.
② 柴娇.我国中小学体育课堂教学设计的理论与实践研究[D].北京体育大学博士论文,2006.
③ 杨开城.以学习活动为中心的教学设计理论[M].北京:电子工业出版社,2005,92.

的缺陷。发现缺陷是技术进步之源,考查技术的有效性则仅满足于运用的需求却无法促进技术的进步。所以,为了改进技术,我们不会试图证明一个教学系统的有效性而是致力于寻找它的缺陷。这类似于科学研究的证伪原则。如何寻找教学系统的缺陷?在逻辑上基本有两种方式:一种是请专家教师对教学系统做定性的分析,寻找其中的缺陷;另一种是实施教学,通过评价实际的教学过程和教学结果,来寻找教学系统的缺陷。

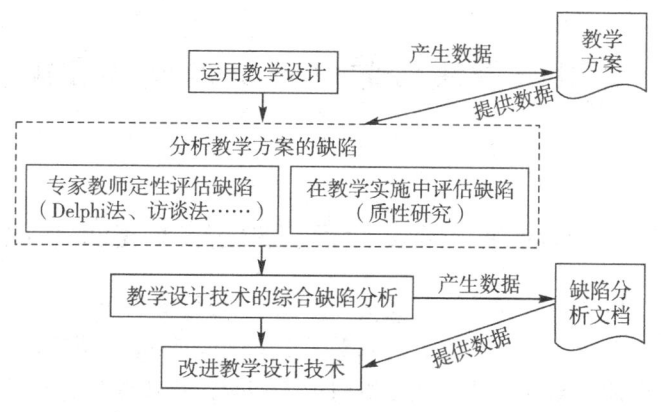

图2-7　教学设计缺陷分析

(二)体育课堂教学设计的评价建议

对体育课堂教学设计进行缺陷分析,我们应该从哪些方面对一个体育课堂教学设计方案进行评价呢?或者说,体育课堂教学设计的评价指标有哪些?对一个教学设计方案进行缺陷分析,目的是找到其中的不科学之处,当然最理想的方法是我们收集大量的、各种类型的体育课堂教学设计方案,然后请专家或有经验的教师对这些方案进行评价,再对专家们的评价结果进行归纳、分类,建立起体育课堂教学设计方案的评价指标体系,但这个过程需要花费大量的时间收集资料与分析归纳。还有一种方法是从正面对体育课堂教学设计方案进行评价,即根据本文提出的体育课堂教学设计的原则对方案进行评价,看某方案是否满足这些原则,如某方案是否具有可操作性,表述是否简明等。这种方法有可能不是很全面的,因为本文研究所提出的体育课堂教学设计原则可能无法完全反映一个方案的科学性,可能还存在其他的没有想到的指标,这有待于日后的研究对其逐步完善。

第三章 体育与健康课教学设计的研究与优化

第一节 体育与健康课教学设计的问题和解决策略

一、体育与健康课教学设计存在的主要问题及解决策略

无论是在体育教学设计的实践中,还是在其理论研究中,体育教学设计基本构成要素都没有形成统一认识。自从第八次基础教育体育课程改革实施以来,中国教育学会体育与卫生分会已经组织了五届全国中小学体育教学观摩展示活动,从参赛选手的教学设计中可以看出,大家对体育教学设计基本构成要素的理解不尽相同。有学者在对前几届全国中小学体育教学观摩展示活动的教学设计进行统计分析,发现体育教学设计的构成要素多种多样。如表 3-1 所示。

表 3-1 多样化的体育教学设计构成要素[①]

案例	内容
1	课时计划(教案)
2	教材分析、学情分析、教案
3	指导思想、教材分析、学情分析、教案
4	指导思想、教材分析、学情分析、教学目标、教案
5	指导思想、教材分析、学情分析、教法学法、教学流程、教案
6	指导思想、教材分析、学情分析、教学过程、场地器材、教案
7	指导思想、教材分析、学情分析、教学流程、教学评价、课时计划
8	指导思想、教材分析、学情分析、教学目标、教学流程、场地器材、教案
9	《快乐木屐》设计思路:课的指导思想与构思、教材分析、学情分析、教学目标、教学重难点、课的流程、场地器材、教案
10	本课设计的思考、教学内容、教学目标、学情分析、教学内容的重点与难点、教学特色、课的具体教案、课的流程、预计、场地器材及布置

---

① 于素梅.体育教学设计范式及要素分析[J].中国学校体育,2012,4.

不管我们对体育教学设计的理解是一种动态的过程还是静态的方案,其构成要素都应该是清晰的,否则,实践中就很难操作,尤其是在一些带有"风向标"性质的公开课、评优课中更应该明确体育教学设计的构成,这对体育教学设计的推广与应用是有好处的。作为体育教学设计的研究者,还应加强体育教学设计的相关研究,真正明晰体育教学设计的诸多理论问题,无论是从理论层面还是从实际操作层面,都能更好地指导体育教师。

二、体育与健康课教学设计存在的主要问题及解决策略

在新课程理念的指导下,体育教师应该成为体育教学的设计者和开发者。教师用其学到的教学设计模型的基本程序来计划、评价和修正教学,并将此举常态化,成为课堂教学的常规组成部分。这样,教师既是教学活动的设计者,也是其实施者。然而,事实上还有相当一部分人将体育教学设计等同于写教案和备课。在传统的教学实践中,教师上课前要先备课、写教案。那么,备课和写教案算不算教学设计呢?从根源上讲,教师的备课行为在教学设计这门学科诞生之前已有之,备课程序并不来自教育技术领域的教学设计(我们可称之为"专业教学设计"),而是来自教师个人及集体的经验积累,是一种经验性行为(大多是默会的知识,很难效仿),这种经验性行为给专业教学设计的研究奠定了基础。可惜的是,专业教学设计的发展没有反过来很好地为教师的备课活动服务。即便是今天,师范院校的毕业生在接受了基本"教学设计"技能培训之后,在实际教学生涯中大量的设计理论和模型并没有派上用场,使得通常的备课和写教案仍停留在教师侧重于计划自己将在课堂上"如何讲"和"讲什么"——便于完成教学任务的经验式备课活动,而不是在一定理论指导下,为了促进学习者的理解而解决教学问题的真正意义的教学设计。严格来说,这种经验式的备课活动仍属于媒体传输设计,是最边缘层次的设计活动。因此,体育教学设计与写教案和备课不是一回事。

作为受新课改影响的体育教师,我们应该加强理论学习,了解能够使体育课获得良好效果的知识,并将其运用到自己的课堂教学中。同时,也应加强对体育教学设计的研究,以便更好地指导自己的教学。

第二节 体育与健康课教学设计优化的主要方式:说课

一、说课的基本概念

说课是1990年以后开始实行的体育教学研究的一种新形式,并成为体育教

师的一项基本功。说课增加了教案的可信度和可行性,是一节课的预演,有利于教师总结教学经验与相互学习,能有效地促进体育教师业务水平的提高。

所谓"说课",就是教师在认真备课的基础上,针对某一课时系统地阐说其教学内容、设想、教学思路、教学方法及其理论根据和设计的蓝图。说课是上课前的一种实践演习,是一种有组织、有目的、有计划的教学活动。一般是按照备课—说课—上课的程序安排教学活动。

综上所述,说课是教师在备课基础上,于授课前面对领导、同行或评委主要用口头语言讲解具体教学设想及其依据的一种教研活动。它是教师将教材理解、教法及学法设计转化为"教学活动"的一种课前预演,是教师在上课前,把自己的备课过程,构思和教学设计用简洁精练的语言,展示给同行或评委的活动;也是督促教师业务文化学习和进行课堂教学研究、提高业务水平的重要途径,还是评估教学水平的有效手段。

二、说课的内容

不论是课前说课、课后说课,还是预测型说课、反思型说课等,就其对整个教学活动的折射功能来说,一个完整的说课至少应包括六方面的内容。

(一)说教材

新课程背景下,对教材的理念和理解也发生了根本的变化。教材是课程标准意志的体现,要把握好教材,落实教学目标,必须准确联系课程标准,实践课程标准的要求。

说教材,就是说课者在认真研读课程标准和教材的基础上,系统地阐述选定课题的教学内容、本节内容在教学单元乃至整个教材中的地位和作用,以及与其他单元或课题乃至其他学科的联系等,围绕课程标准对课题内容的要求,将三维目标分解到具体的教学环节中,确定教学的重点和难点以及课时的安排等。因而,要求说课者应尽最大努力来阐述自己对教材的理解和感悟,以充分展示自己对教材的宏观把握能力和对教材的驾驭分配能力。力求做到既要说得准确,又要说出特色;既要说出共性,也要说出个性。一般地,说教材主要包括以下两方面内容。

1. 剖析教材

在认真研读课程标准并分析教材编写思路及其特点的基础上,按照课程标准对本年级学生学习方面的要求,简要阐述所选内容在本课题、单元、教材、年级乃至学段中的地位、作用和意义,说出所选内容的学习重点和学习难点分别是什么,以及确定这些重点、难点的依据是什么等。如,说明该内容在相应单元、章或者整个教材中的地位和作用,该内容在教材乃至学科的逻辑结构中的位置;编者的意图、教材的特点以及教材的重难点;从课程论的角度,依据学生的认知结构、人格因素等层面来审视该内容;阐述该内容与相关学科的关系。即应准确地阐明：

(1)教学内容是什么,包括哪些知识点。

(2)本课内容在教材中的地位、作用和前后联系。

(3)课程标准(大纲)对这部分内容的要求是什么。

(4)本课的教学目标及确定的依据。

(5)教学的重点、难点和关键点。

2.课时安排

根据教材的编写思路和结构特点,充分考虑学生的认知水平和年龄特征,对所选内容或课题提出合理的课时安排并阐述这样安排的依据。若所选内容需要安排2课时或2课时以上,则还要就每课时的教学重点与难点安排做出陈述。

如,本课重点:让学生在具体的情境中理解有关×××。

如,本课难点:让学生发现和体会有关××的特性和规律。

如,本课教学解决的方法和手段:××××××。

总之,说教材就是说出教师对课程及课程标准的理解,反映出教师对课堂教学的驾驭能力,即,说出"教什么""怎样教""为什么这样教"的教学主线。如,知识结构网络中的主脉搏是什么?学生对本课知识学习的理解与掌握是什么,以及对能力培养的基本要求是什么?围绕这条主线怎样调动学习者的积极性与主动性?

【例1】 初中体育课《技巧组合》说教材

■课的内容

本课主要学习内容为技巧组合：前滚翻—后滚翻—转体180°—跪跳起—头手倒立(女肩肘倒立)，为技巧单元第四课时。

■教材分析

依据本课的特点和教学目标的确定,本课的教学重点如下:能做出简单的技巧组合动作,说出动作术语;配以学生喜爱的奥运火炬接力游戏为准备练习,划船游戏为结束练习。力求根据(水平四)初二年级学生的身心特点,以教师为主导、学生为主体,使学生通过合作探究、成果展示等学习方式,充分发挥学生的创造性思维来进行技巧组合练习,不断提高学生的协作意识。教学难点为怎样进行技巧动作组合,培养学生自主探究学习的能力。

【例2】 小学体育课《两头翘与掷垒球》说教材

■课的内容

本课为省编义务教材四年级上册第五课《两头翘与掷垒球》,主要教材内容为两头翘和投掷。

■教材分析

"两头翘"又称"俯卧挺身",和"仰卧起坐传递球"一样是一个以腰背腹肌活动为主的素质练习。虽然就练习的形式而言是较为枯燥的,而且与生活实际相关不大,然而,它们对发展学生腰腹背肌弹性和力量有一定的实效性。"两头翘"在二、三年级的教材中出现过,但由于当时学生年龄小、力量弱、控制能力差,因此完成的质量不高。本课把"两头翘"作为主教材,目的在于通过尝试性的辅助练习和比谁翘得高,提高"两头翘"的动作质量,以便有助于以后学习难度更大、动作更为复杂的滚翻、平衡等技术动作。

投掷在田径运动和达标内容中占有不可缺少的位置,也是学生日常生活中必须具有的基本活动能力之一,它对锻炼和发展学生上肢力量、爆发力、协调性等都起着十分重要的作用。投掷在一、二年级时以简单的掷纸飞机、掷降落伞等形式出现过,到三年级时学习了原地侧向投掷垒球技术,四年级起逐步学习上步、助跑投掷垒球技术。本课通过"投掷过关""投掷目标"等练习,复习巩固原地正面、侧向投掷垒球的技术,使学生初步理解投掷时出手的角度与远度的关系,为今后学习上步及助跑投掷垒球奠定扎实的基础。

本课从教材性质出发,把技术性强的"两头翘"安排在课的前半部分进行,这样更有助于学生掌握技术;把趣味性较强的投掷练习安排在课的后半部分,目的在于激发学生的练习兴趣。

通过上述例1和例2可以发现,例2说教材较为完善,达到了以下三个目的:

一是依据学习内容确定教学的重点、难点,使教学活动能做到重点突出、难点分散,解决"教什么"的问题;

二是依据课程标准对学习内容的要求,将三维目标化解到具体内容的教学过程中,有利于解决"怎样教"的问题;

三是整体把握教材,根据学生已有的学习体验和认知特点,循序渐进地设计教学活动,为解决"为什么这样教"的问题提供教学参考。

(二)说教学目标

什么是目标?就是我们要达到的境界和目的。说教学目标指说教学活动实施的方向和预期达成的结果,它是教学活动的出发点和最终归宿。因此,说课时教学目标的设计和确定要恰当、准确而全面。说教学目标,不只是宏观地阐述知识与技能、过程与方法、情感态度与价值观三维目标,还要在课程标准的指导下,就学习内容的教与学目标要求,从认知性学习目标、技能性学习目标和体验性学习目标等方面进行分层化解,阐述依托内容载体实现这些目标要求的途径与方法,目标化解越具体,教与学活动安排就越科学,操作性就越强,也越能提高教学水平。需要指出的是,强调目标的具体化,绝不是孤立地对待每一个教学目标,而是要把目标的达成贯串于具体的学习内容中,使它们相辅相成、相互促进。在任何教学活动中,三维目标始终都是一个有机统一的整体,既相对独立,又互相补充。教学活动的过程,其实就是学生习得知识与技能的过程,同时也是形成方法、发展能力和确立情感态度与价值观的过程。

【例3】 初中体育课《学习投篮、移动运球、行进间投篮、传接球》说教学目标

1. 知识与技能目标

(1)学习投篮、移动运球、行进间投篮、传接球。

(2)发展学生的速度、灵活性及快速反应能力,全面提高身体素质。

2. 过程与方法

(1)培养学生对篮球这项运动的学习兴趣,提高练习的积极性。

(2)传承体育文化精神,树立终身体育锻炼思想与习惯。

3. 情感态度与价值观

通过篮球的学习,培养学生团结合作、互相帮助的集体主义精神。

【例4】 小学体育课《两头翘与掷垒球》说教学目标

1. 认知目标

理解俯卧挺身的动作概念和投掷垒球时的出手角度。

2. 技能目标

(1)学会俯卧挺身技术,力争有90%左右的学生能独立完成,发展学生腰腹背肌弹性和力量;

(2)通过做"投掷过关"等投掷游戏,复习巩固原地正面、侧向投掷垒球技术,提高学生投掷能力。

3. 情感目标:

(1)初步具有勇敢顽强的意志品质,并通过游戏培养学生集体主义和爱国主义精神;

(2)通过学生的分组自练、自创,发展学生的思维能力、创造能力,促进学生身心的健康发展。

本课重点:(1)俯卧挺身时两腿配合上体协调上举;

(2)投掷垒球时的出手时机。

本课难点:(1)俯卧挺身时两腿夹紧并充分伸展;

(2)投掷垒球时转体和挥臂的连贯性。

通过例3和例4的相互对比可以发现,例4说教学目标较为完善,从实践新课程、贯彻新理念的要求来看,该教师所制定的教学目标全面体现了课程标准(水平四)的有关精神,不仅关注了体育知识与技能方面的要求,而且关注了过程与方法、情感态度与价值观方面的要求。

例3所列目标从具体的教学实践活动来看,除知识与技能目标有较明确的指向和较强的操作性外,其他两个目标都显得比较空洞,缺乏实施的具体载体和途径。例如,在过程与方法的教学目标中,怎样让学生了解篮球技能的组成?显

然，教材中"学习投篮、移动运球、行进间投篮、传接球"的学习是达成这一目标的重要途径和方法。再如，情感态度与价值观教学目标中，通过篮球运动，提高健康水平，培养竞争合作精神。显然，也缺乏具体实施的载体和途径。

（三）说学情

学情，就是包括学生年龄特征、认知规律、学习方法及已有知识等在内的总和，它是教师组织教学活动的依据，是学生学习新知的基础。

说学情，就是要依据学生的年龄特征和认知规律，全面客观地阐述已有的学习情况和已经掌握的学习方法，为优化教学设计提供参考。它既可以与教材一起作为教学资源加以分析，也可以单独阐述。

说学情就是说教学对象，分析学生的认知基础，即学生学习该内容时所具备的与该内容相关的知识、技能和能力；分析学生的心理、生理特征对学习该内容的可接受性；分析学生的思维方式与学习习惯对学习该内容的适应性；分析学生群体中因学习基础不同而对接纳该内容可能产生的差异性等。

【例5】 初中体育课《学习投篮、移动运球、行进间投篮、传接球》说学情

1. 说已有知识和经验

（1）在日常生活和小学体育的学习中，学生对体育的知识与活动获取的几种途径有了一定的生活体验和知识积累。为此，在进行本课题教学时，要充分利用这些经验创设教学情境。

（2）学生在"篮球基本技术"的学习前，已通过广播、电视、报纸等传媒初步了解了一些篮球知识。因此，在进行本课题教学时，要善于采取对比的方法组织讨论和交流，促进学生形成对篮球运动的一般概念的理解。

2. 说学习方法和技巧

组织讨论和实施探究是学好本课题的重要方法。教学中，要充分利用电视、报纸等传媒，组织寻找"拼凑""投篮、移动运球、行进间投篮、传接球"动作图片的方法来提高对相关知识的理解。为此，建议组织小组交流与展示，从中培养学生的探究意识。

3. 说个性发展和群体提高

同以往传统的体验教学活动相比，本课学习设置的探究活动对学生来说具有更强的挑战性，要求学生不仅要有一定的动手能力，而且要有更强的组织能力。因此，在学习过程中，尤其要关注那些平时动手能力比较弱的学生，鼓励他们大胆动手、勤于思考、敢于参加，使他们积极参与整个探究活动中；对那些平时动手能力较强的学生，要积极引导他们学会合作、学会交流，在动手操作中养成善于争鸣、勇于创新的科学习惯，使个体和群体通过本次篮球学习的探究活动，都能有所收获、提高和发展。

【例6】 小学体育课《两头翘与掷垒球》说学情

1. 小学四年级学生正处于生长发育的关键期,他们的年龄特征:A.依赖性强、自我约束能力差;B.模仿能力强;C.好奇心强;

2. 四年级学生运动能力、性格爱好都具有很大的差异:女生文静,男生好动;一些带有表演性、模仿性的练习,学生有很大的兴趣;部分女生往往会表现出怕羞的一面,而男生则会无所顾忌地发挥自己的想象。

3. 我所在班级的班风活跃,班级凝聚力、荣誉感强,学生守纪乐学,爱好文体活动,而且大部分学生平衡能力和投掷能力均较强,但也有三分之一左右的学生力量素质较差,这样对学习"两头翘"和进行投掷教学可能会产生一定的负效应,因此要求教师区别对待、正面积极引导。

上述例5和例6在说学情方面还是较为完善的,重点关注了以下三方面的内容:

1. 已有知识和经验

在传播媒介高速发展的今天,学生已经能够通过多种渠道获得一定的知识和经验,这是学习新知识和新技能的基础。把学生已有的知识和经验说出来,把打算如何利用这些知识与经验说清楚,有利于实现学生从"旧知"向"新知"的迁移,解决教师"怎样教"的问题。

2. 学习方法和技巧

所谓"学习方法",其实就是掌握知识的方法,它具有传递性、交互性的特点。在进行新知识教学时,认真分析并把握学生已有的学习方法和技巧,可以有针对性地指导学生从已有的学习方法和技巧体系中检索有用信息,培养学生独立分析问题、解决问题的能力。"说"学习方法和技巧,就是要说出学生从已有学习方法向新的学习方法转化的切入口或途径,说出学习新知识时应重点关注的方法,有助于解决"怎样学"的问题。

3. 个性发展和群体提高

新课程强调,一切为了学生的发展,就是要求教师要通过科学的教育教学方式,使每一个学生都能在原有的基础上得到长足的发展。"说"个性发展和群体提高,就是既要对任教班级的班风、学风、合作精神和团队意识等方面进行全面客观的分析,又要对班级中的特殊个体(如后进生、特长生)的个性特征进行单独分析,以整体把握班级群体和个体的实际发展水平,解决"合格+特长"的问题。

(四)说教法、学法

1. 说教法指导

(1)教法的总体构想及依据。

说教法,就是根据本课题内容的特点、教学目标和学生学习情况,说出选用的教学方法和教学手段,以及采用这些方法手段的理论依据。一般情况下,课题内容的本源性知识常常采用练习与观察、讨论与反馈等方法,以培养学生体育学习接受的能力和技能实践能力。把课内知识派生到课外，一般采用小组探究、讨论、自学等方法，以培养学生的学习能力。教学方法虽然多种多样，但始终没有通用的方法。"教学有法，但无定法，贵在得法"其实就是这个道理。为实现教学方法的最优化，常常需要在教育教学理论的指导下，对常用的接受式教学、合作式教学、探究式教学、自主式教学等教学方法进行优化组合，通过发挥各种方法的长处和优点，最终实现教学过程的最优化。即，主要说明"怎样教"和"为什么这样教"。

(2) 具体采用的教学方法、教学手段及理由。

教法与学法是教师组织教学和学生开展学习的两种不同活动的反映，它们既相辅相成又相互促进。教为主导、学为主体，确切地道出了教学系统中这两个要素之间的关系。说教法与学法，实际就是要解决教师的"教"如何为学生的"学"服务的问题。

具体就是说教学过程与教学环节的设计、重难点的突破方面、教学法的运用、对学生学法的指导以及作业设计、练习设计等多项内容采用的方法，其中，重点是教法的运用和学法的指导。如，在该课时的教学过程中，将采用何种教学方法，以及选用这些教法的理由。教学方法得当，有利于教学内容的传授，有利于学生对知识的理解和记忆。教学方法贴近学生，可促进学生积极思考，从而提高其分析问题和解决问题的能力。

(3) 所用的教具、学具。

教具、学具手段多种多样，传统的教具、学具在我们过去的教学中，得到了很好的运用。在现代教学中，电影、录像、录音、投影以及逼真的拟音、拟状、可视可触摸的实物缩影等多媒体教学手段不断走进课堂。多样化教学手段的运用，直观形象地再现知识间的内在联系，给学生留下了深刻的印象，教学效果好。因此，教师说课应说明在教学过程中，根据课堂教学内容的具体需要，将采用哪些切实可行的教具、学具；说明选用的教具或教学媒体的必要性、优越性，指出所采用的教学手段为什么能产生其他手段难以取得的效果；说明它在突破难点，或在学生对概念的形成过程中，或在动作技能的归纳过程中，或在学习思路的发现过程中的作用；说明选择某种学习"制作平台"的优势。

2. 说学法指导

说学法就是说出对学生学习方法的指导。如教会学生怎样学习、怎样调动学生学习的积极性、怎样激发学生学习兴趣的理论、方法及依据。如，一要说出分析学生在教学过程中可能出现哪些障碍及其原因；二要说清在继续过程中指导学生掌握何种方法；三要说出根据学生认知特点和规律等，创设何种教学环境和条件来保证学生45分钟的有效学习。即，说明在教学过程中，针对所授内容的难易程度，结合学生的实际情况，向学生介绍掌握知识发展规律的方法，即学法指导。恰当的学法指导有助于学生对知识的理解和掌握,给学习带来事半功倍的效果。如,以新激学,激发学生的求知欲;以趣质疑,发展学生的求异思维;以异求创,发展学生的创造潜能。即应突出以下说明:

(1)学法设计的依据与意图。
(2)学法指导的具体安排及实施途径。
(3)教给学生哪些学习方法,或培养哪些学习能力。

【例7】　　　　初中体育课《技巧组合》说教法、学法

(一)说教法:

1.情感法:通过语言导入,创设情境(游玩体操训练馆)营造一种欢快的氛围,以调节学生的学习情绪。

2.复习法:引导学生复习以前所学技巧动作,进一步巩固动作技能。

3.游戏教学法:敢于打破过去陈旧的准备活动框架,利用游戏来启发、引导学生以积极的心态主动参与练习。

4.评价法:以鼓励为主,适当引导,运用随堂口头评价。

(二)说学法:

1.自主学习法:提出问题,让学生自主寻求答案。

2.合作学习法:在教师的引导下,通过小组分工,围绕如何组合技巧进行探讨、研究,有序地进行练习。

3.探究学习法:教师设疑,让学生自主协作、探究。

4.互评互帮法:通过相互观察,相互交流讨论,相互评价,互帮互学。

5.分层学习法:对基础好的学生,提出进行多个技巧的组合练习,并可插入一定难度的技巧动作;对基础差的学生,利用简单的技巧动作,进行2至3个动作的组合练习。

【例8】　　　　小学体育课《两头翘与掷垒球》说教法、学法

1.说教法:根据本课内容枯燥的特点,首先采用了情景教学法和情绪激励法进行教学,以激发学生的学习兴趣,使学生积极主动地去学习。另外,还采用了示范法,以准确优美的动作示范激发学生"我要学习"的情感,以及采用讲解法和练习法,通过教师的讲解和学生的练习,使学生更快更好地掌握动作要领。

2.说学法:本课在学法上主要采用了尝试学习法、对比学习法和小组合作学习法。首先让学生在尝试练习中发现问题,然后在相互对比、小组研讨中悟出动作要领、理解道理,最后通过"小组协作"和"个人练习"相结合的学习方法,解决所发现的问题,从而促进学生主动积极地参与练习,提高学生学习的自主性。

（五）说教学程序

所谓"教学程序"即教学流程，它表现为教学活动推移的时间序列。通俗地说，就是教学活动是如何开始的，又是怎样展开的，最终又是怎样结束的。说课毕竟不同于授课，因为它面对的是与说课者水平相当的教师，所以要用最少的时间、最精练的语言给听者一个完整的印象。因此，说课堂教学程序时无须将教案全搬出来，而要做到一个"精"字。

说教学过程是说课的重要一环。说课教师要在有限的时间内，说明应如何导入新课，传授新的知识，如何进行能力的培养和进行德育的渗透等。说教学过程，最能体现教师的教学基本功，说课教师要紧紧把握住教材的重点、难点，围绕教学过程目标及教学各环节的关系，进行简明的概述。首先要说明构思整个教学过程的总体指导思想，应反映出教师教育教学的理论素养；说明教与学两种活动有机结合的设计及其理论依据；说明情境创设的方式及优越性；说明教学方法的选择和组合，为什么能最大限度地调动学生的参与意识和学习的积极性，即培养学生快乐学习体育的精神；说明典型的教学环节，如练习1、练习2、练习3等教学组织活动环节的价值取向（如懂、会、乐）及其理论依据。即应科学阐述：

（1）课前准备情况。（如指出课前调查，学生身心的存在特点与认知结构等）

（2）完整的课堂教学程序（怎样铺垫创设情境，如何导入新课，练习如何安排、根据学生心理活动机能的变化、学生认知机能的变化、学生动作技能形成的变化）。

（3）教学方法、教学技术手段的应用及学法指导的落实。

（4）如何突出重点、突破难点，以及各项教学目标的实现。

（5）教学过程中双边（师生共同活动，共同探究）活动的组织及调控反馈措施。

（6）扼要说明教学流程设计和场地布置的理论依据。

说教学程序是说课的重点部分，因为只有通过这一过程的分析，才能看到说课者独具匠心的教学安排，才能反映教师的教学思想、教学个性与教学风格，也只有通过对教学程序设计的阐述，才能看到其教学安排是否合理、科学和艺术。一般而言，说教学程序应关注以下几个环节：

1. 设计思路

设计思路，就是对教学流程主要环节的概括。说设计思路，有助于更清晰地了解和把握说课者关于教学活动的整体安排。例如，科学探究教学的设计思路一般可表示如下：创设情境—提出问题—猜想与假设—制定计划—进行实验—搜集证据—解释与下结论—巩固运用等。这一环节可以单独列出，也可以隐含在教学流程中。

2. 教学流程

说教学流程，就是围绕教学设计思路，说具体的教与学活动安排及这样安排的理论依据。在说教与学的内容时,不能照搬教案,像给学生上课那样仔细讲解,而要力争做到详略得当,重点内容重点说,难点突破详细说,理论依据(包括教学法依据、教育学和心理学依据等)简单说。只要让听者知道"教什么""怎样教""为什么这样教"就行。

3. 场地器材设计

教具、学具准备,就是教师为提高教育教学活动的质量,根据授课内容的安排或优化教学过程的需要对教具、学具的安排布置。说课时,这部分内容既可结合在具体教学环节中体现,也可单独列出。视具体说课的要求而定。一般地,若是教学研究活动中的课,这一环节可以省略;若作为业务评比或应聘,则要说出课的场地器材设计的指导思想。如,1.创设情境,激发兴趣;2.活动体验,内化提高。这一设计,既与课开始提出的问题首尾呼应,形成一个整体,又能反映出一定教学思维难度与灵活性。

总之,说教学流程是"说课"的重点内容,要说清每个教学环节的安排及理论依据,还要做到前后呼应,使前六个方面的内容落到实处。但是,要防止把"说"变成"念",更不要把"说"教学流程变为课堂教学过程的实践浓缩。当然,在撰写说课教案时,不可能也不必面面俱到地包括以上所有内容,而应该有所侧重,择善而从,写(或说)出自己最有特色之处。

【例9】 初中体育课《技巧组合》说教学流程

活跃气氛—主动参与—自主学练,合作探究—交流分享……创设情境—自主游戏,复习技巧—了解知识,寓趣于乐,合作探究—体验反馈

本课以《技巧组合》为教材,搭配奥运火炬接力游戏,整节课在体操训练馆展开,以迎接2008北京奥运会为主线。让学生自主学练、探究学练,使学生掌握一些简单的技巧组合动作。利用游戏培养学生的协作竞争意识,培养民族自豪感,树立"健康第一"的指导思想。

1. 激情引趣。教师采用谈话启发法创设情境开课,让学生了解一些有关奥运体操项目的小常识,并激发学生的学习兴趣,分组以开火车、开汽车等形式去体操训练馆游玩。

2. 主动参与。教师通过分组合作游戏启发诱导学生,充分激发学生的学习兴趣,让学生在玩中学,在游戏中完成准备活动。学生在自主游戏的同时,教师边巡视、边诱导,并参与游戏,师生同乐,活跃、激发课堂气氛。

3. 自主学练,合作探究。一是学习技巧组合。通过教师设问"我们学习了哪些技巧动作?"从而引导学生复习以前所学技巧动作,并进行分组练习、展示、互动评价。在学生展示单个动作并进行评价后,教师设疑"能不能把这些单个动作组合起来进行练习?"让学生带着疑问进行分组讨论、探究、练习。教师巡视辅导,然后再进行展示、互评、互学、互练,从而进一步巩固技

巧组合动作练习。

二是奥运火炬接力游戏。奥运火炬接力游戏是本课的第二教学内容，是在传统游戏十字接力的基础上，根据初中学生的特点，通过设置障碍、变换距离、变换组别的方法而进行改编的游戏。教师通过语言导入游戏教学，引导学生设置山峰等障碍，通过变换距离、组别进行游戏，让学生在游戏中体验运动乐趣，享受成功的喜悦。

三是交流分享、身心恢复。舞蹈《让我们荡起双桨》：伴随轻松的旋律，学生坐在小船上以舞蹈形式恢复身心，结束本课。师生共同总结本课的收获，探讨以怎样的实际行动来迎接2008北京奥运会。发挥丰富的想象，引导学生运用学过的语言文字表情达意，以培养学生的语言表达能力。

【例10】 小学体育课《两头翘与掷垒球》说教学流程

(一)导入(7—10分钟)

1.常规教学(1—2分钟)

(1)学生跑进上课场地，师生问好；

(2)队列练习：配以《运动员进行曲》的原地踏步练习。

2.模仿练习(2—3分钟)

教学步骤：

(1)教师讲解、示范"摇橹"动作；

(2)学生跟教师做原地和行进间"摇橹"模仿练习；

(3)学生跟随教师模仿渔船出海动作。

组织队形：四列横队——一路纵队，绕垫子行进。

3.自编游戏：《大鲨鱼》(4—5分钟)

方法：教师扮演"大鲨鱼"，学生们演各种"小鱼"。在音乐的伴奏下，"小鱼"们在"大海"上游动。音乐停，教师喊"大鲨鱼来了"，"小鱼"们迅速两两一组逃到"礁石"(垫子)上，"大鲨鱼"迅速去追赶"小鱼"，"小鱼"在逃进"礁石"或没有组成小组前被抓住的，与"大鲨鱼"互换角色，游戏重新开始。

教学步骤：

(1)教师提示，并模仿各种鱼类游动的动作；

(2)学生发挥想象，进行各种鱼类游动的模仿练习；

(3)教师先扮演"大鲨鱼"，共同参与游戏。

组织队形(同上)

通过运用上述几种练习手段，集中学生的注意力，并创设情境，形成"愉快—紧张—喜悦"的情绪体验，使学生很快进入角色，并全身心地投入到活动中，活跃了课堂气氛，而且为主教材内容的出现，做好了充分的准备。

(二)展开(28—33分钟)

1.两头翘(10—11分钟)

方法:俯卧垫子上,两臂前举,头、肩用力上抬,背部用力后弓,同时两腿用力(并腿)后举。

教学步骤:

(1)教师正确示范,并结合"造船"创设情境;

(2)学生尝试性练习;

(3)手持轻物和两腿夹物做"一头起"练习,并触及上方的标志物(即"造船头"和"造船尾");

(4)学生在同伴的帮助下(同时托两臂和两腿)完成动作(即"造船身");

(5)学生独立完成;

(6)优生表演,相互对比,集体研究,小组自评;

(7)分组比赛:A.看谁"造船"造得高;B.在规定时间内看谁造得多。

组织队形:两人一组一块小垫子

教学遵循了由简到繁、由易到难、由分解到组合的教学原则,使一个枯燥乏味的技术动作教学变得较为生动活泼,使学生在尝试、相互比较、研讨的过程中掌握技术要领。

2.仰卧起坐传递轻物(3—4分钟)

教学步骤:

(1)教师讲解、示范;

(2)学生在教师统一的口令下练习;

(3)每组连续做十次,看哪一组先完成。

组织队形:四人两块垫子(合并)同时练习。

3.投掷(8—9分钟)

教学步骤:

(1)教师讲解、示范正面和侧向投掷垒球技术;

(2)学生在教师统一口令下练习正面和侧向投掷垒球,并比较两个动作的投掷远度;

(3)带着问题,根据自己的能力选择不同距离进行投掷过关的游戏;

(4)理解道理后,面对气球进行投准比赛,并结合生活实践,进行创造性练习;

(5)教师巡视,个别指导;

(6)教学情况反馈。

组织形式:散点练习。

投掷教学,主要采用对比教学法,通过不同动作比较,找出共同点,研讨得出要想投得远必须有一定的出手角度且挥臂速度要快、要想投得准转体方向要正的道理,在理解以上道理的基础上进行教学比赛,从而对自己的学习情况做出最客观的评价。

4. 接力游戏:中国奥运金牌榜(3—4分钟)

结合第二十七届悉尼奥运会,安排了"中国奥运金牌榜"的接力游戏,将思想品质教育融入教学之中,激发学生的爱国主义热情。

方法:按小地毯的序号,排成八路纵队。排头学生手持小地毯,站在起跑线后,口令下,迅速跑出并将自己的小地毯上写的金牌项目与折返处小黑板上的金牌运动员相匹配后跑回,拍第二个同学的手,第二个同学出发;依次进行,看哪一组又快又正确。

教学步骤:

(1)教师提示并示范;

(2)学生跨过垫子到折返处,将小地毯贴在小黑板上,直线跑回;

(3)学生绕过垫子到折返处,将小地毯取回,直线跑回。

组织队形:八路纵队

(三)延伸(4—5分钟)

1. 小地毯拼字游戏

方法:每组6人,在最前面的垫子上,把6块小地毯拼成一个字,看哪一组最快。

2. 自编舞蹈:《歌声与微笑》

方法:在音乐的伴奏下,老师带领学生进行舞蹈。

组织队形:八路纵队。

3. 小结讲评,收回器材,师生道别。

综上分析,通过例9和例10的相互对比可以发现,例9初中体育课《技巧组合》较为完善,例10小学体育课《两头翘与掷垒球》过细,反而繁琐了,没有符合明晰化的要求。本文认为应该围绕以下教学流程,观察(感知)→模仿(体验)→练习(掌握)→应用(巩固)设计安排。达到以下目的:一是简略说出教学结构、层次;二是简略说出教学内容与教学过程总体框架以及各板块的时间安排;三是精细评析出在某一个教学内容或环节重点或难点设计、化解的具体步骤(本课特色或精彩点),指出如何将该处艰辛的"教"过渡到轻松的"学";四是简要说出教与学双边活动的总体安排。

由此可知,说课是一种特殊的教学研究形式,对教师的课堂教学意义重大。教师需在说课前充分准备并运用科学有效的方法,才能精彩地说好课,不断提高自身教学水平和境界,使教学升华。总之,教法、学法的运用要体现出新意,对教材处理要有独到之处,教学设计要精心安排,对重点、难点的解决要能让人耳目一新。

下编

经典案例

案例1　肩肘倒立教学设计

(本篇教学设计获得2011年安徽省第四届中小学体育教学观摩展示活动小学组一等奖,执教者为铜陵市长江小学　涂进)

一、指导思想

本课坚持"健康第一"的指导思想,依据新的课程标准,以学生发展为中心,从学生的健康出发,结合五年级学生身心的特点,利用多种教学方式,为学生创建一个宽松、和谐、民主的学习氛围,并关注个体差异,让学生都能体验到学习的成功,充分调动学生学习的主动性和积极性,在不断体验进步和成功的过程中,增强自尊心和自信心,形成积极向上、乐观开朗的学习态度。

二、教材分析

肩肘倒立是小学体育课堂教学的主要内容之一,它是在各种滚动、滚翻基础上进行的静力性为主的练习。通过练习,能进一步发展学生腰腹肌力量、身体协调性,以及平衡能力。学习目的是既要发展学生的空间感知觉能力和对身体的自控能力,又要在此基础上培养他们的相互协作意识、审美能力、积极乐观向上的进取精神,陶冶其情操。其动作方法如下:首先两腿伸直并腿坐,上体前屈,胸部靠近大腿,两手触脚面;然后上体滚动后倒,两腿上举,两臂压垫同时腿上伸、迅速屈肘内收,手撑腰的上部(拇指向腰侧,其余四指托背),展髋、挺腹、脚尖绷直向上方伸,成肩、颈和上臂支撑地面的肩肘倒立姿势。

1.教学重点:两肘用力支撑,展髋,脚尖绷直。
2.教学难点:动作连贯,垂直,稳定。

三、学情分析

1.教学对象:小学五年级男女生。
2.知识、技能基础:有一定的知识、技能基础,但在知识的理解、技术的掌握和学习的方法、兴趣上存在着一定的差异。为此,在教学中关注学生的个体差异与不同需求,确保每一个学生受益。
3.心理、生理特点:心理处于思维的活跃期,思路比较敏捷,乐于思考,组织纪律性和自信心以及集体荣誉感较强。身体素质处于生长发育阶段,呈现出身体素质发展不均衡的特性。

四、教学目标设计

1.参与目标:调动学生参与体育活动的主动性和积极性,使学生充满自尊与自信。

2.技能目标:使80%以上的学生能初步掌握肩肘倒立的技术要领,发展学生的协调、力量等身体素质。

3.情感目标:培养学生的合作意识,能够积极和教师、同学交流,在和谐宽松的教学环境中充分展示自我。

五、教学策略设计

1.教学方法:根据创造的口诀采用层层递进教学法,教师讲解启发,学生练习思考。在教师的指导下、口诀的对照下,以及图片的感官刺激下,让学生进行思维创造,实现自主学习、合作学习。

2.学法指导:观察法、提拉法、合作法、比赛法。

六、教案设计

教学内容	1.肩肘倒立 2.游戏:《春播秋收》			水平三:五年级		
教学目标	1.参与目标:调动学生参与体育活动的主动性和积极性,使学生充满自尊与自信 2.技能目标:使80%以上的学生能初步掌握肩肘倒立的技术要领,发展学生的协调、力量等身体素质 3.情感目标:培养学生的合作意识,能够积极和教师、同学交流,在和谐宽松的教学环境中充分展示自我					
教学重点难点	重点:两肘用力支撑,展髋,脚尖绷直 难点:动作连贯,垂直,稳定					
教学步骤	教学内容	教师活动	学生活动	组织要求	时间	练习次数
准备部分 7′	1.教学常规 2.检查着装,导课 3.游戏:《喊数抱团》 4.徒手操:4节 (4×8拍) 5.腹背运动	教师通过语言引导学生进行练习,并与学生一起进行	1.整队,问好 2.整理着装 3.积极热身 4.充分活动身体关节 5.拉伸韧带	× × × × × × × × × × × × × × × × ▲ 要求: 精神饱满	2′ 2′ 2′ 1′	1 4 1 3

续表

基本部分 29′	一、肩肘倒立 口诀：两手伸直并腿坐，上体前倾手触脚，屈肘内收手撑腰，展髋挺腹脚触天。 1.教师讲解、示范 2.学生模仿练习 3.教师讲解、示范保护帮助的方法 4.按照口诀顺序组织教学 5.评价纠正 6.进行展示 7.小结 二、游戏：《春播秋收》 方法：将学生分为人数相等的四组，每组一个纸篓，内装羽毛球。 "春播"——教师发令后，各队第一名同学手持纸篓迅速跑出，将纸篓内一粒种子放在指定位置，跑到折返线再返回交给第二人；第二人按上述方法继续播种，依次进行，以先播完种的队为胜。 "秋收"——教师发令后，第一名同学手持空篓迅速跑出，收回第一粒果实后跑到折返线再返回交给第二人，依次进行，以先收完果实的队为胜	1.教师垫上示范动作两次 2.教师做保护帮助示范 3.出示图片与口诀和学生一起分析总结肩肘倒立的动作要领 4.组织学生按口诀顺序练习 5.教师巡回指导两人一组倒立动作要求保持10″，再交换进行 6.组织学生进行展示 7.教师小结 1.讲解游戏方法与规则，并示范 游戏规则： ①接到纸篓后第二人才能起跑 ②种子必须放在指定的区域 2.组织学生进行游戏，游戏中强调学生的安全防范意识，避免学生出现安全事故	1.学生仔细观察模仿老师动作 2.观察保护帮助的方法 3.与老师一起总结肩肘倒立的动作要领 4.在教师的指导下练习动作 5.学生两人一组互相检查对方的动作，必要时进行保护帮助 6.积极进行展示 7.积极思考回答 1.学生认真听讲，仔细观察 2.有组织、有纪律地进行游戏活动： ①春播 ②秋收	○○○○○ ○　　　○ ○　▲　○ ○　　　○ ○○○○○ 要求： 积极参与 合作学习 ○○○○○ ○　　　○ ○　▲　○ ○　　　○ ○○○○○ 要求： 气氛活跃	1′ 2′ 2′ 15′ 2′ 1′ 1′ 1′ 2′ 2′	2 2 1 4 2 1 1 1

续表

结束部分 4′	1. 集合 2. 放松活动：唱《幸福拍手歌》 3. 小结评价 4. 布置收回器材 5. 师生再见	1. 组织学生放松 2. 教师小结 3. 布置学生收器材 4. 宣布下课	1. 积极放松 2. 积极回答 3. 收拾器材 4. 下课	○○○○○○ ○　　　○ 　　▲ ○　　　○ ○○○○○○ 要求： 稳定情绪 放松身心	2′ 1′ 1′	1 1 1
场地器材	体操垫 24 张 纸篓 4 个	移动小黑板 1 块 羽毛球 40 只		练习密度：35% 左右		

【点评】

　　本篇教学设计的成功之处在于无论是从教学组织形式，还是整个教学活动的实施过程，都体现了以学生发展为本，关注个体差异，注重学生主动参与能力的培养。

　　首先，教师能够采用图片和口诀的方式和学生探讨总结肩肘倒立的动作要领，让学生对肩肘倒立的动作要领有一个充分的了解和认识。

　　其次，教师在巡回指导的过程中能够不失时机地采用"激励法"，及时给学习有困难的学生以鼓励和引导，帮助学生调整情绪重拾信心，使其通过努力体验到进步的快乐。

　　最后，教师根据教学内容的需要，运用小垫子布置了一个整洁、美观的体育教学环境，从而激发学生的练习兴趣和热情，而正方形的场地布置既是肩肘倒立的练习队形，也是游戏的组织队形，发挥了"小场地多用途"的优势。小垫子除了作为学习肩肘倒立的器材外，游戏时又作为"庄稼"的土壤，充分地发挥了它的作用，提高了使用率。

　　本节课的不足之处在于教学目标的设计存在领域混淆的情况，参与目标与情感目标的内容有重叠现象，同时，在表述上也有点含糊。再者，在课堂教学中练习手段不够丰富，从而导致课堂气氛不佳。

　　（安徽省教育科学研究院江玲研究员提供案例，合肥师范学院梁占歌老师点评）

案例2　跪跳起教学设计

(本篇教学设计获得2013年第五届全国中小学体育教学观摩展示课小学组一等奖,执教者为辽宁省沈阳市大东区辽沈街第一小学　孙礌)

一、指导思想

本课贯彻"以学生发展为本"的教育理念,树立"健康第一"的指导思想。结合素质教育的要求,立足于面向全体,落实因材施教,关注学生个体,使每个学生都学有所获。在全面提高学生身体机能的基础上,培养学生自主学习、合作探究的优良品质,引导学生结合我校课堂教学的创新模式,努力实现课堂留白所倡导的"留给一个空间自己去寻找、留给一个问题自己去体验"的教学手段,使学生学会学习、学会合作、学会评价、学会尊重和关心他人。通过小组合作学习,提升学生的团队意识,提高课堂教学效率,使学生身体得到全面发展、个性得到有效张扬。

二、教材分析

本课主要学习内容为技巧动作中的跪跳起动作。跪跳起是水平二技巧教学内容之一。跪跳起练习,动作新颖别致,有一定趣味性,学生学习的积极性高。经常练习对腰腹肌力量、腿部力量及身体的协调性有良好的作用,还可以培养坚强意志和克服困难的精神。

在自主学练和合作学习中结合四年级学生的身心特点,在教师正确引导下,使学生通过自主学练和探究合作学习,充分发挥学生的思维来进行跪跳起动作练习,同时提高学生的练习密度。

教学重点:压垫、摆臂、展髋协调配合。

教学难点:收腹提膝向上快速收腿的时机。

三、学情分析

水平二的学生正处于身体发展的敏感阶段,活泼好动,对新鲜事物充满好奇心且善于模仿,运动中有较强的参与欲和表现欲,但由于他们身体的协调性不强,掌握这项技术还有一定难度,因此,教、学、练过程及方法的运用要有一定的坡度和梯度,不同方法的运用要体现明确的指向性。鉴于我校四年级学生刚刚进入课改年段,对于自我发展还没有足够的信心,因此我们通过引导性、过渡性、定向性、巩固性的练习,使学生把握好重点,解决好难点,较好地掌握跪跳起的技术动作方法。在教学中恰当地运用评价手段,通过练一练、比一比、评一评,为他们提供展示自我的机会,充分满足其表现欲望,使学生的注意力稳定在对技术动作的掌握和提高练习过程中,激发学练的兴趣,进而完成本课教学目标。

四、教学目标设计

1.通过本次课教学,激发学生的学习兴趣,能大胆向同学展示自己的动作,75%以上的学生能独立完成跪跳起动作。

2.通过学习跪跳起完整动作,加强小腿压垫瞬间提膝收腹能力,发展上下肢协调配合能力,同时提高腰腹肌力量。

3.激发学生自主、合作学习的热情,在游戏中培养学生团结协作、积极向上的精神。

五、教学流程

常规排队(四列横队)→导入性练习("老狼老狼几点了")→热身练习(垫上操)→主教材教、学、练、展(跪跳起的辅助练习、分组探究学习、集体练习)→素质练习(身体素质课课练)→辅助教材游戏(《毛毛虫》)→放松活动(伸拉操)

六、场地布置

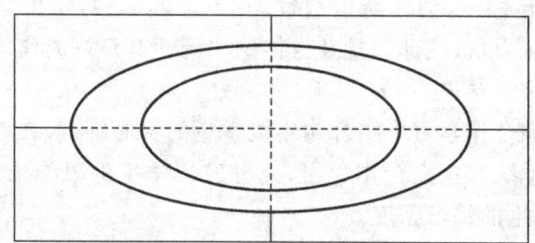

七、安全措施

1.在练习中保护者与帮助者必须给予正确的帮助,不能用"玩"的心态去对待练习。

2.在高处向低处跳时,在保护帮助下练习用脚着地的方法。

3.游戏中注意脚不能离开垫面,防止踢到后面的同学。

《跪跳起》课时计划

班级：五(二)班　　上课人数：40　　授课老师：孙磊　　指导老师：

教学内容	技巧：跪跳起(4－2)　　游戏：《毛毛虫》				
教学目标	1.通过本次课教学，激发学生的学习兴趣，能大胆向同学展示自己的动作，75%以上的学生能独立完成跪跳起动作 2.通过学习跪跳起完整动作，加强小腿压垫瞬间提膝收腹能力锻炼，发展上下肢协调配合能力，同时提高腰腹肌力量 3.激发学生自主、合作学习的热情，在游戏中培养学生团结协作、积极向上的精神				
教学重点 教学难点	重点：压垫、摆臂、展髋协调配合 难点：收腹提膝向上快速收腿的时机				

课的部分	课的内容	教学步骤与方法		组织与要求	运动负荷	
		教学的教	学生的学		时间	次数
准备部分 16′	一、课堂常规 整队、师生问好 宣布课的内容和要求 二、准备活动 1."老狼老狼几点了" 2.垫上操	教法： 语言提示法、示范法、参与法 教学过程： 1.讲要求并参与游戏 2.教师领做练习并语言提示	学法： 模仿法、参与法 练习过程： 1.同老师一起做游戏 2.学生随老师进行专项垫上操练习	组织： □□□□□ □□□□□ □□□□□ □□□□□ △ 要求：以饱满的热情认真做好准备活动	10′ 3′ 3′	若干次 1次
基本部分 38′	技巧： 跪跳起	教法： 示范讲解法、巡视指导法、跟进提示法、引导法、"手把手"教学法、鼓励法、评价法 教学过程： 1.巡视观察学生动作 2.纠正错误后口令指挥学生练习 3.抛出问题："怎样才能跳得更高"，巡视指导并跟进提示，给予恰当的意见	学法： 尝试模仿法、分组练习法、集体练习法、探究合作学习法、小组互助学习法、小组互助、互检、互评法 学习过程： 1.独立复习原地跪跳起动作 2.集体进行原地跪跳起练习 3.分组进行探究合作学习（原地提膝、由低处向高处跳、触碰目标、跪跳起等）	组织： ○ 要求：动作准备到位	3′ 1′ 2′	若干次 3次

103

续表

基本部分	游戏:《毛毛虫》	4.观看示范并提问 5.引导学生练习并"手把手"教学 6.提出问题:"动作共同点是什么?" 7.讲要求并裁判"看看谁触碰目标的次数多" 8.示范讲解跪跳起动作并提问 9.跟进提示并给予鼓励 10.语言鼓励,抛出问题"动作的发力顺序是怎样的" 11.口令指挥 12.与学生一起进行身体素质课训练 教法: 讲解法、语言提示法、裁判法、评价法 教学过程: 1.提问及讲要求 2.口令指导并评价 3.跟进提示 4.语言鼓励并提示节奏	4.各小组示范并回答老师问题 5.集体尝试其他小组动作(互帮、互检、互评) 6.带着问题继续练习"提膝、收腹、展髋、摆臂、压垫" 7.两人一组进行连续触碰目标的小游戏 8.认真观看并思考 9.两人一组进行由高处向低处跳练习 10.尝试完整的跪跳起动作并感受动作的发力顺序 11.集体做跪跳起练习 12.在教师的引导下进行身体素质课课练: ①支撑组合(收腹) ②站姿体前驱 ③站姿平衡 学法: 观察法、练习法、竞赛法、自评法 学习过程: 1.积极回答 2.八人一组进行直线爬行 3.八人一组进行直角爬行 4.十六人一组进行串联爬行	积极感受动作 动作规范,连贯流畅 积极尝试主动参与 真实地说出同伴的触碰次数 保护到位借力跳起 迅速提膝、收腿成蹲立 动作准确、到位 组织: 要求: 积极配合 团结一致	2′ 2′ 3′ 3′ 2′ 4′ 2′ 3′ 20″ 20″ 20″ 1′ 2′ 2′ 2′	若干次 1次 若干次 若干次 若干次 若干次 若干次 2次 2组 1组 2组 1次 1次 1次 1次

续表

结束部分	放松练习《伸拉操》小结	教法:示范法、语言提示法 教学过程:领做伸拉操并进行语言提示	学法:模仿法、积极参与法 练习过程:随老师做伸拉操	组织: 要求:充分放松	3′	1次
场地器材	小垫子41块 录音机1台	预计练习密度	最高心率预计:140次/分出现在课的33′—35′时段 平均心率预计:115±5次/分 全课练习密度预计50%±5%			
预计心率曲线						
课后小结						

【点评】

优点:任课教师通过让学生做导入性练习("老狼老狼几点了")以及热身练习(垫上操),很好地调动了学生参与活动的积极性,大大激发了学生的运动兴趣,对培养学生终身体育意识这一理念有很大的帮助。

该节课教学过程比较流畅。游戏《毛毛虫》的采用,不仅让学生感到新奇,而且提高了学生练习的积极性,吸引了学生的注意力,让学生在不知不觉中充分活动了身体。跪跳起教学环节,教师能够发挥主导作用,引导学生积极思考,发挥想象力,参与创新,鼓励学生大胆表现,充分发挥学生的主动性、创造性,激发学生运动兴趣,让学生多一点成功的喜悦,使学生真正成为运动的主人。

该节课结构清晰、运用恰当的教学方法和手段启迪学生思维,解决重点、突出难点。根据班级实际情况精心设计练习并在整个教学过程中注重因材施教,是一节优秀的体育课。

有待商榷及不足之处:教师没有及时帮助学生解决练习中出现的安全问题。如:跪跳起未跳起来时的双手保护,教师可通过示范,让学生掌握正确的动作,在保护与帮助练习中培养学生团结协作、互相帮助、关心他人的优良品质。同时将滚翻运用于生活中,让学生掌握自我保护的技能。

【教学设计评语】

　　教材的选择体现了新课程标准"激发运动兴趣,培养学生终身体育的意识"这一基本理念,该课学习内容为技巧动作中的跪跳起动作,是水平二技巧教学内容之一。本节课的设计同时又体现了《体育与健康新课程标准》"健康第一""运动参与、培养学生的社会适应能力和小组协作能力"的理念,教师在课堂上一般并不去做示范、多讲解,而是让学生自由讨论、大胆创新,利用学生的智慧和表现欲望,提升课堂气氛,在不知不觉中提高学生的社会适应能力和小组协作能力。

　　该教学设计教学目标恰当、具体、符合体育与健康课程标准的要求,切合学生实际;教学内容选择恰当,安排合理;教学过程设计符合学生学习规律,符合人体生理机能活动能力变化的规律,符合学生身心发展的规律;教学方法有利于调动学生学习的主动性和积极性;教学形式符合教学要求。但在教学过程的设计中没有针对学生的个体差异,运用多种练习等形式;没有进行有效的个别化指导。

(安徽省教育科学研究院江玲研究员提供案例,合肥师范学院曹垚老师点评)

案例3　篮球——原地双手胸前传接球教学设计

(本篇教学设计获得2011年安徽省第四届中小学体育教学观摩展示活动小学组一等奖,执教者为宣城市广德县实验小学　邰宝健老师)

一、设计思路:

坚持"健康第一"的指导思想,遵循"以学生为主体,教师为主导"的教学理念,积极采用"体悟式"教学方法开展教学。从学生实际出发,让他们在"体验—思考与启示—感悟—比赛"中学习和掌握运动技能;从激发学生兴趣、活跃课堂气氛、施展学生能力出发,注重培养学生自主学习、客观评价、合作探究的能力。为学生提供充分展示自我的舞台,使每位学生在学练中能够获得成功的体验。

二、教材分析

本课教学内容是原地双手胸前传接球,是篮球运动的基本技术之一,是全队组织进攻的重要手段,也是更好地学习各种篮球技术和战术的基础。传接球技术直接影响到团队整体的发挥和战术配合的质量。

1. 难点:全身协调用力的能力。
2. 重点:准确的手型及传球的伸展和接球的缓冲动作。

三、学情分析:

四年级学生的求知欲望和能力都有所增强,对新鲜事物开始主动思考、追求和探索,学习的兴趣更为广泛。随着身体素质的提高,对动作结果的理解能力有所增强。好动、开朗,爱表现自己。情绪变化较大,喜欢参与竞争。有部分女生和极个别男生在体育课上表现胆怯、害羞。针对学生的这些特点,本课采用了反应练习、"玩"球、讲解诱导、鼓励、合作竞争的教学方法,寓教于乐、潜移默化。

四、教学目标设计

1. 认知目标:使学生了解原地双手胸前传接球的动作方法,体验篮球运动乐趣。
2. 技能目标:使学生能够做出原地双手胸前传接球的技术动作,提高控制球的能力和身体协调用力的能力。

3.情感目标:培养学生积极进取的精神和合作学习的意识。

五、教学策略

本课主要采用"体悟式"的教学方法,把学生"思、学、练"有机结合起来。注重激发学生对知识的兴趣,引导学生积极、主动地参与思维。在练习中精心安排活动,通过游戏体验,然后经过设疑、讨论、思考、比赛等环节,让学生主动参与讨论,大胆发表自己的见解,这些都是让学生终身受益的学习方法,并以此为突破口,在短时间内让学生很快进入角色。恢复身心阶段采用模仿"给篮球打气"的游戏,力求做到整节课在快乐中开始、在轻松中结束。

《篮球——原地双手胸前传接球》

教材	《篮球——原地双手胸前传接球》	水平段	水平二(四年级)	人数	40人
教学目标	1.认知目标:学生能够说出原地双手胸前传接球的动作方法,体验篮球运动乐趣 2.技能目标:学生能够做出原地双手胸前传接球的技术动作,提高控制球的能力和身体协调用力的能力 3.情感目标:培养学生积极进取的精神和合作学习的意识					
教学重点难点	重点:准确的手型及传球的伸展和接球的缓冲动作 难点:全身协调用力的能力					
流程	阶段内容	教师指导策略		学生学练活动	
调动情绪激发兴趣	一、课堂常规(2′) 1.体育委员整队 2.师生问好 3.提出课堂要求 4.反应练习:篮球、乒乓球 二、熟悉球性练习:以篮球明星的故事激发学生练习篮球(6′) (一)个人戏球 1.指拨球 2.击掌抛接球 (二)传接球接力 1.头上、胯下传接球接力(球在手中完成交接) 2.同排间拉开间距传接球接力(球在空中完成交接)	1.教师精神饱满,接受体育委员汇报 2.语言提示:列队整齐、精神饱满、注意力集中 3.组织学生进行反应练习 1.教师引导学生进行各种不同球的玩法 2.通过变换不同的传接方式接力,使学生进一步熟悉球性 3.导出本课学习内容:原地双手胸前传接球		1.集合队形:四列横队 ○○○○○○ ○○○○○○ ○○○○○○ ○○○○○○ ● 2.明确课堂要求 3.积极参加反应练习,初步感知篮球的持球手法 1.学生尽情展示自己玩球的技术 2.按不同的传接球方式,积极参加传接球接力 队形:四列横队(如下图) ★→★→★→★→★	

			续表
体悟合作掌握技能	一、原地双手胸前传接球(18′) 1.持球手法:两手五指自然分开,两拇指相对呈"八"字形,掌心空出,两臂屈肘、自然下垂 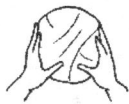 2.传球要点: 蹬地、伸臂、翻腕、拨指  3.接球要点: 伸臂、迎球、引球、缓冲  二、跑传接力(10′) 游戏方法:将参加者均分四队,各队呈纵队站在起跑线后,各队排头手持一个小篮球。教师发令后,各队排头抱球跑向折返线,绕过标志物后,跑回传球区,原地运球三次后将球按原地双手胸前传接球的方法传给本队第二人,并站到本队排尾,第二人接球后按同样方法依次传递。最后一人将球传给排头,排头接球后将球放下,举起身旁的小红旗,以先举旗的队为胜	1.教师引导学生进行分组尝试性练习(传球要准,接球要稳) 2.师生协同示范。引导学生讨论、归纳出原地双手胸前传接球的动作方法 3.引领学生模仿练习(徒手与持球) 4.指导学生分组持球练习,结合个人水平可以调整间距 5.择优展示,引导学生客观评价 6."向强者挑战"(生生互赛、师生互赛) 1.教师讲解游戏方法、规则和要求 2.请个别学生演示 3.教师组织学生进行游戏并做好裁判工作 4.评出优胜组 规则: 1.发令后或接球后才能越过起跑线 2.跑回到传球区内按规定动作完成传接球	1.分组进行尝试性练习,体验传接球动作 队形:四列横队(以男生为例)间距男生3.5米,女生3米  2.观察师生的协同示范,积极思考、讨论、归纳出原地双手胸前传接球的动作方法 队形: 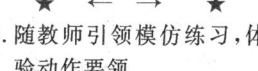 3.随教师引领模仿练习,体验动作要领 4.在教师指导下分组持球练习,根据个人水平调整间距 5.观察同学展示,客观评价 队形: 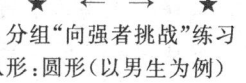 6.分组"向强者挑战"练习 队形:圆形(以男生为例)间距男生3.5米 女生3米 1.学生了解游戏方法、规则和要求 2.观察同学演示,明确游戏路线 3.积极参加游戏 组织:分成四组 队形:四路纵队
恢复身心	1.放松游戏:给篮球打气(4′) 师:做打气模仿动作 生:做打篮球模仿动作 2.小结 3.布置整理与回收器材 4.师生再见	1.教师简述放松游戏的方法 2.师生同乐 3.引导学生客观评价	1.学生主动参与放松游戏,展示自我 2.相互客观评价,并接受教育 队形:散点形 3.要求:积极思维、大胆模仿、合理评价

续表

场地器材	篮球场 1个 小篮球 41个 皮尺(10米) 1卷 圆木柱 4个 小红旗 4面	效果预计	练习密度	40%左右
			平均心率	125次/分
课后反思				

【点评】

　　优点：在课堂常规教学部分，邰宝健老师让学生养成良好的纪律观念，烘托课堂严肃的氛围，重要的是还可以塑造学生的形体美。跑传接力游戏的采用，不仅让学生感到新奇，而且提高了学生练习的积极性，吸引了学生的注意力，让学生在不知不觉中充分活动了身体。

　　本节课效果较好，学生积极性得到了很好的提高，都能够积极参与到活动当中去，大多数同学都能够认真思考，大胆创新，在教师引导下以多种方式参与学习，主体地位得到体现。篮球技术的教学和学生兴趣的培养，以及学生研究探索创新能力的培养很好地结合在一起。主体教材篮球的双手胸前传接球和学生的个体学习能力很好地结合，其中穿插的练习以及游戏很好地提高了学生的学习兴趣，并对教学起到很好的辅助作用，可以说立、辅两部分遥相呼应，为教学任务的完成提供了保障。

　　这是一节成功的体育课。篮球课可以上出技术、上出趣味，但很少能在这两者的基础上又最大限度地激发学生的学习兴趣，培养学生的发散性思维和自立研究探索以及创新能力，从各层面上讲，这节课已超越了传统体育课的标准，很好地体现了小学体育新课程的指导理念。

　　有待商榷及不足之处：为了提高学生参与运动的积极性，可以利用"名人效应"，比如寻找一段视频，内容是某位运动员在练习传球，比如科比等篮球运动员，学生看到他们那娴熟的技术，那优美的身姿，可以说那兴趣就会一下子上来了。

　　成功的体育课并不代表是完美的，课堂的中间也出现了不少差错和组织欠妥之处。教师在了解学生方面准备得不很充分，没有了解学生已有的运动基础，在学生的练习中可以看到各小组中都有几位同学从一开始练习就做得相当不错。如果教师能够抓住这一契机，采用"学生教学生"的办法，那将会体现新课改教育中"生生互动"的体育课堂。

【教学设计评语】

　　该教学设计能正确理解教材,做到以学生为主体设计教学活动。教学实施方面对重难点内容和学生的反应做出强化练习,课程内容设计能合理调控课堂节奏与内容的走向,教学方法有利于调动学生学习的主动性和积极性,但是对教学目标的表述用语略有不规范之处,对教学重难点的分析不够准确。

　　（安徽省教育科学研究院江玲研究员提供案例,合肥师范学院曹垚老师点评）

案例 4　脚背正面运球射门游戏与体能练习教学设计

（本篇教学设计获得 2012 年第五届全国中小学体育教学观摩展示活动小学组一等奖，执教者为上海市长宁区哈密路小学　陆君锋老师）

一、指导思想

本着"以学定教"的教学理念，力求体现"以学生发展为本"的指导思想，根据新课标的要求，结合小学生对足球运动的喜爱与拓展的需要，在教学中，力求营造学生自主体验、合作学练的良好氛围。通过新颖的组织形式和教学器具的利用，激发学生的学习兴趣，调动学生的主观能动性。充分体现足球运动在学生情感、态度与社会适应层面上的教育功能，引导学生积极主动地参与学练。使学生在宽松、和谐、开放的环境中学习、锻炼，进行思维开发，从而达到教与学的和谐统一。

二、教材分析

新课标下的体育教学既注重掌握运动知识和技能，也注重学生如何学会体育学习和锻炼以及让学生体验体育学习和锻炼的乐趣，培养学生积极的体育情感、正确的体育态度和价值观，既促进学生身体健康发展，又培养学生的精神和意志。因此，运动的知识和技能、过程与方法、情感态度与价值观三方面的目标同等重要。足球运动拥有最广泛的群体，尤其深受青少年儿童的喜爱。在学习过程中不仅可以全面锻炼学生的身体，而且可以充分激发小学生参与活动的积极性和主动性，培养竞争意识和团队合作的精神。脚背正面运球是小学五年级足球教学的基本内容之一，在技术难度上是递进的，学生在克服困难的过程中学习，用挑战自我的意志品质，建立自信，促进身心健康发展。

平时在和学生们的交流中发现，许多足球明星都是他们的崇拜对象，他们对足球的喜爱也是从球星与世界杯开始的，于是想把球星的"自信""个性""勇往直前"的精神以及游戏中学生表现的"诚信"作为体现本课情感态度、价值观的切入点进行教育。设计搭配新颖的教学器具，并贯彻一物多用的原则，在每一个环节中，使教具能够充分地为教学所用，为教学服务，为课程目标的达成做贡献。同时以游戏的形式贯穿课的始终，以培养学生的能力和兴趣为主旨，使学生心情愉悦，以乐观积极的态度去面对困难和挫折。改进传统的灌输式传授方法，利用开放的组织形式实施教学与常规管理，充分给予学生自主体验、合作学练的良好学习环境。在准备部分、基本部分、结束部分均以简约高效的组织形式结合音乐设置教法，让学生在玩中学、学中练，既吸引学生，激发运动兴趣，又提高学生练习的质量。

三、学情分析

本课教学对象为五年级的学生，这个年龄段的学生正处于小学阶段身心发展的关键时期，学生思维敏捷，观察、分析和动手能力都比较强，同时好胜心也较强，做事激情有余，但稳定性稍差。经过三、四年级小足球的学习，学生对运球、传球及射门等一些简单的技术动作已初步掌握，并能够在完成单个动作的基础上完成一些简单的组合动作。

四、教学目标设计

1.参与"运球达人、魔幻运球和《足球岛登陆》"等渐进而多样的脚背正面运球练习，近80%的学生掌握其基本的动作方法，发展灵活协调能力和锻炼下肢力量等。

2.借助情景创设和个体协作等方式，经历《运球射门》和《点球大战》等游戏、"携手齐力"和"夺宝奇兵"体能练习，体验所学的动作技能与射门的联系，表现出积极挑战、主动交往和喜爱足球的情感。

五、教学流程

脚背正面运球教材中设计了运球达人、魔幻运球、运球游戏《足球岛登陆》三个环节。射门游戏体能练习中设计了"运球中踢准游戏""看谁射得准"两个环节。体能练习中设计了"携手齐力"及"夺宝奇兵"（上肢力量练习）两个环节。

六、场地布置

选择一块长宽均超过25米的操场，画3个直径分别为8米、16米、24米的同心圆。准备40块标志垫分成8组，每组由5种不同的颜色组成，平均分布在大圆周之内。准备8根气棒，靠近每组放在大圆周之外；4块展板隐藏备用，学生每人拿一足球做准备活动。

七、安全措施

1.足球气压放低。

2.穿着足球装备。
3.上课时思想集中,运球时抬头观察,保持合理的活动空间。
4.遇球来袭,敏捷机灵,有自我保护动作。

足球课教案

班级:　　　　人数:　　　　单元课次:　　　　课的类型:　　　　执教:

教学内容	1.小足球:脚背正面运球 2.射门练习与体能练习				
教学目标	1.参与"运球达人、魔幻运球和《足球岛登陆》"等渐进而多样的"脚背正面运球"练习,近80%的学生掌握其基本的动作方法,发展灵活协调能力和锻炼下肢力量等 2.借助情景创设和个人协作等方式,经历《运球射门》和《点球大战》等游戏、"携手齐力"和"夺宝奇兵"体能练习,体验所学的动作技能与射门的联系,表现出了积极挑战、主动交往和喜爱足球的情感				
重点难点	重点:两至四步一触推拨球 难点:快速推进时对球的控制				
课的部分	课的内容	教学与组织	学习与要求	运动负荷	
				时间	次数
准备部分 5′	一、课堂常规 1.整队 2.师生问好 3.宣布上课内容 二、热身活动 (背景音乐) 1.慢跑 2.攻防步伐 3.上肢运动 4.髋部运动 5.跳跃运动 6.听指令运球	导入本课内容 提出学习目标 教学步骤: 1.教师引导学生进行热身活动 2.学生根据老师引导进行练习	都能看到教师,保持合适的空间 1.教师组织调动学生情绪,学生积极投入,跟上节奏 2.活动中互相不碰撞,选择适宜的游戏距离	5′	
基本部分 28′-37′	(一)小足球:脚背正面运球 1.运球达人 (1)复习"一步一步"脚背正面运球	教学步骤: 1.教师语言导入:同学们,通过上节课的学习,谁能说出"脚背正面运球"的动作要领?先复习一下然后回答 2.学生在小组中边复习边讨论,教师用儿歌形式总结动作要领: "脚面正面轻轻推,人随球行紧紧追"	回忆要领 认真复习	7′ 10′	

续表

	(2)"两至四步一触"脚背正面运球	1. 教师提问"增加运球速度时如果一步一触跟不上,如何调整?" 2. 学生利用标志垫进行8－10米往返直线快速运球,进行自主合作探究练习 3. 教师巡视并进行引导,练习后集合,教师进行示范鼓励学生 4. 出示球星海报,引导学生模仿球星进行运球以及情感态度、价值观的切入	自主学练 合作探究	
基本部分 28′－37′	(3)脚背正面运球拓展（分层教学）	1. 教师根据学生运球技术掌握情况进行分层教学 2. 学生通过自我评价,来判断掌握技术的情况,选择不同的练习层次（跑动中脚背正面推拨球好的学生进行直线运球尝试突破动作;反之利用气棒进行直线往返运球练习） 3. 学生通过自主学练,进行"运球达人"的展示 教学步骤: 1. 教师提示学生进行各方位以及利用图形进行直线往返运球练习 2. 学生理解后在教师的提示下进行练习 3. 教师进行指导与评价 教学步骤: 1. 教师讲解运球游戏《足球岛登陆》的方法和规则,播放音乐开始游戏 2. 学生进行游戏 3. 教师控制音乐并进行评价	1. 积极思考,完成练习 2. 动作、思维、态度的共同提高 在控好球的基础上进行整齐的队形变换 师生同乐,讲诚信,遵守规则	3′－5′ 2′－3′

续表

基本部分 28′—37′	《狙击手》(射门游戏) 1."看谁射得准"	教学步骤： 1.教师讲解游戏的方法和规则 2.学生理解后进行游戏 3.教师巡视并适时参与游戏进行评价	动作连贯、踢得准	1′—2′	
	2.(背景音乐) (1)"点球大战"(射门) (2)"小小狙击手"(射柱)	教学步骤： 1.教师讲解《看谁射得准》游戏的方法和规则 2.学生理解后进行游戏 3.教师巡视并适时参与游戏进行评价	射球准确 取球机敏 自我保护 注意安全	2′—4′	
	(三)体能练习 (上肢力量练习) 1."携手齐力" 2."夺宝奇兵" (背景音乐)	教学步骤： 1.教师讲解上肢力量练习的方法 2.学生理解后进行游戏 3.教师巡视并适时参与游戏进行评价	动作正确，左右手轮换	1′—2′ 2′—4′	
		教学步骤： 1.教师讲解练习的方法并播放音乐进行游戏 2.学生理解后进行游戏 3.教师巡视并适时参与游戏进行评价	遵守规则,坚持到底		
结束部分 5′	1.放松练习:《意大利之夏》(音伴) 2.小结讲评	教学步骤： 1.教师创设环境 2.学生积极放松 3.师生互别	利用想象放松,师生互评,小结下课	5′	
场地器材	足球　　40个 标志垫　40块 气棒　　8根 音响　　1组	预计练习密度	全课： 45%—50% 基本部分 55%—60%	预计心率曲线	
课后小结					

【点评】

优点：在课堂教学中，陆老师能在学生练习的必要之处做出适当的点拨，引导学生发现问题、解决疑点。课的开始部分，教师以2010年世界杯来引导学生想象，创造性地用各种方式来运球、射门，通过各种方式的练习，以达到制定的教学目标；最后进行游戏比赛，使原本枯燥乏味的技术变成有趣味的运动项目。整个教学过程集中和分散相结合，教师以启发引导为主，充分发挥了教师的主导作用。

本课注重以学生发展为中心，突出学生的主体地位。通过练习让学生在自由组成的小组合作学习，引导学生掌握体育学习的方法。教师把课堂中大量的时间放在让学生自主学习上，改变教师讲、学生听的学习方式；把活动的自主权交给学生，实现自主发展。通过引导学生进行自主学习、探究学习和合作学习，挖掘学习潜能，调动学生的学习积极性，提高学生的体育学习能力。这充分体现了"以学生为中心"的课程理念。

在教学中，由于陆老师适当地参加各组练习，给学生做出优美、准确的示范动作，因此加深了师生的感情，融洽了师生关系，使学生在轻松愉快的气氛中学习。陆老师还鼓励学生大胆地表现自己的才能，增强了学生的自信心，帮助学生树立了勇于战胜困难、挫折的信心和勇气，培养了良好的道德品质。

有待商榷及不足之处：这节课的主要内容是学习脚背正面运球及射门。运球技术，有许多学生在三、四年级的时候已经有一定的基础，难度不是太大，学生可以通过小组合作学习就能够解决。因此，在教学设计的思路上，可以通过学生小组合作的自主学习来达成本课的学习目标。如果能够通过"学生教学生"来达成学习目标的话，那样就会更精彩。在本节课中，没有将新课改倡导的"小组合作、自主探究"教育理念落到实处。

【教学设计评语】

该教学设计，整体能渗透现代体育教学思想、观念和理论。教学目标确切、合理、具体、可操作，教学过程设计合理、过程清晰，利于学生的学习与发展，符合素质教育的要求。能正确理解教材，实际分析学生情况，但教学设计中没有对学生的学法进行阐述，设计角度从教师到学生的转变就是新课改理念在课堂教学中的最好落实。"生本"教育的理念没有很好地体现在教学设计中。

（安徽省教育科学研究院江玲研究员提供案例，合肥师范学院曹垚老师点评）

案例5　趣味韵律操教学设计

（本篇教学设计获得2012年第五届全国中小学体育教学观摩展示活动小学组一等奖，执教者为蚌埠市高新教育集团第三实验小学　王莹老师）

一、指导思想

本课以贯穿执行新课程标准的基本思想、理念，树立"以人为本、健康第一、终身锻炼"的指导思想为依据，以学生的发展为中心，全面发展身体素质，促进身心和谐发展。本课力求学生在韵律操、游戏过程中体验到快乐和愉悦。

二、教材分析

韵律操是小学体育教材中的一项内容，很受学生喜爱。它不仅能发展身体的灵活性、柔韧性等素质，提高身体协调、平衡能力，而且能培养学生吃苦耐劳、克服困难、勇于实践、探究的精神。

趣味韵律操，其动作和队形的变化，都带有一定的趣味性，同时动作伴有一些模仿性，这对提高学生的模仿和创造能力都有积极的作用。韵律体操，重点是发展学生的身体协调能力，因为每一节动作的方位感强，学生应具有一定的控制力。本套韵律操反映了新时代的特征，内容新颖、生动活泼，易于唤起学生学习的兴趣，激发学生学习的热情和充分表现自己的愿望。

三、教学重难点

1. 重点：动作的准确性及力度。
2. 难点：动作连贯、协调。

四、学情分析

五年级的学生习惯上称为小学高年级学生，他们感到自己是高年级的学生，对自己的要求高了，有充分表现自己的强烈欲望，韵律体操的学习内容是成套动作、队形变化、小组配合的搭配。因此，在教学时，要设计新颖、有趣的练习方式和一定的指导形式，来激发和调动学生的学习兴趣和积极性。

五、教学目标设计

1. 复习趣味韵律操1－2节动作,熟记动作要领及顺序。

2. 新授趣味韵律操第3节和1－3节队形变换,使80％左右的学生初步掌握动作要领。

3. 通过学习,进一步激励学生对韵律操的喜爱,发展学生的灵活性、协调性、模仿力、记忆力和激发学生创新的意识和表现力。

六、预设易犯错误及纠正方法

预设易犯错误:

1. 两臂贴于身体。

2. 半蹲时身体没有向前倾。

纠正方法:教师强调动作要领、语言提示、示范、个别纠错。

七、教法、学法及组织形式

1. 教法:课中运用讲解示范、引导提示、分组集中展示游戏、激励等教学方法,遵循循序渐进的教学原则,将教学环节逐步深入,积极培养学生的主动参与能力,营造自主学练的学习氛围。

2. 学法:学生通过观察、模仿、个人练习、两人配合练习、分组练习、集体练习展示的方式,以达到学习的目的,提高运动能力。

3. 组织形式:结合本课的需要和学生的特点,采用分组练习的教学模式,以便模仿、观察、对比,充分为学生活动能力的发展提供一个良好的平台,让学生真正感受到在运动中的乐趣和成功的体验。

八、教学流程

课堂常规→热身操→特长展示→技能学习→活跃气氛→身心恢复

九、运动量的预计

密度:45％左右　平均心率:(130±5)次/分　运动负荷:良好

十、所需场地器材

(1)毽球若干;(2)标志桶4个;(3)纸篓4个;(4)录音机或CD机1台。

韵律操教案

年级：五年级	人数：40人	课次：第二次课	授课教师：王莹

教学内容	1. 新授：趣味韵律操 2. 游戏：《春播秋收》			
教学目标	1. 复习趣味韵律操1-2节动作，熟记动作要领及顺序 2. 新授趣味韵律操第3节和1-3节队形变换，使80%左右的学生初步掌握动作要领 3. 通过学习，进一步激励学生对韵律操的喜爱，发展学生的灵活性、协调性、模仿力、记忆力和激发学生创新的意识和表现力			
教学重点	动作的准确性及力度	教学难点	动作连贯、协调	

流程	阶段内容	教师指导策略	学生学练活动	组织及要求
激情导入 身心准备 1'-2'	1. 集合整队，检查人数 2. 师生问好 3. 宣布本课内容及要求 4. 检查服装、安排见习生	1. 教师精神饱满，语言生动 2. 教师语言提示列队整齐、注意力集中 3. 检查学生服饰，安排好见习生	1. 整队快、静、齐（队形1） 2. 精神饱满，认真听讲，注意力集中 3. 配合老师的检查、安排、按老师的要求去做	队形1：四列横队 要求： 1. 整队快、静、齐 2. 精神饱满，听教师的口令
快乐热身 提高兴奋 5'-6'	1. 模仿练习 2. 校园韵律操 3. 教师健美操展示	1. 模仿，跟随老师一起做，整个过程舒展、顺畅、协调、到位 2. 教师带领学生做热身操 3. 教师即兴表演，提高学生的积极性和学生兴趣	1. 学生走成两路纵队行进，后面同学跟随前面同学变化而变化 2. 动作规范，协调有力度，跟上节奏，精神饱满（队形2） 3. 学生仔细观看，激发学生学习兴趣	队形2：圆形 要求： 1. 按照老师的要求完成模仿练习，注意队形 2. 精神饱满，动作一致

续表

合作 探究 促技 （促进技巧进步） 健体 26′—28′	一、趣味韵律操第3节 1.学习趣味韵律操第1—2节的队形变化 2.学习趣味韵律操第3节动作：4×8拍 1×8拍 1—4：由2人组成一个小组，左右边的人左脚开始面对面走四步，交叉换位，同时手叉腰 5.左（右）腿向侧伸直，脚跟着地，同时双肩上提，两臂侧下举，五指并拢，手指上翘 6.双肩下沉 7.同5动作 8.收左（右）脚，直立 2×8拍同1×8拍 3×8拍 1—2 左臂屈于耳前，指尖对着耳朵，掌心向右，右臂向体后伸直，双手五指张开，同时头向右转，半蹲 3—4 直立 5—6 两臂体前绕2次 7—8 两臂体前交叉振臂2次，掌心向外	1.复习趣味韵律操1—2节动作 2.学习趣味韵律操1—2节队形变化 3.教师展示趣味韵律操第3节动作 4.教师集体教授，讲解、示范动作要领 5.师生共舞，教师领做，学生练习 6.请个别学生展示，进行错误纠正 7.两人一组自由配合 8.学生分组练习，教师巡回辅导、点评、语言鼓励 9.学生分组展示 10.配乐集体练习、展示	1.教师领做，学生跟做（队形3） 2.寻找小伙伴，2人配合，进行步伐上的变化，集体练习 3.认真观看老师的示范，仔细观察，主动模仿 4.学生认真听讲，仔细观察教师的讲解示范，主动练习，初步掌握动作要领 5.教师领做，语言提示，组织学生练习 6.学生仔细观看展示 7.2人配合，进行步伐上的变化，集体练习 8.组织学生分组练习，每组小组长带领本组同学到指定的位置进行练习（队形4） 9.学生观看分组展示（队形5） 10.学生集体练习、展示	队形3：四列横队 队形4：4个弧形 队形5：圆形 要求： 1.注意观察教师动作进行模仿和体会 2.能跟随着掌握动作要领 3.动作连贯、协调，队伍整齐 4.情绪饱满，展示自我

续表

合作探究促技健体 $26'-28'$	二、游戏:《春播秋收》 1.游戏方法:将学生分为人数相等的四队 春播——教师发令后,每组第一名同学手持纸篓迅速向前跑出,将纸篓里的一粒种子放在指定地点,跑回将纸篓交给第二名同学;第二人依次进行,先播种完的队为胜 秋收——教师发令后,第一名学生手持空纸篓迅速跑出,收回离自己最远的种子跑回交给第二人,依次进行,先收完的队为胜 2.规则:每人只种一粒种子	1.教师讲解游戏方法,规则和要求并示范 2.教师组织学生进行游戏并做好裁判工作 3.评出优胜组	1.学生认真听讲(队形6) 2.学生积极参与游戏,遵守比赛规则 3.相互合作,积极参与 练习2-3次	队形6:十字正方形 要求: 1.一切行动听指挥,注意安全 2.遵守游戏规则
放松身心陶冶性情 $3'-4'$	一、放松操 二、教师讲评本课情况,布置课后练习 三、安排值日生收还器材 四、师生道别,宣布下课	1.在音乐背景下引导学生愉快地进行放松练习 2.学生自评、互评 3.教师点评,布置作业 4.宣布下课,师生道别	学生跟教师一起练习,学生动作认真、积极(队形7)	队形7:正方形 要求: 学生跟着教师欢快地进行放松练习
教具	毽球若干、标志桶4个、纸篓4个、录音机或CD机1台			

【点评】

　　优点：体育教学中应遵循和贯彻"以学生为主体，以教师为主导，以思维为主线"的原则，本节课的设计集中体现了这一原则。在这一节课中王老师始终面带微笑，使学生在比较轻松的环境里掌握了运动技能，体会了锻炼身体的乐趣。课的开始部分，王老师让学生模仿，使学生感到愉快、自然。接着教师带领学生做健身操，最大限度地调动学生的积极性，加强学生间的团结协作能力。最后结束部分，学生以《春播秋收》游戏来结束这节课，不但让学生在欢乐的气氛中得到放松，而且感受到成功后的喜悦。

　　本节课能够突出创新精神和实践能力的培养，整个教学过程体现了"以学生为主体、以教师为主导"的教学模式，达到培养学生全面发展的教学目标。本节课教师的教学思路清晰，过程流畅。教学内容丰富，联系体育知识，拓展恰当。能将表演、儿歌等形式融入课堂教学，体现新课标的精神。

　　有待商榷及不足之处：男同学的积极性不高，建议开发一些更具阳刚气的、符合男生心理特征的动作。本节课活动密度和活动强度有些偏大。教师没有很好地对主教材的学习进行小结。

【教学设计评语】

　　该教学设计教学目标恰当、具体，符合体育与健康课程标准的要求，切合学生实际，教学活动的目标性有利于突破本节体育课的重难点，教学过程设计符合学生学习规律、符合人体生理机能活动能力变化的规律、符合学生身心发展的规律。

（安徽省教育科学研究院江玲研究员提供案例，合肥师范学院曹垚老师点评）

案例6 下压式传接棒教学设计

(本篇教学设计获得2012年第五届全国中小学体育教学观摩展示活动小学组一等奖,执教者为安庆市四照园小学 孙开萍老师)

一、指导思想

根据新课程理念,坚持"健康第一"的指导思想,贯彻"以学生发展为本"的教学理念,关注学生个体的差异。本课将接力跑游戏化,使学生的学习充满了乐趣。激发学生的运动兴趣,充分发挥学生的主体作用。力求创设和谐、宽松的学习氛围,以"体验观察、启发思维、合作互动"为主线,既有教师组织、指导下的学练,又有学生间的合作学习,将"生生互动"融入课堂教学中。

二、课的构思

本课以增强学生学习兴趣和学习技能为主要目的。因此,在课的设计上分为导入、激发、技能学练、拓展运用和调节评价。导入部分主要是强化课堂纪律和提出问题;激发部分是带领学生做运动模仿操和集中注意力的游戏;技能学练部分主要学习下压式传接棒的基本技术,从原地徒手传接棒到行进间传接棒练习,从分组讨论练习到集体练习;拓展运用部分是小组比赛;调节评价部分是坐下来做放松活动。

三、教材分析

本课教学内容接力跑是以互相配合、密切协作的方式,分别完成各自规定距离的集体项目,深受学生喜爱,并有较多的思想教育因素。接力跑的教学是在提高快速跑的能力基础上,进一步加强了快速跑中传接棒动作的准确性、协调性和思维性的训练。在教学中以学生为主体、教师为主导,让学生轻松愉快地学习,使学生更能掌握教学目标。

1. 教学重点:掌握"下压式传接棒"技术及其运用。
2. 教学难点:队员之间的默契配合。

四、学情分析

跑是每个小学生都具有的自然活动能力,对于跑,五年级学生已有一定的基础。本课的教学目标是掌握"下压式传接棒"方法,根据本年龄段学生活泼、好奇心强、求异、好胜心强的心理特征,充分利用游戏与竞赛活动,有针对性地加强简单技术和浅易知识的传授、诱导和点拨,学习各种形式的接力跑方法,使学生在游戏活动中学到知识、掌握技能。

五、教学目标设计

1. 知识目标:通过学习,使学生知道接力跑的基本知识,掌握"下压式传接棒"的动作方法。

2. 技能目标:学习和体会接力跑的"下压式传接棒"交接方法,发展学生的灵敏、协调身体素质。

3. 情感目标:通过提问,激发学生思考、探究欲望。培养学生群体意识,增强与同伴合作的能力,使身心和谐、健康发展。

六、课的设计特点与组织

(一)课的特点

1. 以目标引领内容,以学生的观察、探索、合作、互动和创新为手段进行教学,不仅是授学生以"鱼",更是授学生以"渔"。

2. 教学的新颖性:打破传统的教学模式,教师主动融入学生的群体中,与学生进行情感的交流;带领学生跑步进入场地,既起到热身作用,又与主教材相呼应;充分体现教师的主导与学生的主体作用,突出学法,重视对学生自学、自练、自评和互评能力的培养,多方启发学生学练兴趣。

(二)课的组织

1. 导入:"你想强壮吗?——跑步吧!你想健美吗?——跑步吧!你想聪明吗?——跑步吧!让我们跑起来吧!"带领同学们跑步进入操扬。课前与学生交流对学生进行课前心理预热,有意识地形成学生间的情感交流,让学生及早进入课堂角色。

2. 激发:通过运动模仿操,让学生进一步了解体育运动的有关知识。利用注意力游戏使学生初步学会与同伴间的合作,激发学生的学习积极性并逐渐引入主题,为后面的主教材做好铺垫。

3. 技能学练:通过让学生在"观察—点拨—引导—释难解疑—反复演练—自评互评"的教与学程序中进行练习,使学生在一步一步的练习中不知不觉地掌握接力跑的技术动作。

4. 拓展运用:根据学生的身心特点及接力跑的特点,将接力跑的技术技能游戏化,有机地植入教学中,这不仅培养了学生的创新意识而且培养了学生团结协作、共同进取的精神及建立和谐的人际关系。

5.调节评价:开怀大笑可以说是最好的放松,师生坐下来放松肌肉的同时,邀请同学上来做各种模仿笑(微笑、冷笑、苦笑、傻笑……),让师生在欢笑中轻轻松松、开开心心地结束本课,使学生和老师都真正地享受到体育带来的乐趣。

下压式传接棒教案

教师:孙开萍　　班级:五(一)班　　人数:40人　　指导教师:江玲　黄德新　罗传伟

教学内容	"下压式传接棒"的方法
教学目标	1.知识目标:通过学习,使学生知道接力跑的基本知识,掌握"下压式传接棒"的动作方法 2.技能目标:学习和体会接力跑的"下压式传接棒"交接方法。发展学生的灵敏、协调素质 3.情感目标:通过提问,激发学生思考、探究欲望。培养学生群体意识,增强与同伴合作的能力,使身心和谐、健康发展
教学重点	掌握"下压式传接棒"技术及其运用
教学难点	队员之间的默契配合

课序	教学内容	时间	教师教法	学生学法	次数	组织与要求
导入	一、课堂常规 1.集合、整队 2.师生问好 3.宣布本课内容和要求	2′	1.导入: 你想强壮吗? ——跑步吧! 你想健美吗? ——跑步吧! 你想聪明吗? ——跑步吧! 让我们跑起来吧! 2.教师带领学生跑步进入场地	1.认真听讲积极表现 2.跟着老师跑进场地并站成半圆形		组织: ★ 要求 1.教师站中间 2.学生站成半圆形

【设计意图】打破传统的教学模式,教师主动融入学生群体中,与学生进行情感的交流。带领学生跑步进入场地,既起到热身作用,又与主教材相呼应

续表

激发	二、运动模仿操 1. 射击 2. 投篮 3. 拳击 4. 蹲踞式起跑 5. 推铅球 6. 滑冰 7. 踢毽子 8. 原地踏步 三、集中注意力游戏：《击掌抓手》 1. 正面击掌抓手：面对面，一人拍打对方的手掌，被拍同学争取抓住拍过来的手 2. 背后击掌抓手：两人同向，后面同学拍打前排同学后面的手掌，被拍同学争取抓住拍过来的手 3. 单手背后错肩击掌抓手：两人同向，后面同学用左手去拍前面同学向后伸出的右手，被拍同学快速抓住拍过来的手	6′	1. 师生共同练习 2. 教师讲解并示范	1. 用心体会，展示美的姿态 2. 学生练习	4× 8拍 4次 4次 4次	要求： 动作舒展大方，节奏感强 要求： 注意力集中

【设计意图】通过运动模仿操，让学生进一步了解体育运动的有关知识。利用注意力游戏使学生初步学会与同伴间的合作，激发学生的学习积极性并逐渐引入主题，为后面的主教材讲授做好铺垫

技能学练	三、学习传接棒的传接方法 下压式:四指并拢,虎口张开,掌心向上,传棒人将棒的前端由上向下压送到接棒人手中 优点:不易掉棒 缺点:传接棒速度没有上挑式快	20′	1.介绍传接棒的两种手法,主要介绍常用的第一种:下压式 2.学习下压式接棒及传接棒方法 3.教师巡视,指导纠正 4.教师点评	1.分组练习原地传接棒技术 2.练习上一步传接棒技术 3.请学生展示 4.原地慢跑传接棒技术 5.练习行进间传接棒技术 6.请学生展示 7.学生互评	组织:

【设计意图】通过让学生在"观察—点拨—引导—释难解疑—反复演练—自评互评"的教与学程序中进行练习,使学生在一步一步的练习中不知不觉地掌握接力跑的技术动作

拓展运用	四、体验接力跑练习 方法:全班同学分成人数相等的四队,分别站在标志线处,听到哨声后,从第一位学生开始,立刻绕圆圈跑动一周,然后运用所学的方法将接力棒传递给下一位同学,依次进行,先完成的队为胜	10′	1.教师讲解方法、规则和要求 2.指挥学生比赛 3.提示学生注意接力跑的动作技术 4.点评	1.认真听讲 2.学生练习	组织:

【设计意图】根据学生的身心特点及接力跑的特点,将接力跑的技术技能游戏化,有机地植入教学中,这不仅培养了学生的创新意识而且培养了学生团结协作、共同进取的精神及建立和谐的人际关系

续表

调节评价	五、放松 1.围成圆形坐下 2.总结、表扬 3.收器材、下课	2′	1.邀请学生上来模仿各种笑 2.总结、评价 3.鼓励学生畅所欲言,谈体会,交流本课学到的知识	1.学生通过各种笑来进行放松 2.交流、总结、评价	组织: 要求: 1.教师站中间 2.学生站成圆形

【设计意图】开怀大笑可以说是最好的放松,师生坐下来放松肌肉的同时,邀请同学上来做各种模仿笑(微笑、冷笑、苦笑、傻笑……),让师生在欢笑中轻轻松松、开开心心地结束本课,使学生和老师都真正地享受到体育带来的乐趣

教学资源	胶圈接力棒:16个　图解:2副　多功能音响:1台

【课后反思】

在小学阶段,接力棒教学除了注重学生的身体锻炼、运动技能的掌握外,更多、更重要的就是帮助学生树立终身体育运动意识。本课主要是让学生在欢快的气氛中,通过小组互相合作、互相讨论、互相评价,自主地完成教学目标。如何能让同学们达到本次课的教学目标呢?我们从以下几点入手:

一、以人为本

以学生为主体,发挥学生的发散性思维,通过观看教师示范、图解,模仿练习,分组讨论,让学生在自主学习和学后反思中充分体会交接棒的基本动作要领。学生观察很仔细,学习也很认真。在接力比赛中很少看到学生传接棒时出现困难,而且交棒速度也很快。由此让我们想到教学时必须根据内容来思考教学的方法,合理地选择教法和学法才能使教学达到最优化。

二、形式多样

采用多种分组形式来为学生间的合作创造条件,提供多样的学习形式让学生在学习过程中发现问题,互相帮助,互相改进,进而提高学生通过合作来解决问题的能力,创造良好的合作学习氛围,让学生充分发挥团结协作的精神。

三、及时点评

教学中对学生错误动作要及时纠正。应采用正误对比方法来教学,请几位同学出来演练动作,通过学生间的互评与自评,来了解学生对教材的掌握。教师的点评,可以使学生明白正确与错误的动作之分。让每一位学生都有所收获。

四、加强巩固

通过比赛的形式既增强了学生间的集体荣誉感也加强了学生间的凝聚力。学生对分组竞赛很感兴趣,教学比赛既是素质、技术和战术的较量,也是对学生技术练习的验证。比赛增强了学生的自信心、勇敢的精神和顽强的毅力,同时又培养了学生的竞争意识和创新能力,使学生的身心得到了全面发展。

【点评】

　　优点：孙老师上的《下压式传接棒》创设了一种轻松、愉快的学习环境，使学生在其中不仅学到了动作技术，同时发展了奔跑能力，锻炼了身体，培养了意志力，还促进了学生身心健康的发展，而且成功地体现了"健康第一"的指导思想。做到了面向全体学生，使得人人享受体育，人人都有进步，人人拥有健康。改变了过去只重视运动技能形成的规律，从只关心学生的生理负荷，到现在的更注重沿着学生心理变化这条主线来设计课堂教学模式，安排教学内容，选择教学方法，淡化技术，强调健身。改变过去的"教教材"为现在的"用教材教"，变学科结构为学习结构，加强了体育教学与日常生活的联系，提高了体育教学的实用性。改变过去学生的被动执行任务为现在的主动参与，充分调动学生的积极思维，培养学生的实践能力和创新精神。变教师"教"的要求为学生"学"的需要。

　　孙老师突破了传接棒教学以"竞技为中心"的传统教学模式，注重接力跑的实用价值，充分发挥了其教学趣味性强的特点，使学生在快乐中发展自己的奔跑能力。在开始部分教学中，学生在轻松的氛围中做游戏，充分调动了学生学习的积极性、主动性，活跃了课堂气氛。

　　孙老师这节课在组织教法的选择上也很用心。整个教学过程没有大范围的集中学习，而是针对一些出现的问题，进行小范围的点拨、纠正和指导，这样不但有效地解决了问题，而且充分提高了单位时间的工作效率，大大增加了学生的练习时间。

　　有待商榷及不足之处：热身运动时的徒手操练习创编些新内容效果会更好。如，模仿站立起跑、蹲踞式起跑动作的徒手操。

【教学设计评语】

　　该教学设计教学目标恰当、具体，符合体育与健康课程标准的要求，切合学生实际；教学内容选择恰当，安排合理；教学活动体现以学生发展为本；对教学过程的表述清晰明了。教材重难点要突出，这一点在教案上没有体现出来。如果说这种课没有重难点那是肯定不对的，任何一个教学内容都有重难点，哪怕是最简单的身体素质训练课。教学要根据重点内容来组织重点活动，而活动是围绕着内容来设计的，这是辩证的存在。

　　　　　　　（安徽省教育科学研究院江玲研究员提供案例，合肥师范学院曹垚老师点评）

案例7　空竹二十四式——左、右绕线教学设计

（本篇教学设计获得2012年第五届全国中小学体育教学观摩展示活动小学组二等奖，执教者为合肥市颐和佳苑小学　左鹏老师）

一、教学理念

"继承创新、合作探究"是本课教学主题，根据学生的年龄特征和身心特点，以提高学生的兴趣爱好及实践能力为基础，培养学生有效自育自学能力，激发学生的创新意识，使他们在参与中合作、在合作中尝试自主探究。

二、教材分析

本课教材选自《空竹二十四式》，主教材左、右绕线是学会抖空竹的基本动作之一，也是各项技巧动作的基础。空竹在高转速、保持平衡的基础上解决好绕线顺序是本节课的关键，为此在教学中采用了自主学习、合作探究等多种有效的教学方法和手段，激发学生的求异思维和创新精神，发展学生的灵敏、协调等素质。在练习安排上，由易到难，循序渐进，既面向全体学生，又注重学生个性发展。

1. 教学重点：绕线顺序
2. 教学难点：空竹加速与平衡

三、学情分析

四年级学生侧重于感性认识，学生对动作的模仿能力较强，因为接触抖空竹这个运动项目较少，所以有着很强的好奇心，学生整体纪律性较好，能够按照老师的相关要求完成练习。男女生比例接近1∶1，这有助于练习时的分组。总体而言，学生还是非常喜欢抖空竹这个运动项目的。因此，教师在教学中运用直观示范法，采用多种激励的手段，调动学生主观能动性，激发学生的学习兴趣。

四、教学目标

1. 运动参与目标：使学生了解空竹运动，熟悉空竹运动历史，感受空竹运动的乐趣。

2.运动技能目标:使95%左右的学生初步学会左、右绕线的基本方法,提高左、右绕线的完成率。

3.社会适应目标:培养和发展学生的合作精神、创新意识及勇于克服困难的意志品质。

《空竹二十四式》(水平二)单元计划表

单元教学目标	1.通过练习,激发学生对抖空竹运动的兴趣,培养参与热情 2.了解抖空竹的基本抖法,在教师引导下,积极参与抖空竹学习 3.学习掌握抖空竹的基本抖法,并能创编动作		
课次	学习内容	课时目标	重难点
一	启动加速	激发学生对抖空竹运动的兴趣,培养参与热情	重点:握杆启动 难点:抖动加速
二	调整平衡	了解抖空竹的基本抖法,积极参与抖空竹学习	重点:杆头对齐 难点:右手调整
三	左、右绕线	学习抖空竹的基本抖法,并能创编动作,培养合作精神	重点:绕线顺序 难点:加速平衡
四	左、右外抛	进一步学习抖空竹的基本抖法,并能创编动作,培养创新意识	重点:外抛方向 难点:动作连贯、协调
五	基本抖法测评	巩固提高抖空竹的基本抖法	重点:各动作的衔接和节奏 难点:考核学生心理素质和应变能力

五、本课创新与特色

本课教学贯彻"健康第一"的指导思想,以教材本身的民族传统因素和地方曲艺特色为载体,以团结协作、自主创编为主题,选用"一材多用""大容量、高密度、小强度"的教学模式,充分发挥教师的主导作用和学生的主体作用,采用多种激励的手段,调动学生主观能动性,激发学生的学习兴趣,在玩中学、学中玩,强化技能、掌握技巧,渗透德育和民族传统文化教育。

《空竹二十四式》——左、右绕线(第三课时)教案

班级:四年级　　　人数:40人　　　授课教师:左鹏　　　指导教师:刘兵　杨健

教材	一、《空竹二十四式》:左、右绕线 二、拓展游戏:《空竹接力》	重点	绕线顺序	器材	1.空竹40副 2.展板5块 3.贴画、音响
		难点	空竹加速与平衡		
教学目标	1.运动参与目标:使学生了解空竹运动,熟悉空竹运动历史,感受空竹运动的乐趣 2.运动技能目标:使95%左右的学生初步学会左、右绕线的基本方法,提高左、右绕线的完成率 3.社会适应目标:培养和发展学生的合作精神、创新意识及勇于克服困难的意志品质				

续表

课序	教学内容	教师活动	学生活动	组织队形与要求	运动负荷 次数	运动负荷 时间	运动负荷 强度
准备部分 10′	一、课堂常规：集合整队 师生问好 诗《空竹赋》导入 二、热身活动：健身跑 三、凤阳花鼓操 四、复习空竹起动加速 1.拨空竹 2.提拉加速 3.上扣、解扣	1.宣布上课内容，提出注意事项 2.师生齐诵三国曹植诗《空竹赋》，激发学生学习兴趣 3.音乐伴奏，教师领做 4.通过组织教学，让学生感受学习的快乐 起动加速复习 (1)师生集体拨空竹起动 (2)教师喊节奏学生抖空竹提拉加速 (3)教师巡回指导学生抖空竹上扣、解扣练习	1.认真听讲，精神饱满 2.学生自主练习积极参与 3.学生按扇形场地图形跑至各自站位 4.学生听音乐，注意观察，模仿练习 5.学生积极参与，动作认真 (1)学生复习拨空竹起动 (2)学生复习口诀，空竹加速调整方向 (3)体验空竹上扣、解扣感觉	1.集合队形 ×××××× ×××××× ○○○○○○ ○○○○○○ ★ 要求： 积极参与活动 充分 花鼓操及空竹复习练习队形： △ 组织与要求： 1.师生健身跑按照扇形场地做图形跑 2.学生充分活动，复习练习认真、有效	1 1 1 4×8	1′ 1′ 4′ 4′	小 大 大 中
基本部分 26′	一、《空竹二十四》左、右绕线 1.左绕线 2.自育自学右绕线 动作要领： (1)从外向里挂 (2)从右向左兜 (3)从里向外挂 (4)从左向右兜 3.创编学练	1.教师讲解动作要领 2.原地徒手左绕线示范 3.师生合作相互帮助左绕线示范 4.教师讲解右绕线 5.教师引导、鼓励学生，充分调动学习积极性 6.教授左右绕线步伐 7.学生展示教师评价 8.教师空竹展示	1.学生认真听讲，了解动作的程序 2.学生两人一组互相帮助，学习绕线的四步骤 3.尝试空竹左绕线练习 4.学生分成四组看挂图，合作探究空竹右绕线方法 5.各组汇报自学成果 6.学生分成四组看挂图，合作探究空竹右绕线方法 7.各组汇报自学成果 8.集体展示左、右绕线 9.学生自主创编展示	空竹左右绕线练习队形： 要求： 1.互相纠正，共同提高 2.勇于探究，敢于练习 3.大胆展示，互相交流	2 2 4	20′	中 中

133

续表

基本部分 26′	二、拓展游戏：《空竹接力》 (1)抖空竹接力 游戏方法：分成四组，每组一人站在圈中抖空竹，依次接力 (2)创编拼图接力 游戏方法：分成四组，每组依次接力，将手中空竹集体拼成图形	1.教师讲解示范游戏 2.学生练习比赛 3.引导学生分组讨论拼图 4.教师裁定：圆圈内交接抖动空竹 5.教师裁定：空竹接力拼图的速度，拼图的美观度 6.教师评定游戏，渗透德育教育	1.团结合作，齐心协力 2.开动脑筋，拓展思维 3.主动参与，体验成功	游戏队形： 要求： 1.遵守规则 2.注意安全 3.积极踊跃	1 1	6′ 大
结束部分 4′	一、放松操（《鼓浪屿之歌》） 二、教师评价、总结 三、布置收还器材 四、宣布下课	1.教师领做放松操，语言提示 2.评价：对学习态度、效果的评价，提出课后锻炼要求，纠正	师生边做边唱《鼓浪屿之歌》 自评互评	队形： 要求： 1.学生动作舒展 2.身心愉悦	1	4′
运动负荷	预计练习密度45% 预计平均心率130次		课后反思	本课采用合作探究、自育自学等多种手段，较好地解决了教学中的重难点，绝大多数学生初步学会左、右绕线的基本方法。在调动学生学习氛围以及精讲多练方面，还需要进一步加强		

【点评】

本课教学内容的选择很好地体现了国家对课程管理的基本理念，将民族传统文化（抖空竹）和地方曲艺融入体育课堂教学，整节课有着浓郁的民族特色，新颖且有创意。这种尝试对校本教材的开发有着很好的推动和启示作用，因此，应当大力提倡民俗体育的校本化，以适应未来教育发展的需要和学生不同学习兴趣的要求。

该教师对教学的整体设计充分体现了新课程的理念。全面揭示了全班学生共性和个性的东西，为班级集体教学和个别化教学提供了理论依据。在教学过程中能够从学生的实际出发运用多种教学手段和方法突出重点，解决难点，提高了学生学习的积极性，活跃了课堂练习气氛。教学过程思路清晰，能够科学合理地设计各部分教学内容，教学方法和手段的使用也恰到好处,充分突出了学生的主体地位,调动了学生学习的积极性,将自主、创新、合作的教育理念体现得淋漓尽致。

在"拓展游戏"环节,左鹏老师很好地结合本次课的教学内容,将所学的内容融会贯通、学以致用地反映在游戏中,强化了教学内容的重点。

(安徽省教育科学研究院江玲研究员提供案例,合肥师范学院梁占歌老师点评)

案例8 篮球行进间运球教学设计

(本篇教学设计获得2012年第五届全国中小学体育教学观摩展示活动小学组一等奖,执教者为滁州市第二小学 杨莉老师)

一、设计理念

本课以"健康第一"的思想为指导,在关注学生动作技能个体差异及不同层次的练习需求上,以学生能力发展为根本,以游戏为主线,采用多种篮球运球与传统游戏相结合的练习形式,激励学生完成行进间运球技能的学习,激发学生的学习兴趣,启发学生积极思考问题,在玩中学、学中玩。发挥学生的主体作用和主观能动性,在师生、生生互动中培养学生的合作意识,学会正确判断自我及与同伴练习中的动作问题以及解决问题的方法,力求让学生在学习中获得更多的快乐,有机渗透新课标理念,把音乐融于课堂教学之中。

二、教材分析

篮球运动是一项趣味性、竞技性较强的运动项目,它对体能、技能以及团队意识要求较高,主教材行进间运球是篮球运动中最基本的球技之一,掌握好这一技术能够在比赛场上随意摆脱对手,获得进攻主动权,行进间运球是发展学生基本活动能力的教材,是学生要掌握的篮球基本技能和方法。本次课是单元教学的第一次课,是后续学习行进间运球上篮内容的基础。

1. 教学重点:篮球行进间运球动作技术(手的触球部位)和对球的控制能力。
2. 教学难点:脚步移动的熟练程度以及手脚的协调配合。

三、学情分析

本课的教学对象是小学五年级学生,他们中的大多数体能较好,且活泼好动,但参与运动凭兴致,有时显得鲁莽;少数学生因肥胖或体质单薄,基本活动能力较差,灵活、协调性也不好。五年级学生毕竟有一定的原地运球技术基础,他们不会满足于简单的运球和活动形式。所以,本课将从激发学生兴趣入手,引出传统游戏与运球练习相结合的活动方式,积极促进学生形成一定的行进间运球技能。

四、教学目标设计

1. 体验并感知行进间运球时手触球部位与球落点之间的关系,初步掌握行进间运球及游戏的方法。
2. 在行进间运球学习中,逐步提高控球能力,发展身体协调性和灵敏性。
3. 表现出乐学练、会评价的特点,在游戏中体会团结协作、不怕困难、互帮互学的优良品质。

五、教学策略设计

游戏法、讲解示范、观察模仿、自主学练、合作探究、交流展示、激励评价、纠错提高等多种教学手段。

六、教学流程

(一)调动情绪热身阶段

1. 游戏:五人一组传、断球。
2. 篮球热身操。
3. 原地运球练习(配乐游戏)。

(二)合作探究掌握技能阶段和拓展能力阶段

1. 游戏:两人一组钻山洞。方法:两人一组,一人两手拿球前平举,一人从双手下低运球通过到背后转为高运球,左右手交替运球,互换。
2. 游戏:十人一组钻山洞。方法:五人一组,五人两手拿球前平举,五人从双手下低运球通过到背后转为高运球,左右手交替运球,互换。
3. 游戏:单轨列车。方法:把学生分成四路纵队同时进行行进间运球游戏。
4. 分组创编运球游戏,学生积极主动开动脑筋互相商讨创编行进间运球游戏。

(三)恢复身心阶段

放松舞蹈:《快乐的歌》。

七、教学主要特色

1. 注重竞技技能教材化理念,将传统游戏引入课堂,学生很乐意去参与行进间运球的技能学习。
2. 灵活运用情景化、游戏化的教学方法,将枯燥的行进间运球和传统的游戏变得生动而有趣味,努力激发学生思维与参与技能练习的兴趣,培养动手能力和创新意识。

3. 把音乐融入课题中,激发学生学练兴趣。

4. 让学生多练习,球不离手,大大提高了课堂练习密度。

《行进间运球》教案

学段	(水平三)五年级	人数	40人	周次	12	课次	1	日期	2012.5	执教	杨莉
教学内容	行进间运球			教学重点	篮球行进间运球动作技术(手的触球部位)和对球的控制能力						
				教学难点	脚步移动的熟练程度以及手脚的协调配合						
学习目标	1. 体验并感知行进间运球时手触球部位与球落点之间的关系,初步掌握行进间运球及游戏的方法 2. 在行进间运球学习中,逐步提高控球能力,发展身体协调性和灵敏性 3. 表现出乐学练、会评价的行为特点,在游戏中体会团结协作、不怕困难、互帮互学的优良品质										

课的结构	教学内容	教师指导	学生活动	组织形式	生理负荷	
					时间	强度
调动情绪热身阶段 9′	课堂常规	1. 师生问好 2. 检查服装,安排见习生 3. 宣布本课任务	1. 体委整队集合,向教师问好 2. 明白本课内容和要求	五列横队(八路纵队) * ★	9′	小至中
	1. 五人一组传、断球游戏 2. 篮球热身操 3. 原地运球练习(配乐游戏)	1. 教师讲解游戏规则与要求 2. 教师带学生做热身操 3. 教师语言引导学生积极参与	1. 认真听老师讲解游戏方法与要求 2. 跟着老师认真地做热身操 3. 在教师的指导下跟着音乐练习	1. 散点练习 2. 五列横队		

续表

		讲解与示范行进间运球的技术动作 1. 讲解两人一组运球钻山洞的游戏方法与要求	认真听讲行进间运球的技术动作 1. 认真听两人一组行进间运球钻山洞的游戏方法与要求 游戏方法：两人一组，一人两手拿球前平举，一人从双手下低运球通过到背后转为高运球。左右手交替运球，互换	五列横队（八路纵队） * ★	3′	
合作探究掌握技能阶段 20′	学习行进间运球游戏 1. 两人一组钻山洞					
	2. 十人一组钻山洞	2. 讲解十人一组运球钻山洞的游戏方法与要求	2. 认真听十人一组行进间运球钻山洞的游戏方法与要求 游戏方法：十人一组，五人两手拿球前平举，五人从双手下低运球通过到背后转为高运球。左右手交替运球，互换	五列横队（八路纵队） * ★	5′	中上
	3. 单轨列车	3. 讲解与示范行进间单轨列车运球的游戏方法与要求	3. 认真听行进间运球单轨列车的游戏方法与要求 游戏方法：分成四路纵队同时进行行进间运球游戏	四路纵队往返 * * * * * * * * * * * * * * * ★ ↓ ↓ ↓ ↓	12′	
拓展能力阶段 7′	4. 分组创编运球游戏	3. 教师到各组巡视指导，鼓励并激发游戏热情	4.(1) 学生积极主动开动脑筋互相商讨创编并练习。（老鹰捉小鸡、叫号抱团、运球穿过小树林、偷球等游戏） (2) 集体偷球游戏	散点练习	7′	中至大

续表

恢复身心阶段 4′	1.放松舞蹈《快乐的歌》 2.总结评议本课 3.下课	1.带领学生做放松舞蹈 2.教师总结评议本课 3.收还器材,向学生道别	1.学生跟着放松,使身心得到恢复 2.听教师总结和评议,自评与互评 3.归还器材,向老师道别	五列横队（八路纵队） * ★	4′	小
场地器材	1.篮球场1块 2.小篮球41个 3.呼啦圈8个 4.音响1台	预计运动负荷	平均心率130左右/分	练习密度	60%左右	
安全措施	1.清理好场地 2.充分做好准备、放松活动 3.课堂上进行安全教育;正确引导竞赛行为,防止恶意竞争					
课后反思	在课堂中突出学生的主体地位,通过一系列的篮球游戏,让学生在宽松、和谐的教学环境中学习技术动作,让学生在快乐中活动,在活动中体验,在体验中获知,从而提高体育技能,达到身心全面发展的目的 　　在课内容的设计上,行进间运球各个环节的设计我觉得是一步一步、循序渐进的。在课的开始部分,我们安排五人一组传、断球游戏、篮球热身操,使学生积极热身,在短时间内克服机体惰性,为下一个环节的学习做好准备。首先用配乐游戏进行原地运球练习,然后用两人一组钻山洞、十人一组钻山洞和单轨列车游戏引入行进间运球,利用学生创编运球游戏,让学生体验到自主学习、合作学习的快乐。最后采用放松舞蹈形式使学生放松机体,消除疲劳,恢复身心 　　总体来说本次课上得比较顺利,教学目标基本上达成。同时也看到了自己一些不足的地方。今后我们要多在自己的教学基本功上努力,多向一些老师请教,并十分感谢上级领导给予的这次机会					

【点评】

　　杨莉老师在这次课的教学设计中,在音乐的背景下,通过五个游戏将本节课的教学内容呈现给学生,形式十分新颖,紧扣教学目标,真正做到了快乐教、快乐学,充分调动了学生学习的兴趣和积极性。课堂气氛十分活跃,学生练习的热情很高,从而很好地体现了新课标的教育理念。

　　在教学的实施过程中,杨莉老师运用多种教学方法和手段向学生展示教学内容,并让学生在情景中、游戏中充分体验行进间运球的动作要领,很好地完成了教学任务。最后,还设计了通过分组进行创编游戏的环节,锻炼了学生的创新能力。

总体而言,教学设计环节完整,能够充分照顾到学生的个体差异,充分体现了"以生为本"的教学思想。同时,也反映了杨莉老师对整个课程的把握与驾驭十分娴熟,展现了良好的教学基本技能。美中不足的是各个游戏之间的衔接有些生硬,讲解时间占用较多。

(安徽省教育科学研究院江玲研究员提供案例,合肥师范学院梁占歌老师点评)

案例9　民间传统体育项目——推铁环教学设计

(本篇教学设计获得 2011 年安徽省第四届中小学体育教学观摩展示活动初中组一等奖，执教者为阜阳市第十六中学　郭齐智老师)

一、本课设计的指导思想

民间传统体育是劳动人民在生活、生产劳动中创编出来的一种活动方式，深受人们的喜爱并广为流传。后人把这种民间遗传下来的体育文化不断地完善和规范，最终称之为"民间体育"。推铁环就是这样一项传统体育活动。该项民间体育活动对新课程理念下的学校体育教学，尤其是农村学校体育教学工作状况具有积极的价值意义。为了继承和弘扬中国的民族传统体育，作为体育教师的我们有责任去重视和研究它，让学生从中体验运动的快乐和感受到民族体育的精彩并使之发扬光大。

二、学习目标设计

1. 使 90% 的学生能控制铁环曲线运动 20 米以上，80% 的学生能够控制铁环越过障碍。
2. 培养学生的灵活、灵敏素质，提高协调能力；培养学生的合作探究意识。
3. 使学生充分感受民间体育项目的快乐，增强学生的民族意识和爱国情感。

三、学情分析

七年级的学生正处在成长发育的关键时期，他们活泼好动，模仿能力强，好奇心强，敢于表现自我，但注意力不能持久集中，因此，在教学设计过程中，应抓住学生感兴趣的事物，将知识融入活动中，给予他们充分的鼓励和肯定，使学生体验成功的喜悦，树立更强的自信心。

四、教材分析

推铁环虽是一种民间体育项目，但对现在的学生来说是一种新事物。随着经济的发展，人们的生活水平不断提高，铁环离我们的孩子越来越远，已经不为现在的孩子们所熟悉，他们更多的是玩电动车、滑板车。推铁环活动在新教材的普及下作为一项体育活动运用到体育课中,深受学生的普遍喜爱。推铁环活动能发展学生控制物体平衡的能力,提高动作的灵活性,培养学生的耐心和毅力,更能激发起学生的民族自豪感,并且通过教学能让学生感受民族体育的魅力。

本项目共设四课时,本节课是第三课时,本节课主要让学生掌握铁环的曲线运动。教学时,我们先让学生相互对滚铁环,强化他们对铁环的控制力,然后引导他们回顾铁环直线运动的动作方法,再引出推铁环曲线运动。练习时利用两个篮球场设计四个环形场地,把学生分成四组进行有针对性的自主练习,并引导他们相互帮助提高,最终使学生在实践过程中以自主体验、相互合作、自主学练的活动形式体验成功的快乐。

五、教学流程

(一)课堂常规

1. 集合整队。
2. 师生问好。
3. 宣布课的内容,安排见习生。

(二)韵律器械操活动:推铁环

伴着韵律集体展示铁环操,使学生能在表演过程中体验韵律的节奏和感受集体的力量。

(三)民间体育项目:推铁环

1. 滚铁环

两人一组互推练习,距离逐步加大。

设计意图:强化他们对铁环的控制能力,逐渐加大的距离能吸引他们不断总结经验,更能激发起学生的学习兴趣,潜移默化地为推铁环的学习做好充分的准备。

2. 推铁环

(1)沿曲线前进;(2)越障碍;(3)师生展示。

设计意图:由浅入深,循序渐进,不断挑战难度,引导他们互相帮助,相互提高,最终使学生体验相互合作、自主学习的活动形式,并能体验成功的快乐。老师展示花样动作使学生对这项运动产生更大的兴趣,为他们培养终身体育的意识。

3. 民间体育游戏创新与实践:套圈接力

设计意图:发展学生身体的灵活性,提高他们快速跑的能力,培养集体荣誉感以及使他们对铁环有新的认识。

(四)放松,评价,师生道别

1. 瑜伽放松。在舒缓的音乐伴奏下缓慢地放松。
2. 交流、评价,体验成功的乐趣。
3. 师生道别。

推铁环课时计划

七年级	人数	45人	课次	3	日期	4.25	执教	郭齐智

课的内容	1. 民间体育项目:推铁环 2. 民间体育游戏创新与实践:套圈接力		
学习目标	1. 使90%的学生能控制铁环曲线运动20米以上,80%的学生能够控制铁环越过障碍 2. 培养学生的灵活、灵敏素质,提高协调能力;培养学生的合作探究意识 3. 使学生充分感受民间体育项目的快乐,增强学生的民族意识和爱国情感	重点	控制铁环做方向变化
		难点	控制铁环速度

课序	课的内容	生理负荷 次数	生理负荷 时间	生理负荷 强度	教师活动	学生活动	组织队形
开始部分 3′	课堂常规 一、集合 二、师生问好 三、宣布课的内容,安排见习生	1	3′	小	师生问好 1. 向学生问好 2. 检查人数 3. 检查服装 4. 宣布课的内容 5. 安排见习生	1. 体育委员整队报数 2. 向教师问好 3. 精神饱满,认真听讲 4. 见习生按老师要求,完成力所能及的任务	×××× ×××× ×××× ×××× 四列横队
准备部分 7′	准备活动 1. 变向跑:带领学生做环形跑动 2. 韵律活动:铁环操	1	7′	中	1. 引导学生变向跑动,集中其注意力 2. 组织学生交流并进行铁圈操的练习 3. 简单评价	1. 根据老师提示进行积极跑动 2. 积极参与铁环操的练习与展示 3. 动作整齐,舒展大方,气氛热烈	略图

续表

基本部分 30′	1.滚铁环 方法：一手扶环，使其正直，一手从环后面推动，使其向前滚动。两人一组，距离逐步拉大增加难度。	5′	小	1.先引导学生从简单的滚铁环开始练习 2.示范讲解滚铁环动作要领 3.组织分组练习，引导其循序渐进	1.根据老师示范做模仿练习 2.体会动作要领 3.两人一组练习，距离由近及远	略图 两人一组
	2.推铁环（曲线） 方法：沿画定曲线推进	8′	中	1.引导学生沿直线推铁环的动作方法 2.示范曲线推铁环动作方法，讲解动作要领，重点讲解推铁环推进中的三个注意点：着力点、力量、入推角	1.回顾上节课直线推铁环的推法 2.尝试曲线推铁环的动作方法	
	3.推铁环"过障碍" 方法：在推进路线上设置小垫子，设法推过	7′	中	3.组织学生练习，对学生进行指导、鼓励 4.解决学生练习中存在的问题	3.在组长带领下积极练习，自我体验，争取自己解决练习中的问题 4.同伴互助，积极交流，共同学习	
	4.师生展示	5′	小	1.用激励性语言，鼓励学生积极进取、大胆展示、敢于挑战 2.引导学生布置场地，先易后难 3.示范过障碍动作方法，提醒需要注意的要点 4.巡回指导，及时纠正学生的错误动作	1.积极参与、勇于挑战难度 2.与同伴合作布置场地，先易后难 3.相互鼓励、相互提醒动作 4.总结经验，不断进步	
	5.游戏《套圈接力》 方法：把学生分成人数相等的四组，相隔30米成纵队站立，距排头15米处各放一环，出发口令发出后，排头迅速跑到铁环处拿起环，套过身体放下环再跑回。后面学生依次进行，先完成的小组为胜	2 5′	中上	1.鼓励学生展示，引导学生评价 2.教师集中展示推铁环的不同玩法，激发学生的求知欲望 1.示范并讲解游戏方法 2.宣布游戏规则 3.组织学生分组比赛并给学生加油鼓励，总结评价	1.优秀者展示动作，并向同伴介绍经验 2.积极参与评价 1.认真听取老师的讲解，想象动作 2.组长组织本组队员积极参与 3.互相鼓励加油	

续表

结束部分 5′	1.瑜伽放松 2.评价活动	1	5′	小	1.引导学生愉快地放松 2.引导学生评价，师生共同小结 3.宣布下课	1.师生共同练习 2.积极开展自评、互评 3.师生道别，值日生整理场地，归还器材	○ 弧形
平均心率	128次/分左右				练习密度	全课	50%左右
强度指数	1.25					基本部分	50%左右
场地器材	铁环45个,推杆45根,录音机1台,小体操垫4个,标志物8个,篮球场2块				课后小结		

【点评】

  整体而言,郭齐智老师的推铁环教学设计结构完整,设计思路清晰,尤其在学情分析和教材分析部分,很好地把握住了分析的主体。整篇教学设计也充分体现了新课程标准的教育教学理念,但在学习目标的设计环节失误较大,没有指出学习目标所涉及的领域,第二个目标和第三个目标的表述不符合目标表述的方法。

  兴趣是最好的老师。从郭老师的教学实施过程来看,也充分证明了这一点。教学内容选择新颖,教学方法和手段的运用科学合理,这都很好地激发了学生学习的兴趣,尤其是在教学过程中,巧妙精确地设计一个个小难题,通过正确有效的引导,使每个学生都能够顺利地渡过难关,让学生深切地体验到了成功的喜悦。师生共同展示环节运用得很大胆,展现了郭老师良好的心态。在学生的每一个练习之后,郭老师都会安排学生进行自我评价,让学生养成正确的自我评价意识,能够真实看待自己的优缺点,认识自我。同时,还让学生互相交流自己的观点,发表自己的见解,指出小组、同伴和自己的得与失,这一点很好。

  整个教学过程比较流畅,美中不足的是对于学生的自我评价引导不够,教学目标的表述存在着重大错误。

  (安徽省教育科学研究院江玲研究员提供案例,合肥师范学院梁占歌老师点评)

案例10　小球操教学设计

（本篇教学设计获得2012年第五届全国中小学体育教学观摩展示活动中学组一等奖，执教者为安庆市第十一中学　金敏老师）

一、指导思想

在课程标准的教学理念指导下，全面贯彻"以人为本、健康第一、终身体育"的指导思想，发展学生的自主性、创造性和综合能力，使每个学生在认识上、情感上和态度上积极发展。构建民主和谐的师生关系，营造愉快的课堂氛围，注重学生在实践中的体验和体会，自主探索、合作交往，合理组合学习内容，并让学生学会学习、学会创编。

二、设计思路

为了更好地落实体育与健康课程标准，深化教育改革，营造和谐轻松的课堂氛围，在设计过程中，首先进行了教材分析、学生分析，根据教材的伸缩和拓展性以及初中二年级学生的心理发展状况，在制定计划时考虑的是如何激发学生的学习兴趣，在学生积极参与活动的基础上，注重过程性学习，把娱乐性活动引进课堂，把民间艺术（黄梅戏）与新兴体育（健美操）融合起来，把学生认为乏味的练习与健身知识、审美能力结合起来，把小球融入健美操，使整个教学过程充满新奇。倡导教师为主导、学生为主体，学生积极主动地参与活动。同时，根据初中二年级学生的生理特点，运用"健身体育、自主创编"的教学模式，充分调动学生的学习积极性，发展学生的思维创造力。从培养学生个性、能力入手，练习中鼓励学生大胆地表现自己，充分发挥才能，并根据自己的条件和兴趣选择学习方式，体验学习快乐。

本次课主要给学生一个展示自己的平台，让学生自由想象，去创造、去发挥，使课堂成为传播知识、交流思想、情感的场所。黄梅戏是安庆具有代表性的非物质文化遗产，将黄梅戏引入体育课堂，让学生在耳熟能详的音乐伴奏下接受新兴的小球操动作，让学生有非同一般的感受，体验小球操的乐趣。准备部分与结束部分都配以黄梅戏曲调，前后呼应，彰显安庆的地方特色。在教学过程中，力求组织方法灵活多样，评价及时、得当，有利于学生主动学习、发展个性。教师在教学活动中善于观察、调控，让学生学有所获。

三、教材分析

健美操在新课改中占有很重的分量。它是具有鲜明节奏韵律感的身体运动,其特有风格是动作多变、刚健有力、舒缓协调,在音乐的伴奏下完成各种走、跑、跳、踢、转等徒手动作、舞蹈动作和变化多端的队列动作。本次课在健美操的基本步法上加上了弹力球,丰富了健美操动作,使课堂更有新奇感,也为学生学习增添一份新鲜感,最大限度地激发了学生的学习兴趣。小球操运动体现了人体在力量、柔韧、协调、节奏感、审美及表现力等诸多方面的综合能力。

1.教学重点:灵活运用小球来丰富健美操动作。
2.教学难点:合作创编组合。

四、学情分析

初二学生活泼、好动,行为力和创造力强,有广播操的基础,但大部分学生刚刚接触小球操。在动作技能水平上有一定的模仿能力,创编能力需要培养。这个学段的学生具有一定的独立性和很强的合作意识。他们处于身心发育的关键时期,好动、好奇,只要听到音乐的伴奏就会有想动起来的潜意识,他们精力旺盛、活泼好动、充满丰富的想象力,有很强的求知欲、表现欲和模仿力。小球操的学习正好能满足学生所具备的这些个性特质。同时这个学段的学生兴趣多变,太过乏味的运动就会使其很快失去学习的兴趣,所以老师在教学过程中要多观察学生的反应,积极引导,鼓励学生不断地去探索学习、勇于创造。

五、教学目标设计

1.学生乐于参与小球操的学习,对小球操建立初步概念,了解小球操组合动作创编的技巧与方法。

2.通过学练,90%学生能跟随音乐做出各种动作,一半以上学生在此基础上能追求力度和美感,动作有力,步伐有弹性,表现力强。在创编中培养他们的创新精神与合作能力。

3.学生们主动去展示自我,发挥才能,在展示中体验到运动的乐趣和成功的喜悦感,培养良好的自尊、自信并在运动过程中学会感恩的德育教育。

六、教学策略设计

(一)组织教法

1.学法:模仿练习、自学自练、互学互勉、观摩思考、团队协作、探究创新。

2.教法:讲解示范、启发诱导、先学后教、当堂练习、团队指导、表扬鼓励。

3.手段:音乐相随、以演促学、以赛带练。

(二)课的流程

1.准备部分:教师领做与学生领做相结合。教师领做部分:跟随音乐进行自编动作的全身活动,起到热身的作用;学生领做部分:在步法的基础上自己创编手型,轮流上来领做。这一部分既调动学生情绪,起到复习作用,又为后续学习起到铺垫作用。

2.基本部分:(1)学习小球操阶段:培养学生灵活运用小球来丰富健美操的动作变化,使动作更多样化。先学后教,当堂练习。体会合作学习与探究学习的乐趣。(2)创编组合阶段:灵活运用基本动作、队形变化创编动作组合,为学生提供展示自我的平台,以演促学,以赛带练。(3)德育教育阶段:体育课中渗透德育教育,发挥体育的多功能性。

3.结束部分:跟随音乐放松身心,营造和谐轻松的课堂氛围。

小球操课时教案

学校:安庆十一中　　授课教师:金敏　　授课人数:40人　　指导教师:黄德新　罗传伟

内容	小球操基本动作及组合创编(第四次课)					
教学目标	1.学生乐于参与小球操的学习,对小球操建立初步概念,了解小球操组合动作创编的技巧与方法 2.通过学练,90%学生能跟随音乐做出各种动作,一半以上学生在此基础上能追求力度和美感,动作有力,步伐有弹性,表现力强。在创编中培养他们的创新精神与合作能力 3.学生们主动去展示自我,发挥才能,在展示中体验到乐趣和成功的喜悦感,培养良好的自尊、自信并在运动过程中学会感恩的德育教育					
重点	灵活运用小球来丰富健美操动作					
难点	合作创编组合					
课的结构	教学程序	目的效果	教学实施步骤			时间
			教师活动	学生活动	组织措施	
兴趣激发求知欲阶段 6′	一、课堂常规	1.组织教学 2.集中学生注意力	1.教师提前到场准备 2.师生问好,检查服装 3.教师宣布课的内容与要求 4.安排见习生	1.体育委员整队 2.向教师问好 3.体育委员报告人数 4.认真听本课内容	队形:四列横队 ****** ****** ****** ****** ▲ 要求: 队伍背风、背阳 教师声音洪亮,仪表端正 学生:①集合快、静、齐;②认真听讲	2′

阶段	教学内容	目标	教师活动	学生活动	组织与要求	时间
兴趣激发求知欲阶段	二、热身活动 1.自编操 2.基本步法练习	充分活动身体，使学生能够迅速、安全地进行后续的技能学习	1.组织学生呈圆圈队形站立 2.在圈中组织学生做各种热身动作练习，鼓励学生上来领做	1.听从教师口令快速围成圆圈 2.跟随教师做各种热身动作，积极上去领做	队形：同心圆 要求： 教师示范动作准确、规范 学生积极认真，注意力集中，动作到位	4′
参与学习探究合作阶段 15′	二、学习小球操，探究手臂动作 三、分组练习，推选优秀者PK 重点：手脚协调配合，动作之间衔接流畅 难点：动作的力度、弹性和表现力	1.通过观看教师展示，建立感性认识 2.巩固和学习健美操基本动作 3.灵活运用小球来丰富动作变化，使动作更多样化 4.提高身体综合素质	教师展示，激发学生学习兴趣 1.讲解动作要领并示范 2.启发学生在步法固定的基础上灵活运用小球 3.观察学生的创意 4.把学生的动作加以整理，规范动作 5.组织学生练习 6.集体讲解易犯错误，再示范以加深印象 1.组织学生分组练习，巡回指导 2.要求每组推选一位优秀学生上来示范，让学生互评，最后总结，明确重难点	认真看教师展示 1.认真听讲解，看示范，掌握小球操的要点 2.开动脑筋自主思考 3.积极创编并与同学们分享成果 4.认真练习，自主进行动作的规范强化，不明白之处可向教师提问 5.认真进行练习 (1)呈体操队形集体练习 (2)一对一相互指点纠正，以达到动作的最佳规范 6.集中纠错，强化正确动作 1.学生分组在小组长的带领下练习，并相互观察 2.被推选者努力展示，其余学生认真观察，积极思考	队形：同心圆（同上） 教师讲解动作时的组织：同上（同心圆） 教师领做与学生领做时的组织：四列横队，2、4排与1、3排开站立 学生练习时的组织： ＊＊＊＊＊＊ ＊＊＊＊＊＊ ▲ ＊＊＊＊＊＊ ＊＊＊＊＊＊ 要求： 教师示范动作标准，讲解清晰，面对提问细心认真分析讲解，纠正不足 学生要求积极参与，认真思考，表现力强，动作规范，进行反思，发扬长处，总结不足 分组练习队形： ○　○ 　★ ○　○	1′ 9′ 5′

续表

阶段						
发展能力展示自我阶段 18′	一、创编,表演 1.介绍队形变化 (1)讲解有哪些队形 (2)图形PK环节 2.创编组合 3.表演展示 二、手语歌《感恩的心》	1.巩固小球操基本动作 2.灵活运用基本动作、队形变化创编动作组合 3.提供展示自我的平台 4.以演促学,以赛带练 在体育课中渗透"学会感恩"的德育教育	1.讲解有哪些队形 2.讲解图形PK的规则:老师随机说出图形,看哪一组变化得又快又好 3.讲解什么样的步法适合做移动来调整队形 1.讲解创编动作组合的要求 2.分小组进行编排,合理安排到指定地点进行创编 1.仔细观察学生表演展示 2.合理地给出评价,及时地进行启发诱导 教师启发,领做	1.认真听讲解 2.小组配合变化队形,培养默契 3.积极思考 1.认真听教师讲解创编组合要求 2.分小组进行动作组合创编 1.认真进行表演展示 2.认真观察,相互评价,听老师总结 学生感悟,跟做	要求: 开动脑筋,队形变化新颖,有创造力 表演展示队形 ○○○ ★ ○○○ ○　　　○ ○　　　○ ○ ●●● ○ 　●●● 表演队 要求:表演动作整齐,充满激情,有表现力 教师总评时公正严谨,纠正不足,使学生明白怎样做才是最佳的组合团队,同时指出亮点,提出不足 学生要求积极参与,表现力强,动作规范,积极反思,发扬长处,总结不足	2′ 8′ 6′ 2′
放松反思恢复身心阶段 6′	一、放松整理活动 二、小结 三、师生互别	1.学生在愉悦的歌曲和舒缓的动作中进行放松整理,恢复身心 2.了解本节课学习中的收获与还需要努力之处	1.引导学生进行整理放松练习 2.总结全课,评价这节课的得失。提出课后练习要求	1.在轻音乐的伴奏下,深呼吸做整理放松,以达到身心放松的目的 2.听取教师的评价,课后再努力巩固	队形: ⌒ △ 要求: 学生放松身体,愉悦身心,认真听教师的评价,积极反思	6′

续表

器材	音响；CD	运动负荷	运动量：中等 练习密度：40%（±5%） 心率：最大心律 140 次/分（±10） 平均心率 110 次/分（±5）
课后反思			本节课程是八年级的一堂小球操课，是健美操单元教学计划中的第四次课，学生对健美操已经有了一些接触，对健美操的基本步法大致掌握了。这堂课在健美操中加入弹力球来丰富健美操的动作，增强了它的健身性、娱乐性和观赏性，更大程度地激发同学们的学习兴趣与创编才能。 　　从教学效果上看完成了既定教学目标，多数学生能够熟练掌握所学动作，并尝试从中找到健美操应有的动作感觉。学生能够积极地进行探究式学习，体验团队合作，并在展示中最大限度地表现自己。在课程环节实施过程中，按照教学计划实施并注重给予学生过程性的评价，对基础相对较弱的同学给予有针对性的指导，对基础相对较好的学生提出更高的要求，最终使学生掌握所学的动作并且让学生合作学习的能力得以提高，增强自信。从教学关系上看，教师是主导，为学生搭建平台；学生是主体，在平台上充分发挥。教师抛砖的角色，的确起到了引玉的效果，学生的创编才能得到充分发挥。我们也深切感受到：要把体育课教好就必须给学生充分的活动空间与思维空间，必须给学生足够的爱心与信任。不过从整节课程看，虽然学生掌握动作较好，自我创新也有所体现，但分层次教学不够突出。

【点评】

　　本次课在整个设计上，各部分的衔接都是非常紧密的，承前启后，相互关联，一气呵成；课堂上，气氛民主、和谐，教师同学生共同练习，共同提高，实现了师生互动和学生的合作探究，充分体现了教师较强的示范能力、语言表达能力、课堂驾驭能力和教学中的主导作用。从课程目标制定上看，符合学生的认知规律，体现了身体技能提高、心理健康培养、合作探究开发等新课程理念，让学生在运动参与、运动技能、身体、心理适应等领域中都有不同的体现，教学目标的达成率比较高。从内容上看，符合初中学生的身心特点，抓住学生的兴趣所在，让学生在乐中学、乐中练、乐中受教育，发展了学生协调、灵敏、速度等素质及合作互助、探究创新能力。创编展示环节充分张扬了学生的个性，发展了学生的才能。从教学方法手段上看，让更多的学生主动地参与进来，为整个团队出一份力。课堂上较多运用了引导性、启发性的语言，突出了教师主导、学生主体的地位。从课程评价上来看，注重过程性评价，如教师身体语言的运用，一个赞美的微笑、点头，伸出大拇指等；激励性的语言：你是最棒的，一定要相信自己，加油等。总之，这堂课是非常成功的、有特色的、值得推广的。

（安徽省教育科学研究院江玲研究员提供案例，合肥师范学院梁占歌老师点评）

案例11 "三学"模式下的排球正面双手垫球教学设计

(本篇教学设计获得2011年第四届安徽省中小学体育教学观摩展示活动中学组一等奖,执教者为马鞍山市实验中学 郑世海老师)

一、指导思想

通过"导学、助学、促学"三个环节,结合中学生的身心特点,通过教师的指导、点拨,运用多种教学手段和方法,让学生在游戏和比赛中轻松掌握排球正面双手垫球技术。培养学生自主学习的意识及与同伴间的相互交往、合作的人际关系,促进学生健康、和谐发展。

二、教材分析

排球正面双手垫球是体育与健康课程标准体系下的教学内容之一,学习排球技术对于发展学生的速度、力量、灵敏性、柔韧性、协调能力等身体素质,提高心肺功能都能起到一定的作用。初中阶段的学生正处在青春发育期,对于排球技术的学习有一定的兴趣。垫球技术是排球运动中最主要的基本技术,是排球教学的重要组成部分,是更好地学习各种技术和战术的基础。

三、教学重、难点

1. 教学重点:正确的击球手型和击球部位。
2. 教学难点:身体与手臂的协调配合。

四、教学目标设计

1. 技能目标:通过练习使80%的学生能够掌握排球正面双手垫球技术,部分同学掌握较好。
2. 情感目标:通过多种手段的练习,培养学生对排球的兴趣,增强学生的群体意识,建立同学间和谐的人际关系,从而达到终身锻炼的目的。

五、教学流程

导学:(激发兴趣10分钟)

学生结合上节课布置的课外预习内容（观看排球正面双手垫球视频），尝试进行自主性学习。

1. 激发兴趣的游戏组合：正反口令、快速报数、抓手指练习

教师活动：教师讲解游戏的方法。要求教师口令清楚、到位。

学生活动：学生在教师的指挥下进行统一练习。

2. 排球活动操：熟悉球性练习

教师活动：教师讲解、示范几种熟悉球性的练习方法。

手指拨球、伸展运动、转体运动、双手抛球练习、八字绕球练习、抛球击掌练习、坐地夹球屈腿练习、坐地仰卧起坐练习。

学生活动：学生跟随教师进行练习。

3. 检测预习效果：尝试进行自主练习

教师活动：要求学生根据自学预习内容和"手腕自主学习带"，指导学生进行自主练习。

学生活动：学生分成若干组进行自主性练习，可以相互交流。

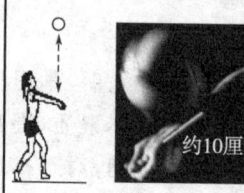

击球部位：手腕10厘米处

击球要领：手腕下压，两臂夹紧，蹬地、提肩、身体协调用力

手型：抱拳法、叠指法

设计意图：集中学生注意力，激发学生兴趣，及时进行预习效果反馈，增强学生学习信心。

助学：（掌握技术20分钟）

学生在教师的指导、点拨下进行自主学习、合作学习、探究学习。

1. 排球正面双方垫球集体学习

排球正面双方垫球技术要领：

* 准备姿势：正对来球成半蹲站立，两脚可左右分开也可前后分开，重心适当靠前，两肘自然弯曲并下垂，双手位于腹前，两眼注视来球。

* 击球手型：抱拳式、叠掌式。

* 击球要点：插、夹、提。

教师活动：教师带领学生进行徒手练习。自抛自垫球练习。互抛互垫球练习。教师将学生分成八组进行自学自练。同时要求学生小组长要认真负责，组织学生进行练习。

学生活动：学生集体练习，体会动作要领。

2.排球正面双方垫球分组自学、自练

教师活动：教师进行指导、点拨、纠错。

学生活动：学生分组进行自主、合作学习，改进技术。

设计意图：组织学生合作学习，让学生在合作中互相交往、学习，提高垫球技术。

促学：(愉悦身心15分钟)

1.教师在学生学习正面双手垫球的基础上，通过游戏比赛进一步提高技术和激发学生学习的兴趣

教师活动：组织学生开展排球正面传球、后抛球、侧向单手传球、跨下后抛球比赛、排球综合比赛。教师讲解并示范比赛方法，要求学生遵守比赛规则。

学生活动：学生分成四路纵队进行集体比赛。遵守规则，积极参与。

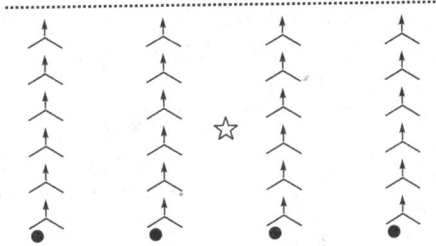

设计意图：组织学生比赛，利用比赛的竞争性和趣味性，提高学生学习排球的兴趣。

2.音乐伴奏下进行集体放松

教师活动：带领学生在轻音乐伴奏下，利用排球进行放松。

学生活动：跟随教师在轻音乐伴奏下进行放松。

设计意图：配合音乐，放松学生在比赛中的兴奋情绪，愉悦学生的身心。

六、课堂反馈(自我评价)

学生对本节课的评价：

优(%)	良(%)	一般(%)	不好(%)

七、场地器材

场地：运动场1块。器材：软排40个、录音机1台、警示标志4个。

排球正面双手垫球单元计划

学习目标	1.培养学生对排球垫球学习的兴趣，使学生积极、主动参与垫球活动 2.掌握垫球的手型、垫球部位、动作方法，发展身体用力的协调性 3.学生通过学习促进身心素质的全面发展，培养勇敢、顽强的意志品质和团结协作的精神 4.重视课前的预习环节，培养学生自学习惯		学习内容	软式排球正面双手垫球
课次	学习目标	学习内容	学习方法及过程简要	教学重、难点
1	观看课件，并让学生通过课件和视频了解排球运动知识，激发学生学习兴趣	观看课件和视频，让学生了解排球运动知识	1.组织学生观看课件和视频 2.师生互动交流	重点： 培养学生自学能力和课前预习的习惯
2	利用软式排球做各种游戏，使学生熟悉球性的同时，激发学习兴趣，培养学生互助互学的优良品质	软式排球 (各种游戏)	1.各种抛接练习 (1)自抛转身接反弹球 (2)向后、向前抛接球 (3)胯下8字绕球 2.游戏 (1)迎面地滚球接力赛 (2)头上传球接力比赛 (3)小组自编游戏	要求： 积极参与 重点： 熟悉球性
3	初步学习软式排球的基本垫球技术动作，形成正确的技术概念，提高球性熟悉能力。80%以上的学生能基本掌握排球正面双手垫球的手型、垫球部位和正确的用力顺序	软式排球 (正面双手垫球)	1.各种熟悉球性练习 2.学生根据课前预习，自学自练 3.教师集中讲解并示范正面双手垫球技术动作(利用手腕自主学习带，固定垫球部位) 4.小组合作，互帮互学 5.优生展示，教师点评 6.游戏竞赛：仰卧传球接力	重点： 垫球的正确手型、垫球部位、击球动作 难点： 一插、二夹、三抬

续表

4	学习体验移动中垫球,巩固垫球技术动作。80%以上的学生能熟练掌握排球正面双手垫球的手型、垫球部位和正确的用力顺序;能在移动中将同伴抛来的球垫回	软式排球（移动中垫球）	1.游戏:胯下传球接力赛 2.小组合作,巩固垫球技术动作 3.教师讲解并示范脚步移动技术动作 4.两人一组合作垫球练习 5.优生展示,教师点评 6.游戏竞赛:垫接反弹球赛	要求: 移动迅速 重点: 判断好来球方向,移动及时 难点: 移动、取位

【点评】

郑世海老师的这堂课充分体现了新课程的教育理念。在教学过程中，无论从教学目标的制定、教学方法的选择还是教学效果的反馈方面都体现出了学生的主体地位，从学生的学习兴趣出发，关注学生的个体差异，引导学生敢于创新，培养学生的合作意识，转变学习方式，充分调动了学生学习的积极性。

郑世海老师是一个敢于创新的老师，在课堂教学中勇于实验，大胆尝试使用新的教学方式——"三学"教学模式。郑老师整个教学过程的优点主要体现在以下方面：一是体育课程学习要面向全体学生，教学以学生掌握一定的运动技能、增强学生身体素质和运动素养为主线，重点突出其现实性、教育性、可行性和延续性；二是教学内容的选择上要有前瞻性，创设有利于提高学生身心健康水平、体育意识、运动技能氛围，让学生成为体育的自觉追随者和终身受益者；三是通过促进学生形成良好感受和愉快体验，积极主动地学习运动知识和技能，使体育课堂教学成为学生现在内心向往和未来美好回忆的地方。要做到这些就要在教学理念、教学方式上深入思考、研究，使体育课堂教学高效、有意义。

（安徽省教育科学研究院江玲研究员提供案例,合肥师范学院梁占歌老师点评）

案例 12　跨栏跑教学设计

（本篇教学设计获得 2012 年第五届全国中小学体育教学观摩展示活动中学组二等奖，执教者为滁州市滁州中学　欧翔老师）

一、指导思想

本课以"健康第一"为指导思想，以发展学生为本，充分体现学生的主体地位和教师的主导作用，并注重学生与教师的互动教学，以增强学生的健康意识，提高学生的积极性，培养学生的创新精神。本课力求流畅、灵活、紧凑，教学中做到面向全体学生，对技能水平和身体素质不同的学生提出不同的练习要求，学生根据自身的实际水平和能力自选练习起点。本课通过教师讲解、示范正确的跨栏动作，先让学生分组进行练习，然后再进行分层练习，在练习过程中，有意识地提示学生大胆模仿、自主探究，体现学生的主体地位，而且使学生在原有的基础上对动作的理解更加深刻，注重学生观察与模仿能力的发展，培养学生的兴趣，促进学生个性的发展。

二、教材分析

跨栏跑是一项技术比较复杂且具有观赏性的项目，它要求在短时间内、在保持快速跑动的情况下，连续跨越栏架，对速度、力量、柔韧性、节奏感和时空感有较高要求。同时，跨栏也是深受学生欢迎和喜爱的体育运动项目之一。本节课的学练内容主要从学生的兴趣出发，以刘翔事例和图片，从感观上激发学生兴趣，这也体现了教材有利于激发学生学练兴趣，使学生养成坚持从事体育锻炼的习惯，达到提高学生终身体育能力的目的。由于跨栏跑技术性较强且有一定风险性，因此在本节课中我们注重学法、练法的多样性，使每个学生能够根据自身兴趣、爱好和身体条件，选择适合自己的练习内容，循序渐进，确保每一名学生受益。

1. 教学重点：摆动腿，高抬下压和起跨腿，外展提拉。
2. 教学难点：上体下压，摆动腿异侧手臂，侧下滑。

三、学情分析

高中学生经历了初三体育中考的洗礼，具备一定的身体素质，又朝气蓬勃，想追求成功,敢于尝试、敢于冒险、敢于挑战,有很强的靠努力和奋斗赢得胜利、超越自我的心理倾向。同时,现在社会独生子女较多,在面对困难和障碍时,需要培养他们耐受挫折的能力和勇于克服困难的精神。

四、教学目标设计

1. 认知目标:了解跨栏跑的基本知识,知道摆动腿与起跨腿动作要领,初步掌握正确的跨栏跑过栏技术概念。

2. 技能目标:使80%以上的同学敢于跨,跨得过,发展灵敏、力量、速度、协调、柔韧等身体素质,提高跨越障碍的能力。

3. 情感目标:激发学生大胆模仿、自主探究的兴趣,培养学生不畏困难的精神,逐步形成果断坚毅、战胜自我的优良品质。

五、教法学法

方法 过程	教师教法	学生学法
开始部分	语言导入—游戏热身—讲解示范—要领提示—语言诱导	认真听讲—积极回答—投入游戏—热身活动—充分准备
基本部分	示范讲解—鼓励模仿—语言评价—分组练习—纠错指导	观察模仿—学习发现—自主探究—解决问题—运用创新
结束部分	示范讲解—太极放松—师生互动—语言鼓励—课后复习	观察学习—学练太极—身心放松—听取评定—课后练习

教学上遵循教学的基本规律和学生的认知规律,采用典型人物刘翔及其挂图导入,以直观式观察模仿学习、障碍跑游戏提高学习兴趣。辅助练习由易到难,从让学生观看、模仿、配合教师的讲解到学生自主探究学习,逐渐增加练习的难度。

学法上先体验和模仿动作,再在分组练习基础上进行分层练习,加上教师的共同参与,提倡互助互学。在学习过程中,穿插学生和教师的示范讲解,共同发现问题并加以改正,提高学生的学习兴趣。

六、场地器材

田径场　小垫子16个　大垫子1个　跨栏架7个　橡皮筋8米　4米竹竿2根　音箱电脑1套

七、身心预计

练习密度：28%－30%

平均心率 110－140 次/分

八、教学流程

教学过程	教师活动	组织要求	学生活动
一、课堂常规 1′	1.仔细检查、布置好场地 2.宣布内容、安排见习生	◆ 精神饱满、声音洪亮 ◆ 集合做到快、静、齐	1.迅速集合、汇报人数 2.见习生协助教师工作
二、游戏活动 4′	1.讲解、示范《钓鱼》技巧 2.组织游戏并提示安全	◆ 态度端正、积极投入 ◆ 充分热身、安全第一	1.仔细听讲、配合教师 2.参与游戏、注意安全
三、专项准备 5′	1.讲解要领、示范动作 2.口令指挥、语言鼓励	◆ 组织有序、精讲多练 ◆ 认真准备、充分活动	1.做好关节、韧带活动 2.听从指挥、相互学习
四、讲解示范 4′	1.冠军刘翔事例导入 2.介绍跨栏动作项目 3.示范跨栏跑技术动作 4.鼓励学生模仿展示	◆ 激发兴趣、促进了解 ◆ 高度集中、熟知项目 ◆ 使学生形成动作表象 ◆ 仔细观察、主动模仿	1.积极思考、踊跃回答 2.认真听讲、牢记要点 3.观察、模仿跨栏跑技术 4.配合教师、大胆展示
五、学生练习 20′	1.分解示范摆动腿、起跨腿（垫子、皮筋、标准栏架） 2.分组、分层练习动作 3.纠错、指导学生动作 4.演练、提示标准动作	◆ 分解动作、逐个练习 ◆ 分组分层、循序渐进 ◆ 教法多变、因材施教 ◆ 积极主动、加强练习	1.有序分组、积极配合 2.听讲要领、观察示范 3.态度端正、积极练习 4.听取提示、纠正动作 5.相互观察、取长补短
六、展示评价 2′	1.演示完整跨栏动作 2.请学生做跨栏动作 3.对学生动作进行评价	◆ 巩固动作、形成表象 ◆ 动作标准、示范优美 ◆ 相互鼓励、参与评价	1.思考、探究教师动作 2.配合教师、大胆展示 3.互帮互学、共同进步
七、拓展练习 4′	1.演示《拉火车》过程 2.讲解《拉火车》技巧 3.组织比赛、鼓励创新	◆ 布置合理、注意安全 ◆ 克服困难、穿越障碍	1.观看教师《拉火车》 2.思考《拉火车》技巧 3.积极参与、开拓创新
八、放松活动 3′	1.讲解、示范"太极操" 2.组织学生放松练习	◆ 动作优美、轻松愉悦 ◆ 参与游戏、身心放松	1.自主模仿"太极操" 2.积极做到身心放松
九、小结评价 2′	1.随堂总结、鼓励教学 2.布置学生分工收还器材	◆ 表扬先进、鼓励后进 ◆ 自觉主动、齐心协力	1.听取总结、参与评价 2.听从安排、收还器材

跨栏跑教案

教学内容	1. 田径:跨栏跑(水平五) 2. 拓展:游戏《拉火车》		班级人数	男生:26 女生:24	课型 课次	新授课 第1次

教学目标	1. 认知目标:了解跨栏跑的基本知识,知道摆动腿与起跨腿动作要领,初步掌握正确的跨栏跑过栏技术概念 2. 技能目标:使80％以上的同学敢于跨,跨得过,发展灵敏、力量、速度、协调、柔韧等身体素质,提高跨越障碍的能力 3. 情感目标:激发学生大胆模仿、自主探究兴趣,培养学生不畏困难的精神,逐步形成果断坚毅、战胜自我的优良品质
重点	摆动腿,高抬下压和起跨腿,外展提拉
难点	下压积极、提拉明显及上下肢的协调配合

过程	教学内容	教师活动	学生活动	队列队形	时间	次数
准备部分 10′	一、课堂常规 1. 集合整队 2. 师生问好 3. 导入新课 二、游戏导入 《钓鱼》伴音乐 ◆方法:若干同学手拉手是"鱼",围成一个圆,中间一名同学是"钓鱼者",手持竹竿从同学脚下依次划过,竹竿所到之处的同学跳起躲避,依次进行。 ◆规则:躲避时只能原地跳起,触到竹竿,则与中间同学互换为"钓鱼者" 三、准备活动 1. 腕踝膝 2. 正压腿 3. 提伸压 4. 叠拉跨 5. 跨栏坐	1. 田径场跑道上布置场地、做好课前准备 2. 听取体育委员汇报,向学生问好 3. 由刘翔说起,引入新课 4. 安排见习生 1. 讲解规则与要求,将学生有序调动成两个圆形队伍 2. 组织学生开始游戏,播放音乐,及时鼓励,并提示注意安全 1. 口令指挥学生,调动成同心圆自然散开 2. 语言提示准备活动的重要性 3. 做好示范动作,讲解动作要领,口令指挥学生练习	1. 田径场集合整队,衣着宽松、自然 2. 体育委员向教师汇报结果,同学们向教师问好 3. 态度端正并能够积极思考,踊跃回答 4. 见习生主动出列 1. 听清规则,并按教师口令及要求快速跑成两个圆形队伍 2. 充分利用游戏规则,积极投入,相互鼓励,并注意安全 1. 积极投入,精力集中,配合教师调动 2. 态度端正,认真听讲,理解动作知识要领 3. 跟随口令,动作舒展大方,充分做好各项热身运动	1. 集合队形: 男生＊＊＊＊＊＊＊＊＊ ＊＊＊＊＊＊＊＊＊ 女生〇〇〇〇〇〇〇〇〇 〇〇〇〇〇〇〇〇〇 教师 △ 2. 游戏队形: 〇 〇 〇 〇 〇 〇 〇 〇 〇 〇 分组: 6—8人为一组 3. 活动队形: ＊ 〇 ＊ ＊ 〇 〇 ＊ ＊ 〇 △ 〇 ＊ ＊ 〇 〇 ＊ ＊ 〇 ＊ ＊	1′ 4′ 5′	4×8拍

续表

基本部分 30′	一、跨栏跑 （一）介绍跨栏跑 由刘翔引出本课教学内容 （二）教师示范与讲解 （三）学生模仿与展示 请2至3名学生进行展示并点评 （四）学生练习 1.摆动腿练习 要领：屈膝高抬、小腿前伸、积极下压 2.起跨腿练习 要领：屈膝外展、膝部提拉、迅速前送 3.完整练习 要领：手脚协调、上肢下压、勇于跨越 4.展示评价 要求：相互观察、相互学习、共同进步 二、拓展练习 《拉火车》加油歌 方法： 1.前后依次拉"摆动腿"结成火车，进行单腿跳 2.前后依次拉"起跨腿"结成火车，进行单腿跳 要求：组织有序，注意安全	1.集合后调动队形，由①至④自然变化 2.要求：起跑稳重，踏准步点，手脚协调，上肢下压，落地柔和，跑跨自然结合 3.请男、女生模仿与展示，并对其展示进行鼓励性评价 1.语言提示各动作要领并做动作示范 2.组织学生有序练习，进行监督评价 3.将学生动态分组进行自主、探究学习 4.巡回指导，纠正错误，并及时鼓励 5.语言激发与鼓励学生展示，提示相互学习 ▲易犯错误： 1.出现"跳"栏现象，过栏后上下肢不协调 2.起跨腿外展、折叠、提拉不明显 3.讲解游戏方法，并与同学配合做示范 4.将学生分男、女各两组，组内两队对抗 5.组织游戏开始，并提示安全 4.做好监督工作，并及时点评与表扬	1.配合教师队伍调动，认真听讲，了解内容 2.仔细观察，积极思考，主动学习，注意动作姿势及要领，初步在大脑形成动作表象 3.积极配合教师，大胆模仿与展示，并相互鼓励、相互学习 1.认真听讲，仔细观察，潜心学习 2.主动投入，认真练习，及时问询并纠正 3.自由组合，相互观察、讨论，共同学习 4.听从教师指导，纠正错误动作 5.学生积极表现，大胆展示，并相互鼓励与学习 ▲纠正方法： 1.替代器材（小垫子和皮筋）降低难度 2.语言提示，示范讲解，消除心理障碍 1.了解游戏规则，配合教师示范工作 2.自由组合，相互交流，商讨对策 3.积极投入，为本队增光添彩 4.相互鼓励，接受表扬，交流经验	讲解队形： 同上 示范队形： ＊＊＊＊＊＊ ＊＊＊＊＊＊ △ Π Π Π ＯＯＯＯＯＯ ＯＯＯＯＯＯ 模仿队形： 同上 学生练习队形一： ▲＊＊▲▲▲Π ▲＊＊▲▲▲Π ▲ＯＯ▲▲▲Π ▲ＯＯ▲▲▲Π △ 学生练习队形二： ▲＊＊ Π Π ▲＊＊ Π Π ▲ＯＯ▲▲▲Π ▲ＯＯ▲▲▲Π △ 拓展练习队形： ＊＊＊＊＊＊＊ △＊＊＊＊＊＊＊ ＯＯＯＯＯＯＯ ＯＯＯＯＯＯＯ	4′ 5′ 6′ 9′ 2′ 4′	1次 2—3人 2次 3次 5次 4人 1—2次

162

续表

结束部分 5′	一、愉悦身心"太极操"音乐伴奏 1.起势 全身肌肉、关节放松 2.蹬一根 通过抖动,放松下肢 要求:身心放松 二、随堂评定 1.集合评定 2.课后作业 3.收还器材	1.播放音乐,边讲解边示范,同时带领学生一起放松 2.鼓励学生,并参与其中,师生互动 1.问学生感受,鼓励教学,表扬积极同学,鼓励后进同学 2.让学生课后主动复习,并探究技巧 3.监督学生收还器材,向学生宣布下课	1.迅速集合,认真听讲,主动模仿,同教师一起放松 2.相互观察,相互学习,大胆尝试 1.积极发言,听取教师评定,努力表现,争取更大进步 2.课后积极主动复习,掌握技巧 3.送还器材,向教师道别	太极操队形: ＊＊＊＊＊ ＊＊＊＊＊ ｏｏｏｏｏ ｏｏｏｏｏ △ 集合队形: 散点	3′ 2′	1次
	心率曲线	练习密度	场地器材	课后反思		
	次/分 140 130 120 110 100 90 0 10 20 30 40 t	28%－30% 平均心率 110－140次/分	田径场跑道 小垫子(贴图)16个 大垫子(贴图)1个 跨栏架(板下)7个 橡皮筋8米 4米竹竿2根 电脑1台	在本次课中,学生练习积极,对问题的思考与回答比较主动。在练习过程中,有些学生怕栏,有些学生感觉很轻松,可以更早分不同等级进行练习,更好地达到因材施教的目的。分组练习时,可以选小组长带领进行,自主练习有些散乱,合作不够充分		

【点评】

课的开始以典型人物刘翔提出问题,激发学生兴趣,以此引入新课,使学生很快融入课堂中来。准备部分用音乐伴奏,以《钓鱼》游戏热身,并有常规的关节、组织及韧带活动,还有针对性地进行踢腿、跨栏坐等专项练习;基本部分由刘翔挂图导入,通过教师讲解要领和示范动作进入主教材学习,先学徒手再从小垫子过渡到栏架,由易到难,使学生勇于探究、自主学习,并使学生感觉到轻松易学,教师在学习前提出要求与希望,各小组对学习成果进行展示,培养学生合作意识、团队精神;结束部分以"太极操"的形式,在音乐的伴奏中结束,主要使学生身心都得以放松。

亮点之处：第一，导入有方（利用竹竿做教具，克服学生跳跃障碍时的恐惧心理，并巧妙地利用刘翔话题及挂图导入主题）。第二，层层推进（在教学过程中，采取集体练习、分组练习、分层练习等，具体环节中，巧妙地运用小垫子和皮筋做教具，变化练习难度，因材施教，关注个体差异，学生从有辅助教具的完整动作练习到栏上完整动作练习，由积极思考到主动回答问题，从体验到基本完成，再到真正理解、提高，体现了学生在学中思、思中探的学习过程）。第三，交流和谐（教学过程中，师生之间交流对话，讲解与指导贴近学生，充分利用挂图及示范，使学生在参与学习的同时，学会分析教材、分析自己以及赏识性评价的方法，特别是在展示过程中，教师适时的语言激励、行为引导，使学生保持了较高的积极性，在一片鼓励声中，每个学生都能较顺利地完成学习任务，达成相应的学习目标）。

不足之处：在自主学习过程中，可以选出小组长，小组长引导小组交流，并且小组之间可以进行交流，自主探究过程可以更加高效些。

总之，本节课充分体现现行课程理念和高中体育教学的特点，注重知识、技能和方法的传授，始终以技能教学为载体，在全面发展学生技能和体能的前提下，积极培养学生良好的学习行为，且能有效地将学生的学习行为、态度的发展结合起来，将健身性和教育性结合起来，使学生在学练中获得真实体验，真正享受到体育学习的快乐。

（安徽省教育科学研究院江玲研究员提供案例，合肥师范学院梁占歌老师点评）

附录1
《义务教育体育与健康课程标准(2011年版)》

第一部分　前　言

随着我国经济社会的持续发展,国民的物质文化生活水平整体上有了很大提高,但是,新的生产和生活方式也造成了人们体力活动减少和心理压力增大,对国民健康造成了一定的负面影响,这种状况在我国青少年中表现得尤为突出。近二十年来,我国青少年学生体质健康水平的持续下降,已经引起了国家和社会的高度关注。提高青少年学生的体质健康水平需要社会各方面的共同努力。体育与健康课程是增进学生健康的重要途径,对于提高全民族的健康素质具有重要而深远的意义。

义务教育体育与健康课程遵照"健康第一"的指导思想,强调实践性特征,突出学生的学习主体地位,努力构建较为完整的课程目标体系和发展性的评价方式,重视教学内容的基础性、选择性及教学方法的有效性和多样性,注重激发学生的运动兴趣,引导学生掌握体育与健康基础知识、基本技能和方法,增强学生的体能,培养学生坚强的意志品质、合作精神和交往能力等,为学生终身参加体育锻炼奠定基础,促进学生健康、全面发展。

一、课程性质

体育与健康课程是学校课程的重要组成部分。本课程是以身体练习为主要手段,以学习体育与健康知识、技能和方法为主要内容,以增进学生健康,培养学生终身体育意识和能力为主要目标的课程。

体育与健康课程具有以下特性:

基础性——课程强调培养学生掌握必要的体育与健康知识、技能和方法,养成体育锻炼习惯和健康的生活习惯,为学生终身体育学习和健康生活奠定良好的基础。

实践性——课程强调以身体练习为主要手段,通过体育与健康学习、体育锻炼以及行为养成,提高学生的体育与健康实践能力。

健身性——课程强调在学习体育与健康知识、技能和方法的过程中,通过适宜负荷的身体练习,提高体能和运动技能水平,促进学生健康成长。

综合性——课程强调充分发挥体育的育人功能,强调以体育与健康学习为主,渗透德育教育,同时融合部分健康行为与生活方式、生长发育与青春期保健、心理健康与社会适应、疾病预防、安全应急与避险等方面的知识和技能,整合并体现课程目标、课程内容、过程与方法等多种价值。

二、课程基本理念

(一)坚持"健康第一"的指导思想,促进学生健康成长

体育与健康课程以"健康第一"为指导思想,努力构建体育与健康的知识与技能、过程与方法、情感态度与价值观有机统一的课程目标和课程结构,在强调体育学科特点的同时,融合与学生健康成长相关的知识。通过体育与健康课程的教学,使学生掌握运动技能,发展体能,逐步形成健康和安全的意识以及良好的生活方式,促进学生身心协调、全面地发展。

(二)激发学生的运动兴趣,培养学生体育锻炼的意识和习惯

体育与健康课程强调在课程目标的确定、教学内容和教学方法的选择与运用方面,注重与学生的学习和生活经验相联系,引导学生体验运动乐趣,提高学生体育与健康学习动机水平;重视对学生进行正确的体育价值观和责任感的教育,培养学生刻苦锻炼的精神,促进学生主动参与体育活动,基本形成体育锻炼习惯。

(三)以学生发展为中心,帮助学生学会体育与健康学习

体育与健康课程高度重视学生的发展需要,从课程设计到学习评价,始终以促进学生的身心发展为中心。课程在充分发挥教师教学过程中主导作用的同时,十分重视学生在学习过程中的主体地位,注重培养学生自主学习、合作学习和探究学习的能力,促进学生掌握体育与健康学习的方法,并学会体育与健康学习。

(四)关注地区差异和个体差异,保证每一位学生受益

体育与健康课程强调在保证国家课程基本要求的前提下,充分关注不同地区、学校和学生之间的差异,各地区和学校要根据体育与健康课程目标及课程内容,因地制宜,合理选择和设计课程内容,有效运用教学方法和评价手段,努力使每一位学生都能接受基本的体育与健康教育,促进学生不断进步和发展。

三、课程设计思路

(一)根据学生全面发展的需求确定课程目标体系和课程内容

根据多维健康观和体育学科的特点,借鉴国际体育课程发展的经验,体育与

健康课程设置了课程目标体系以及运动参与、运动技能、身体健康、心理健康与社会适应四个方面的课程内容,为各地区和学校制定课程实施方案以及教学计划提供明确的指导,保证学生更好地达成学习目标。

(二)根据学生的身心发展特征划分学习水平

在义务教育阶段,体育与健康课程将学生的学习划分为四级水平,并在运动参与、运动技能、身体健康、心理健康与社会适应四个方面分别设置了相应的学习目标。水平一至水平四分别对应1—2年级、3—4年级、5—6年级和7—9年级。

考虑到学生在学习方面的个体差异,为满足学有余力学生进一步发展的需要,体育与健康课程鼓励这部分学生进一步拓展和提高。

(三)根据可评价的原则设置可操作和可观测的学习目标

为了确保学习目标的达成和学习评价的可操作性,体育与健康课程提出了具体的、可观测的学习目标,特别注意将运动参与、心理健康与社会适应两个方面的学习目标设置成易观测的行为表征,帮助教师更准确地对学生进行观察、指导和评价,促使学生形成良好的体育态度、心理品质和社会行为。

(四)根据三级课程管理的要求保证课程内容的可选择性

体育与健康课程在确立课程目标体系和课程内容的基础上,提出了具体教学内容的选择原则。各地区和学校制定具体的课程实施方案和教学计划时,应从师资队伍、场地与器材、学生体育基础等方面的实际出发,选编适宜的教学内容。农村学校体育基础相对比较薄弱,应特别注意开发与利用各种实用的课程资源,确保课程的正常实施。

(五)根据课程学习目标和发展性要求建立多元的学习评价体系

体育与健康课程建立了有利于学生进步与发展的多元学习评价体系,要求对学生的体能、知识与技能、态度与参与、情意与合作进行综合评价,提倡在以教师评价为主的基础上引导学生进行自我评价和相互评价,重视形成性评价与终结性评价相结合,提高学生体育学习和锻炼的主动性、积极性及自我评价能力。

第二部分 课程目标

体育与健康课程对于实施素质教育,培养学生的爱国主义、集体主义精神,促进学生德、智、体、美全面发展具有重要的意义。通过课程的学习,学生将掌握体育与健康的基础知识、基本技能与方法,增强体能;学会学习和锻炼,发展体育与健康实践和创新能力;体验运动的乐趣和成功,养成体育锻炼的习惯;发展良好的心理品质、合作与交往能力;提高自觉维护健康的意识,基本形成健康的生活方式和积极进取、乐观开朗的人生态度。

课程分为运动参与、运动技能、身体健康、心理健康与社会适应四个学习方面,各方面的说明及目标如下。

(一)运动参与

运动参与指学生参与体育学习和锻炼的态度及行为表现,是学生习得体育知识、技能和方法,锻炼身体和提高健康水平,形成积极的体育行为和乐观开朗人生态度的实践要求和重要途径。课程强调通过丰富多彩的内容、形式多样的方法,在小学阶段注重引导学生体验运动乐趣,激发、培养学生的运动兴趣和参与意识,在初中阶段引导学生逐步形成体育锻炼的意识和习惯。

运动参与的目标:

1.参与体育学习和锻炼;

2.体验运动乐趣与成功感。

(二)运动技能

运动技能指学生在体育学习和锻炼中完成运动动作的能力,它反映了体育与健康课程以身体练习为主要手段的基本特征,是课程学习的重要内容和实现其他学习方面目标的主要途径。在小学阶段,要注重体育游戏学习,发展学生的基本运动能力;在初中阶段,要注重不同项目运动技术的学习和应用,鼓励学生参加多种形式的比赛,逐步增强学生的体育与健康学习能力、安全从事运动的能力,加深对体育运动的理解。无论是在小学阶段还是在初中阶段,都要重视选择武术等民族民间传统体育活动项目进行学习。

运动技能的目标:

1.学习体育运动知识;

2.掌握运动技能和方法;

3.增强安全意识和防范能力。

(三)身体健康

身体健康指人的体能良好、机能正常和精力充沛的状态,与体育锻炼、营养状况和行为习惯密切相关。本方面是课程学习的重要内容和期望的重要结果。课程强调引导学生努力学习和锻炼,全面发展体能,提高适应环境变化的能力,形成关注自身健康的意识和行为。小学阶段要注意引导学生懂得营养、行为习惯和疾病预防对身体发育和健康的影响;初中阶段应要求学生了解生活方式、疾病预防等对身体健康的影响,自觉抵制各种危害健康的不良行为,初步掌握科学锻炼的方法,提高体能水平,基本形成健康的生活方式。

身体健康的目标:

1.掌握基本保健知识和方法;

2.塑造良好体形和身体姿态;

3. 全面发展体能与健身能力；
4. 提高适应自然环境的能力。

(四)心理健康与社会适应

心理健康与社会适应指个体自我感觉良好以及与社会和谐相处的状态与过程，与体育学习和锻炼、身体健康密切相关。本方面既是课程学习的重要内容，也是课程功能和价值的重要体现。课程十分重视培养学生的自信心、坚强的意志品质、良好的体育道德、合作精神与公平竞争的意识，帮助学生掌握调节情绪和与人交往的方法。小学阶段要注意培养学生自尊、自信、不怕困难、坦然面对挫折的精神，引导学生在体育活动中学会交往；初中阶段要注意指导学生掌握调节情绪的方法，培养果敢、顽强的意志品质和团队合作精神。

心理健康与社会适应的目标：
1. 培养坚强的意志品质；
2. 学会调控情绪的方法；
3. 形成合作意识与能力；
4. 具有良好的体育道德。

运动参与、运动技能、身体健康、心理健康与社会适应四个方面是一个相互联系的整体，各个学习方面的目标主要通过身体练习实现，不能割裂开来进行教学。

第三部分 课程内容

水平一(1—2年级)

一、运动参与

参与体育学习和锻炼

学习目标：上好体育与健康课并积极参加课外体育活动。

达到该目标时，学生将能够：

积极、愉快地上体育与健康课和参加课外体育活动。如不旷课，主动积极地完成学习任务等。

【评价要点】上课出勤率、参加课内外体育与健康学习与活动的表现。

【评价方法举例】让学生说出自己参加课外体育活动和体育游戏的情况。

二、运动技能

学习体育运动知识

学习目标：获得运动的基本知识和体验。

达到该目标时,学生将能够:

(1)知道所学运动项目或体育游戏的名称或动作术语。如知道跑步、篮球、乒乓球、游泳等运动项目的名称,以及滚翻、仰卧起坐等常见身体运动动作的名称或术语。

【评价要点】能够描述所学项目名称或动作术语。

【评价方法举例】教师或学生做出一些动作,让学生尝试说出动作的名称或术语。

(2)体验运动过程并初步了解一些运动现象。如体验速度、节奏、力量、方向等运动现象。

【评价要点】对运动现象的了解程度。

【评价方法举例】让学生在运动体验中描述力量大小、方向变化、速度快慢等运动现象。

掌握运动技能和方法

学习目标1:学习基本的身体活动方法和体育游戏。

达到该目标时,学生将能够:

做出基本身体活动动作。如在体育游戏活动中完成多种形式的走、跑、跳、投、抛、接、挥击、攀、爬、钻、滚动和支撑等动作。

【评价要点】完成所学动作的熟练程度。

【评价方法举例】评价学生跑步时的身体姿态和动作。

学习目标2:学习不同的体育活动方法。

达到该目标时,学生将能够:

(1)初步学会常见的球类游戏。如学习小篮球、小足球、乒乓球等适合本水平学生学习的球类游戏。

【评价要点】参与球类游戏活动的表现。

【评价方法举例】评价学生在"打鸭子"游戏活动中的灵活性和协调性。

(2)学习一些体操类活动的基本动作。如学习横队和纵队看齐、向左(右、后)转、立正、稍息、踏步、齐步走、站立、蹲立、仰卧、俯卧、纵叉、横叉等基本体操动作;棍、球、绳等轻器械体操动作;多种个人和集体的舞蹈动作、韵律动作等。

【评价要点】完成所学动作的节奏感、柔韧性和协调性。

【评价方法举例】评价学生完成韵律动作的表现。

(3)学习一些游泳或冰雪类活动的基本动作。如学习水中呼吸、蛙泳的基本动作,或者冰上行走等(有条件的地区和学校)。

【评价要点】完成所学游泳或冰雪类活动基本动作的情况。

【评价方法举例】评价学生在游泳中上肢、躯干、下肢和呼吸协调配合的表现。

(4)学习一些武术类活动的基本动作。如学习基本手型、抱拳、马步、蹬腿、冲拳等简单的武术基本动作,3—5个简单动作组成的动作组合等。

【评价要点】完成所学动作的协调性和连贯性。

【评价方法举例】评价学生完成武术操的表现。

(5)学习一些其他简单的民族、民间传统体育活动项目的基本动作。如学习滚铁环、抽陀螺、荡秋千、跳皮筋、跳绳、踢毽子等活动的基本动作。

【评价要点】完成所学动作的情况。

【评价方法举例】评价学生踢毽子的熟练程度。

增强安全意识和防范能力

学习目标:初步了解安全运动以及日常生活中有关安全避险的知识和方法。

达到该目标时,学生将能够:

知道基本的安全运动知识和方法,注意体育活动和日常生活中的安全。如注意穿着合适的运动服装上课,运动前做准备活动,在规定的场地内活动,合理、正确使用体育器材;过十字路口时不闯红灯,走斑马线;乘汽车时系安全带,头、手不伸出窗外。熟悉一些简单的紧急求助方法,如发生紧急情况时,会拨打求助电话等。

【评价要点】掌握安全运动以及日常生活中有关安全避险的知识和方法的程度。

【评价方法举例】让学生说出自己所了解的安全运动知识;观察学生在体育活动中安全运动的行为表现。

三、身体健康

掌握基本保健知识和方法

学习目标:初步了解个人卫生保健知识和方法。

达到该目标时,学生将能够:

初步了解饮食、用眼、口腔卫生等个人卫生常识。如按时进餐,不挑食、不偏食,知道牛奶、豆类等食物的作用;按要求做眼保健操;知道正确的刷牙方法和龋齿预防方法;按时睡眠;不乱扔果皮纸屑,不随地吐痰;饭前便后洗手、勤洗澡、勤换衣;文明如厕、自觉维护厕所卫生;知道蚊子、苍蝇、老鼠、蟑螂等会传播疾病;了解接种疫苗可以预防一些传染病等。

【评价要点】了解所学保健知识的程度以及日常的个人卫生行为表现。

【评价方法举例】让学生说出自己平时能够做到哪些个人卫生要求。

塑造良好体形和身体姿态

学习目标:注意保持正确的身体姿态。

达到该目标时,学生将能够:

(1)知道正确的身体姿态。如指出正确的坐、立、行姿态等。

【评价要点】识别正确身体姿态的能力。

【评价方法举例】让学生区别正确与不正确的身体姿态。

(2)在日常生活和运动中注意保持正确的身体姿态。如注意保持正确的坐、立、行姿态和读写姿势等。

【评价要点】在各种场合努力保持正确身体姿态的表现。

【评价方法举例】学生相互评价在整队时保持正确身体姿态的情况。

全面发展体能与健身能力

学习目标:初步发展柔韧性、灵敏性和平衡能力。

达到该目标时,学生将能够:

(1)完成多种柔韧性练习。如完成横叉、纵叉、仰卧推起成桥、握杆转肩、跪坐后躺下、坐位体前屈和立位体前屈握脚踝等柔韧性练习。

【评价要点】完成柔韧性练习的质量。

【评价方法举例】评价学生完成横叉、纵叉的情况。

(2)完成多种灵敏性练习。如完成8字跑、绕杆跑等灵敏性练习。

【评价要点】灵敏性测试的成绩。

【评价方法举例】测评学生完成绕杆跑的速度。

提高适应自然环境的能力

学习目标:发展户外运动能力。

达到该目标时,学生将能够:

乐于参加户外运动。如假期与家人一起进行户外运动等。

【评价要点】参加户外运动的情况。

【评价方法举例】让学生说出参加过哪些户外运动及其感受。

四、心理健康与社会适应

培养坚强的意志品质

学习目标:努力完成当前的学习任务。

达到该目标时,学生将能够:

认真完成体育学习和锻炼任务。如按要求努力完成教师在课堂上布置的体育与健康学习任务等。

【评价要点】完成体育学习和锻炼任务时的表现。

【评价方法举例】让学生说出自己认真完成教师在课堂上布置的体育与健康学习任务的情况。

学会调控情绪的方法

学习目标:体验体育活动对情绪的积极影响。

达到该目标时,学生将能够:

体验体育活动中的情绪变化。如体验体育活动前后情绪变化的感受等。

【评价要点】说出体育活动前后情绪变化的事例。

【评价方法举例】让学生说出参与"老鹰捉小鸡"游戏前后的情绪变化和体验。

形成合作意识与能力

学习目标:在体育活动中适应新的合作环境。

达到该目标时,学生将能够:

在新的合作环境中愉快地进行体育活动和体育游戏,与同学友好相处。如在重新分组后很快地和新伙伴一起愉快地活动等。

【评价要点】在体育活动中适应不同合作环境的表现。

【评价方法举例】让学生说出在体育活动中与新伙伴配合的情况和体验。

具有良好的体育道德

学习目标:在体育活动中爱护和帮助同学。

达到该目标时,学生将能够:

在体育活动中表现出对同学的关心与爱护,乐于帮助同学。如当同学在体育与健康学习中遇到困难或需要保护时能够主动提供帮助等。

【评价要点】在体育活动中团结互助的行为表现。

【评价方法举例】评价学生在体育与健康学习中帮助同伴的表现。

水平二(3-4年级)

一、运动参与

参与体育学习和锻炼

学习目标:积极参加多种体育活动。

达到该目标时,学生将能够:

乐于参加新的体育活动、体育游戏和比赛。如愉快地参加新的情景类、角色扮演类、竞赛类等体育游戏和体育活动。

【评价要点】学习新的体育活动和体育游戏时的表现。

【评价方法举例】评价学生在"钻山洞"体育游戏活动中的积极表现。

二、运动技能

学习体育运动知识

学习目标1:学习奥林匹克运动的相关知识。

达到该目标时,学生将能够:

了解一些奥林匹克运动的知识。如知道国际奥委会会旗、奥林匹克格言等。

【评价要点】对奥林匹克运动知识的了解程度。

【评价方法举例】让学生说出自己所知道的奥运会知识。

学习目标2:体验运动过程并了解动作名称的含义。

达到该目标时,学生将能够:

了解多种动作术语或动作名称的含义。如使用正确的术语描述已经学过的动作(如体转运动、跑跳步、马步、助跑、起跳等),并说出同类动作的不同变化(如投远与投准、跳高与跳远等)。

【评价要点】对有关动作术语或动作名称的了解程度。

【评价方法举例】让学生模仿教师的示范动作,并说出其名称或术语。

掌握运动技能和方法

学习目标1:提高基本身体活动和完成体育游戏的能力。

达到该目标时,学生将能够:

完成多种基本身体活动动作。如在体育游戏活动中完成快速的曲线跑、合作跑、持物跑,单、双脚连续向高和向远跳跃,单、双手的投掷和抛物,有一定速度要求的攀、爬、钻等动作。

【评价要点】完成所学动作的正确性、数量或速度。

【评价方法举例】评价学生在"撒渔网"游戏活动中的速度和灵敏性。

学习目标2:初步掌握多种体育活动方法。

达到该目标时,学生将能够:

(1)初步掌握几项球类活动的基本方法。如初步掌握小篮球、小足球、羽毛球、乒乓球或其他新兴球类活动的基本方法。

【评价要点】完成所学动作的熟练程度。

【评价方法举例】评价学生完成小篮球运球动作的质量。

(2)初步掌握一些体操类活动的基本动作。如初步掌握有队形的跑步走、齐步走变跑步走、各种队列队形变换、爬绳、爬竿、单杠、双杠、山羊、垫上等体操基本动作,健美操、校园集体舞等韵律活动和舞蹈动作。

【评价要点】完成所学动作的节奏感、柔韧性、协调性和身体姿态。

【评价方法举例】评价学生完成前后滚翻、山羊分腿腾越等动作的质量。

（3）初步掌握一些游泳或冰雪类活动的基本动作。如初步掌握蛙泳或者滑冰、滑雪的基本动作,并进行一定距离的动作练习等。

【评价要点】蛙泳或者滑冰、滑雪基本动作的掌握程度。

【评价方法举例】评价学生掌握蛙泳动作的质量及坚持完成一定距离蛙泳练习的情况。

（4）初步掌握一些武术类活动的基本动作。如初步掌握武术的基本动作、6—8个简单动作组成的武术套路等。

【评价要点】完成所学动作的协调性、连贯性。

【评价方法举例】评价学生完成所学简单武术套路的质量。

（5）初步掌握一些其他简单的民族民间传统体育活动的基本动作。如初步掌握荡秋千、跳皮筋、跳绳、踢毽子等活动的基本动作。

【评价要点】完成所学动作的协调性和数量。

【评价方法举例】评价学生跳绳、踢毽子的动作质量和数量。

增强安全意识和防范能力

学习目标:重视体育活动和日常生活中的安全问题。

达到该目标时,学生将能够:

（1）基本掌握体育活动、比赛和日常生活中的安全常识。如基本掌握体育活动中自我保护和相互保护的知识、消除体育活动中安全隐患的方法以及中暑的识别和预防等知识;在自然灾害（如地震等）或突发事件（如火灾等）发生时听从教师指挥,并做出安全的行动;掌握鼻出血的简单处理方法以及其他简便的止血方法等。

【评价要点】对所学安全运动知识的掌握程度。

【评价方法举例】让学生说出练习滚翻、山羊分腿腾越等动作时的保护方法。

（2）表现出主动规避运动伤害和危险的意识与行为。如在投掷练习中注意观察周围的安全情况等。

【评价要点】在体育活动中表现出安全运动的意识和行为。

【评价方法举例】评价学生练习滚翻、山羊分腿腾越等动作时的自我保护和相互保护的情况。

三、身体健康

掌握基本保健知识和方法

学习目标1:了解个人卫生保健知识和方法。

达到该目标时,学生将能够:

了解近视眼预防、食品卫生、主要营养素的作用等有关知识。如学会合理用眼,注意用眼卫生,定期检查视力;初步树立食品卫生意识,不吃不洁、腐败变质、超过保质期的食品;知道人体所需的几种主要营养素(如脂肪、蛋白质、糖类等);认识烟草对健康的危害;树立尊重生命、保护生命的意识等。

【评价要点】对个人卫生保健知识和方法的掌握程度。

【评价方法举例】让学生自我评价读书、写字、看电视、用电脑等是否符合用眼卫生要求。

学习目标2:初步了解疾病预防知识。

达到该目标时,学生将能够:

初步了解一些疾病的危害和预防知识。如知道常见呼吸道传染病的预防,肠道寄生虫病对健康的危害与预防,营养不良、肥胖对健康的危害与预防;懂得接种疫苗可以预防疾病,动物咬伤或抓伤后要及时注射狂犬疫苗,并在医生的指导下服药等知识。

【评价要点】对所学疾病预防知识的了解程度。

【评价方法举例】让学生举例说出1－2种常见疾病的预防方法。

塑造良好体形和身体姿态

学习目标:改善体形和身体姿态。

达到该目标时,学生将能够:

注意保持良好的体形,矫正不正确的身体姿态。如初步了解身高、体重的合理比例及其重要性,合理膳食和体育锻炼对改善体形的作用;自我矫正和督促同伴矫正不正确的身体姿态等。

【评价要点】对良好体形的认识和保持正确身体姿态的表现。

【评价方法举例】让学生简要说出造成不良体形和不正确身体姿态的原因。

全面发展体能与健身能力

学习目标:发展柔韧性、灵敏性、速度和力量。

达到该目标时,学生将能够:

(1)了解体能的构成。如知道心肺耐力、力量、柔韧性、身体成分、速度、灵敏性是体能的组成部分。

【评价要点】对体能基本构成的了解程度。

【评价方法举例】让学生说出跑步可以发展的主要体能名称。

(2)通过多种练习发展柔韧性。如通过横叉、纵叉、仰卧推起成桥、握杆转肩、跪坐后躺下、立位体前屈握脚踝等练习发展柔韧性。

【评价要点】完成柔韧性练习的质量。

【评价方法举例】评价学生完成仰卧推起成桥动作的质量。

(3)通过多种练习发展灵敏性。如通过十字象限跳、绕杆跑等练习发展灵敏性。

【评价要点】灵敏性测试的成绩。

【评价方法举例】测评学生在规定时间内完成三点移动的次数。

(4)通过多种练习发展速度。如通过 50 米跑、15 秒快速跳绳等练习发展速度。

【评价要点】速度测试的成绩。

【评价方法举例】测评学生 50 米跑的速度。

(5)通过多种练习发展力量。如通过立卧撑、纵跳摸高和斜身引体等练习发展力量。

【评价要点】力量测试的成绩。

【评价方法举例】测试学生 1 分钟内完成立卧撑的次数。

提高适应自然环境的能力

学习目标:增强适应气候变化的能力。

达到该目标时,学生将能够:

适应寒暑、燥湿等气候变化。如在夏天、冬天或气候变化时坚持参加体育活动等。

【评价要点】对气候变化的适应能力。

【评价方法举例】评价学生在不同的气候条件下(如在冬季和夏季)进行体育活动时的身体表现。

四、心理健康与社会适应

培养坚强的意志品质

学习目标:坚持完成有一定困难的体育活动。

达到该目标时,学生将能够:

在有一定困难的体育学习和锻炼中坚持完成任务。如在有氧练习中不怕苦累,坚持完成任务等。

【评价要点】完成有一定困难任务时的表现。

【评价方法举例】让学生说出自己坚持完成有一定困难任务的事例。

学会调控情绪的方法

学习目标:在体育活动中保持积极稳定的情绪。

达到该目标时,学生将能够:

在体育活动中保持高昂的情绪。如在耐久跑、小篮球游戏比赛等活动中排除干扰,保持情绪饱满等。

【评价要点】体育活动中情绪积极、稳定、高昂的程度。

【评价方法举例】让学生相互评价小篮球游戏比赛中的情绪表现事例。

形成合作意识与能力

学习目标:在体育活动中乐于交流与合作。

达到该目标时,学生将能够:

在体育活动中主动与同伴进行交流与合作。如乐于与同伴共同参加并完成体育活动等。

【评价要点】体育活动中和同伴交流与合作的情况。

【评价方法举例】让学生自我评价和相互评价"两人三足跑"游戏中的合作表现。

具有良好的体育道德

学习目标:遵守运动规则并初步自我规范体育行为。

达到该目标时,学生将能够:

初步了解体育道德,并注意规范自己的体育行为。如在体育活动中做到文明用语、讲礼貌、遵守规则等。

【评价要点】体育活动中的道德行为表现。

【评价方法举例】让学生自我评价和相互评价在小足球游戏比赛中的言行举止,指出不文明和违反规则的行为表现。

水平三(5—6年级)

一、运动参与

参与体育学习和锻炼

学习目标:学会通过体育活动进行积极性休息。

达到该目标时,学生将能够:

认识到适当的体育活动是一种有效的积极性休息方式并付诸实践。如在学习疲倦时主动进行体育锻炼等。

【评价要点】运用体育活动进行积极性休息的表现。

【评价方法举例】让学生说出在学习疲倦时,主动通过体育锻炼进行积极性休息的事例。

体验运动乐趣与成功感

学习目标:感受多种体育活动和比赛的乐趣。

达到该目标时,学生将能够:

感受体育活动和比赛中的乐趣,获得成功的体验。如体验小篮球、小足球等比赛中得分时的乐趣和成功感。

【评价要点】参与体育活动的愉快体验。

【评价方法举例】让学生描述参加小篮球比赛的感受。

二、运动技能

学习体育运动知识

学习目标1:丰富奥林匹克运动的知识。

达到该目标时,学生将能够:

增加对奥林匹克运动知识的了解。如初步了解现代奥运会的起源与发展、中国在奥运会上获得的主要成绩等方面的知识。

【评价要点】对奥林匹克运动知识的进一步了解程度。

【评价方法举例】让学生分组制作并展示以奥运会为主题的小墙报。

学习目标2:了解运动项目的知识。

达到该目标时,学生将能够:

了解多种运动项目的名称及其基本的健身价值。如知道田径运动、球类运动、体操类运动、水上和冰雪类运动、民族民间传统体育活动类以及新兴运动项目中一些项目的名称及其基本的健身价值。

【评价要点】了解常见运动项目的种类和数量。

【评价方法举例】让学生说出自己所知道的运动项目名称及其基本的健身价值。

学习目标3:学会体育学习和锻炼。

达到该目标时,学生将能够:

初步具有自主学习、合作学习和探究学习的能力,初步掌握简单的科学锻炼方法。如运用已有的知识和技能改进或提高动作质量,改编简单的徒手操或体育游戏,创编跳绳的方法,选择较适宜的锻炼时间、场地和运动方法等。

【评价要点】体育学习和锻炼的能力。

【评价方法举例】让学生改编简单的徒手操并相互进行评价。

学习目标4:观看体育比赛。

达到该目标时,学生将能够:

经常观看现场或电视实况转播的体育比赛。如观看足球、篮球、乒乓球、游泳、体操、武术等运动项目的比赛。

【评价要点】观看体育比赛的情况。

【评价方法举例】让学生说出在过去的一个月中观看体育比赛的项目与次数。

掌握运动技能和方法

学习目标1:掌握有一定难度的基本身体活动方法。

达到该目标时,学生将能够:

完成有一定难度的基本身体活动动作。如完成后蹬跑、连续纵跳摸高、急行跳远、各种方式的投掷动作,有一定速度要求的滑步、攀、爬、钻、滚动、滚翻等动作。

【评价要点】完成所学动作的数量或质量。

【评价方法举例】测试学生连续纵跳触摸固定高度的次数。

学习目标2:基本掌握运动项目的技术动作组合。

达到该目标时,学生将能够:

(1)基本掌握一些球类运动项目的技术动作组合。如初步掌握小篮球、软式排球、小足球、羽毛球、乒乓球、短拍网球或其他新兴球类运动项目的技术动作组合。

【评价要点】基本技术动作衔接的连贯性。

【评价方法举例】评价学生在小足球活动中运球和射门技术动作组合的质量。

(2)基本掌握一些体操类运动项目的简单技术动作组合。如初步掌握有一定难度的队形变换和队列动作,单杠、双杠、山羊等器械体操和技巧的简单技术动作组合;健美操、街舞、啦啦操、校园集体舞等韵律活动或舞蹈的简单成套动作。

【评价要点】完成所学动作的节奏感、协调性、力量、身体姿态和动作衔接的连贯性。

【评价方法举例】评价学生完成所学山羊分腿腾越、低单杠跳上成支撑—前翻下等动作的情况。

(3)基本掌握一些游泳或冰雪类运动项目的基本技术。如在基本掌握蛙泳或滑冰、滑雪基本技术的基础上,提高相应的速度等。

【评价要点】单位时间内蛙泳或滑冰、滑雪的距离。

【评价方法举例】测评学生单位时间内蛙泳或滑冰、滑雪的距离。

(4)基本掌握一些简单的武术套路。如能够做出少年拳、地方特色拳种9—10个简单动作组成的武术套路等。

【评价要点】完成所学武术套路动作的连贯程度和表现出的精、气、神。

【评价方法举例】评价学生完成少年拳的质量。

(5)基本掌握一些其他有一定难度的民族民间传统体育活动项目的基本技术。如初步掌握竹竿舞、花样跳绳、抖空竹、踢花毽等项目的基本技术。

【评价要点】完成所学动作的正确性、协调性和数量。

【评价方法举例】评价学生花样跳绳的动作质量和数量。

增强安全意识和防范能力

学习目标:初步掌握运动损伤及常见意外伤害的预防与简易处理方法。

达到该目标时,学生将能够:

了解并学会一些运动损伤及常见意外伤害的预防与简易处理方法。如初步掌握运动中自我保护和相互保护的基本方法、常见运动损伤(如扭伤、挫伤、擦伤等)及轻微烫烧伤的预防与简易处理方法;能够识别常见的危险标识;了解煤气中毒、触电、雷击、中暑的发生原因及预防和简易处理方法等。

【评价要点】对一些运动损伤及常见意外伤害的预防与简易处理方法的了解程度。

【评价方法举例】让学生说出一些运动损伤及其简易处理方法。

三、身体健康

掌握基本保健知识和方法

学习目标1:初步了解人体运动系统。

达到该目标时,学生将能够:

知道运动系统的基本构成。如知道有关肌肉、骨骼、关节等简单知识。

【评价要点】对人体运动系统简单知识的了解程度。

【评价方法举例】教师做出某个动作,让学生指出参与这个动作的主要肌肉、骨骼和关节。

学习目标2:了解卫生防病的知识和方法。

达到该目标时,学生将能够:

了解一些疾病预防的基本知识和方法。如了解贫血对健康的危害及其预防,常见肠道传染病、疟疾、流行性出血性结膜炎、碘缺乏病的预防,视力保护,以及吸烟和被动吸烟的危害等基本知识和方法。

【评价要点】对所学卫生防病基本知识和方法的了解程度。

【评价方法举例】让家长或同伴对学生平时的个人卫生行为进行评价。

学习目标3:了解食品安全与健康的关系。

达到该目标时,学生将能够:

了解食品安全的基本知识。如购买包装食品时注意查看生产日期、保质期、包装有无胀包或破损;不购买无证摊贩的食品;不采摘、不食用不认识的野果、野菜;了解容易引起食物中毒的常见食品等。

【评价要点】对食品安全与健康关系的了解程度。

【评价方法举例】让学生说出2—3种预防食物中毒的方法。

学习目标4:初步掌握青春期的生长发育特点与保健知识。

达到该目标时,学生将能够:

了解青春期的生长发育特点及保健常识。如知道男女少年在青春发育期的差异,女生月经初潮和男生首次遗精及其意义,青春期的个人卫生知识,与体育锻炼有关的青春期保健常识(如女生知道经期体育锻炼的注意事项)等。

【评价要点】对青春期生长发育特点与保健知识的了解程度。

【评价方法举例】让学生说出对自己身体特征和机能变化的认识,或让女生说出经期体育锻炼应注意的事项。

塑造良好体形和身体姿态

学习目标:保持良好的身体姿态。

达到该目标时,学生将能够:

初步了解不同的身体姿态所代表的礼仪内涵,并保持良好的身体姿态。如区别不同身体姿态所表达的尊重、谦虚、亲近、傲慢、粗野等含义。

【评价要点】了解不同身体姿态含义的程度,以及在不同场合保持良好身体姿态的表现。

【评价方法举例】让学生相互评价在校园、教室等公共场合保持良好身体姿态的情况。

全面发展体能与健身能力

学习目标:提高灵敏性、力量、速度和心肺耐力。

达到该目标时,学生将能够:

(1)通过多种练习提高灵敏性。如通过十字象限跳、8字跑、三点移动、绕杆跑等练习提高灵敏性。

【评价要点】灵敏性测试的成绩。

【评价方法举例】测评学生绕杆跑的成绩。

(2)通过多种练习提高力量水平。如通过俯卧撑、立卧撑、双杠支撑臂屈伸、单杠斜身引体、纵跳摸高、举哑铃等练习提高力量水平。

【评价要点】力量测试的成绩。

【评价方法举例】测评学生单杠斜身引体或举哑铃的次数。

(3)通过多种练习提高速度水平。如通过50米跑、快速仰卧起坐、15秒快速跳绳等练习提高速度水平。

【评价要点】速度测试的成绩。

【评价方法举例】测评学生15秒快速跳绳的次数或50米跑的成绩。

(4)通过多种练习发展心肺耐力。如通过50米×8往返跑、定时有氧跑、校园定向越野比赛等练习发展心肺耐力。

【评价要点】心肺耐力测试的成绩。

【评价方法举例】测评学生1分钟跳绳的次数或50米×8往返跑的成绩。

四、心理健康与社会适应

培养坚强的意志品质

学习目标1:在体育活动中表现出克服困难的意志品质。

达到该目标时,学生将能够:

在比较困难的体育活动中表现出自信和克服困难的勇气。如克服运动中的"极点"反应,在练习或比赛遭遇挫折时继续努力等。

【评价要点】在困难条件下不断努力的表现。

【评价方法举例】让学生自评在长跑中克服"极点"反应、坚持完成任务的体验。

学习目标2:正确认识和对待身体条件和运动能力的差异。

达到该目标时,学生将能够:

正确认识自己及他人的身体条件和运动能力,并对自己充满信心。如不会因为运动技能、身体条件等方面与他人有差异而感到骄傲、自卑或放弃努力。

【评价要点】与不同运动能力的同学一起参与体育活动的表现。

【评价方法举例】让学生讨论不同运动项目对身高或体重的特殊要求,并说出自己适合的运动项目。

学会调控情绪的方法

学习目标:在体育活动中注意调节自己的情绪。

达到该目标时,学生将能够:

在体育活动中遇到挫折时注意控制自己的情绪,表现出自制能力。如比赛失利时不消极、不气馁、不讽刺对方,采用自我激励等方法控制焦虑、烦躁等不良情绪。

【评价要点】在体育活动中遇到挫折时的情绪状态。

【评价方法举例】自我评价或相互评价在未能完成动作时的情绪表现。

形成合作意识与能力

学习目标:在团队体育活动中能较好地履行自己的职责。

达到该目标时,学生将能够:

乐意融入团队体育活动并完成自己的任务。如在小足球、接力跑、合作跑练习中扮演好自己的角色等。

【评价要点】团队体育活动中的合作表现。

【评价方法举例】评价学生在小足球比赛或合作跑练习中的表现。

具有良好的体育道德

学习目标1:形成良好的体育道德意识和行为。

达到该目标时,学生将能够:

对体育道德具有一定的认识并能努力实践。如表现出胜不骄、败不馁,尊重同伴、尊重对手、尊重裁判等道德行为。

【评价要点】对体育道德的认识及其行为表现。

【评价方法举例】让学生自我评价和相互评价小篮球比赛中的言行举止,并针对不符合体育道德的行为进行简单分析。

学习目标2:在体育活动中尊重相对较弱者。

达到该目标时,学生将能够:

正确对待体育活动中的相对较弱者。如在体育活动中不歧视并能帮助比自己运动技能水平差的同学和其他弱势群体(如肥胖生和学困生等)。

【评价要点】在体育活动中对待相对较弱者的表现。

【评价方法举例】让学生举出体育活动中尊重或帮助相对较弱者的事例。

水平四(7—9年级)

一、运动参与

参与体育学习和锻炼

学习目标:初步形成体育锻炼的习惯。

达到该目标时,学生将能够:

自觉上好体育与健康课,经常参加课外体育锻炼。如有简单的体育锻炼计划,并付诸实施等。

【评价要点】参加课外体育锻炼的情况。

【评价方法举例】让学生说出过去一周内参加体育锻炼的次数和时间,并进行自我评价。

体验运动乐趣与成功感

学习目标:初步形成积极的体育态度。

达到该目标时,学生将能够:

在体验运动乐趣的过程中初步形成积极的体育态度。如认识体育学习和锻炼的重要意义,对提高体育学习和锻炼的效果表达自己的观点,认真上好体育与健康课,积极参与课外体育锻炼等。

【评价要点】对体育学习和锻炼的意义及价值的理解程度。

【评价方法举例】让学生说出体育学习和锻炼的意义及价值,并相互评价课内和课外锻炼时的表现。

二、运动技能

学习体育运动知识

学习目标 1：简要分析体育比赛中的现象与问题。

达到该目标时，学生将能够：

简要分析现代体育与奥运会发展过程中所发生的一些重要事件与问题。如简要分析奥运会、兴奋剂、球场暴力等事件与问题。

【评价要点】对现代体育与奥运会发展过程中所发生的重要事件与问题的认识。

【评价方法举例】让学生写出关于举办奥运会意义的小文章。

学习目标 2：提高体育学习和锻炼的能力。

达到该目标时，学生将能够：

(1)基本掌握科学锻炼身体的基本知识和方法。如基本掌握运动强度和密度、靶心率、心率测定和运动量控制等基本知识和方法。

【评价要点】对科学锻炼的基本知识和方法的掌握程度。

【评价方法举例】让学生自我测定心率，并说出心率与运动强度和密度的关系。

(2)基本形成自主、合作和探究学习与锻炼的能力。如根据体育学习或锻炼要求以及实际情况设置个人学习目标，选择学习策略等。

【评价要点】发现和解决体育与健康学习过程中有关问题的能力。

【评价方法举例】让学生找出自制的锻炼计划中存在的问题，并在教师的指导下做出修改。

掌握运动技能和方法

学习目标：基本掌握并运用运动技术。

达到该目标时，学生将能够：

(1)基本掌握并运用一些田径类运动项目的技术。如基本掌握并运用短跑、中长跑、定向越野、跨栏跑、接力跑、跳远、跳高、投实心球等项目的技术。

【评价要点】完成所学技术动作的正确性以及速度、远度或高度。

【评价方法举例】评价学生掌握跳远的助跑、起跳等技术的程度。

(2)基本掌握并运用一些球类运动项目的技术和简单战术。如基本掌握并运用篮球、排球、足球、羽毛球、乒乓球、网球、毽球、珍珠球和三门球等球类运动项目的技术和简单战术。

【评价要点】在比赛中运用所学技术的熟练程度。

【评价方法举例】评价学生在篮球教学比赛中运球、传球、投篮技术的运用情况,以及对传接配合等战术的熟练程度。

（3）基本掌握并运用一些体操类运动项目的技术。如基本掌握并运用器械体操、技巧、健美操、街舞、啦啦操、校园集体舞等运动项目的技术动作与组合动作。

【评价要点】完成所学动作的身体姿态、节奏感、协调性、柔韧性、力量和表现力。

【评价方法举例】评价学生完成健美操、以单腿摆越成骑撑和后摆转体 90°下为主的单杠组合动作、以分腿骑坐和支撑后摆挺身下为主的双杠组合动作等的质量。

（4）基本掌握并运用一些游泳或冰雪类运动项目的技术。如在基本掌握并运用蛙泳或滑冰、滑雪基本技术的基础上,学习并掌握其他泳姿或有一定难度的滑冰、滑雪技术等。

【评价要点】对于所学不同泳姿或有一定难度的滑冰、滑雪技术的掌握程度。

【评价方法举例】评价学生完成所学自由泳或者滑冰技术动作的质量。

（5）基本掌握并运用一些武术类运动项目的1－2组技术动作组合。如基本掌握并运用9－10个动作组成的武术套路等。

【评价要点】完成所学武术套路的连贯性、力量及其运用能力。

【评价方法举例】由教师或者体育骨干作为进攻方,观察学生掌握和运用所学防身术的情况。

（6）基本掌握并运用一些其他较复杂的民族民间传统体育活动项目的技术。如基本掌握并运用竹竿舞、花样跳绳、抖空竹、踢花毽等项目的基本技术。

【评价要点】完成所学动作的正确性、协调性、数量及运用情况。

【评价方法举例】学生相互评价运用踢花毽技术进行课外锻炼的情况。

增强安全意识和防范能力

学习目标1:提高安全运动的能力。

达到该目标时,学生将能够:

具有较强的安全运动能力。如比较全面地掌握安全运动、保护他人和自我保护的方法以及常见运动损伤的紧急处理方法;基本掌握溺水的应急处理方法等。

【评价要点】在体育活动和比赛中注意安全以及帮助他人安全运动的行为表现。

【评价方法举例】评价学生在体育活动中互相保护或帮助他人处理运动损伤的表现。

学习目标2:将安全运动的意识迁移到日常生活中。

达到该目标时,学生将能够:

在日常生活中具有安全行动的意识和能力。如在日常生活中走路、骑车以及特殊天气(如下雨、下雪、大雾等)条件下注意安全,懂得自然灾害(如地震等)或突发事件(如火灾等)发生时主动规避危险的知识和方法等。

【评价要点】日常生活中注意安全的行为表现。

【评价方法举例】让学生说出在横穿交通拥挤的街道等情况下的安全注意事项。

三、身体健康

掌握基本保健知识和方法

学习目标1:了解生活方式与健康的关系。

达到该目标时,学生将能够:

了解营养、睡眠、吸烟、饮酒等与健康的关系。如知道膳食平衡有利于促进健康,充足的睡眠有利于生长发育,不良生活方式有害健康;懂得食物中毒的常见原因;学会拒绝吸烟、酗酒的方法;了解毒品对个人、家庭和社会的危害,拒绝毒品等。

【评价要点】对生活方式与健康关系的了解程度。

【评价方法举例】让学生结合自身的情况说明合理饮食与控制体重的关系,或说出2-3种有效拒绝吸烟、酗酒的方法。

学习目标2:基本掌握卫生防病的知识和方法。

达到该目标时,学生将能够:

基本掌握一些疾病的预防知识和方法。如知道乙型脑炎、肺结核、肝炎的预防方法,不歧视乙型肝炎患者和病毒携带者;了解艾滋病的基本知识及预防方法,不歧视艾滋病患者和病毒携带者;不滥用镇静、催眠等成瘾性药物。

【评价要点】对所学传染病的传播途径和预防方法的了解程度。

【评价方法举例】让学生说出或写出肺结核病或艾滋病的危害、传播途径和预防措施。

学习目标3:基本掌握青春期保健知识。

达到该目标时,学生将能够:

遵循青春期的身心变化规律,基本掌握保健知识和方法。如知道青春期心理发育的特点和变化规律,青春期常见生理问题的预防和处理方法;了解异性交往的原则,学会识别容易发生性侵害的危险因素,保护自己不受性侵害;预防网络成瘾等。

【评价要点】对青春期保健知识的掌握程度。

【评价方法举例】让学生举例说明常见生理问题的预防和处理方法。

全面发展体能与健身能力

学习目标：在运动项目练习中提高灵敏性、速度、力量、心肺耐力和健身能力。

达到该目标时,学生将能够：

(1)在多种运动项目练习中提高灵敏性。如在球类运动中提高灵敏性等。

【评价要点】运动项目练习中的灵敏性表现。

【评价方法举例】评价学生在篮球运球突破时的灵敏性。

(2)在多种运动项目练习中提高速度水平。如在民族民间传统体育活动项目中提高速度水平等。

【评价要点】运动项目练习中的速度水平。

【评价方法举例】测评学生30秒快速跳绳或踢毽子的次数。

(3)在多种运动项目练习中提高力量水平。如在体操类运动中提高力量水平等。

【评价要点】运动项目练习中的力量表现。

【评价方法举例】评价学生在完成单杠或双杠动作过程中所表现的力量水平。

(4)在多种运动项目练习中提高心肺耐力。如在田径类运动中提高心肺耐力等。

【评价要点】运动项目练习中的心肺耐力表现。

【评价方法举例】测试学生800米(女)、1000米(男)跑的成绩。

四、心理健康与社会适应

培养坚强的意志品质

学习目标：具有坚决果断的决策能力。

达到该目标时,学生将能够：

积极应对各种困难,并果断做出决策。如在篮球比赛中,根据场上的形势变化果断做出决策行为等。

【评价要点】在体育活动中果断做出决策行为的表现。

【评价方法举例】让学生举出自己在体育活动中果断决策的事例。

学会调控情绪的方法

学习目标：积极应对挫折和失败并保持稳定情绪。

达到该目标时,学生将能够：

分析体育学习和锻炼中遇到挫折和失败的原因,并保持稳定和积极的情绪。如正确认识挫折的原因,保持良好的心态等。

【评价要点】应对挫折或失败的情绪和行为表现。

【评价方法举例】让学生举例分析自己在乒乓球比赛失利时的情绪变化和调控情绪的方法。

形成合作意识与能力

学习目标：树立集体荣誉感。

达到该目标时，学生将能够：

在集体性体育活动中共同努力实现目标。如在比赛中为了集体的最终胜利，愿意为同伴创造更好的进攻时机等。

【评价要点】在集体性体育活动中处理个人与集体关系的表现。

【评价方法举例】让学生举例谈谈个人目标服从集体目标的重要性。

具有良好的体育道德

学习目标：形成良好的体育道德行为并迁移到日常生活中。

达到该目标时，学生将能够：

在体育活动、比赛和日常生活中表现出良好的道德行为。如表现出公平、诚实、友爱、礼貌、尊重等行为。

【评价要点】平时在体育活动和比赛中的道德表现。

【评价方法举例】让学生讨论和分析体育活动和比赛中发生的较典型的违反道德行为，并相互评价体育活动中的道德表现。

第四部分　实施建议

在实施本标准的过程中，各地、各校应依据本标准的要求分别制定地方体育与健康课程实施方案和学校体育与健康课程实施计划（参见附录1）。教师应根据实际情况合理设计并有效实施体育与健康课的教学，提高教学质量。

一、教学建议

体育与健康课程的教学质量和效果主要体现在学生体育与健康知识的掌握、运动技能的习得、体能的增强和学习行为的变化等方面。教师要认真研究学习目标、教学内容、教学方法、学习评价等问题，保证教学的有效实施，不断提高教学质量。

（一）设置学习目标的建议

1. 在目标多元的基础上有所侧重。体育与健康课程的学习目标应充分体现知识与技能、过程与方法、情感态度与价值观三维目标的思想，强调运动参与、运动技能、身体健康、心理健康与社会适应四个方面目标的有机整合，充分体现体育与健康课程的多种功能和价值。体育与健康课堂教学在体现学习目标多元特征的同时，还应注意有所侧重。

2.细化本标准提出的课程目标。教师应结合实际，将课程目标具体化，提高目标的可操作性，有计划、有步骤地促进学习目标的达成。学习目标是由水平目标、学年目标、学期目标、单元目标、课时目标组成的完整体系。教师应根据本标准的总要求制定各层次的具体学习目标。具体学习目标一般应该包括"条件"（在什么情境中）、"行为"（做什么和怎么做）和"标准"（做到什么程度）三个部分。为了更好地表示目标的层次性，在制定学习目标时应使用能够体现不同层次意义的行为动词。

3.目标难度适宜。教师应根据学生的体能、运动技能等实际，设置能激发学生学习动机和愿望、经过师生共同努力能够达成的学习目标。

(二)选择和设计教学内容的建议

1.体现"目标引领内容"的思想。教师应根据体育与健康课程的目标，认真分析教材，选择和设计教学内容，提高学生的运动技能和体能水平，加强学生健康维护的意识，促进学生身心协调发展。

2.符合学生身心发展特点。教学内容的选择和设计要充分考虑不同学段学生的体育与健康学习基础、身体特征、体能发展敏感期和心理发展特点等，提高教学内容的针对性。

3.充分考虑学生的运动兴趣与需求。教学内容的选择和设计应以学生喜闻乐见的运动项目为重点，并与学生已有的体育经验和生活经验相联系，激发与培养学生的运动兴趣，调动学生学习的积极性。

4.适合教学实际条件。教学内容的选择和设计要充分考虑场地与设施条件、季节、气候和安全等具体情况，因时、因地制宜地进行体育与健康教学。

5.重视健康教育。各校应根据实际情况，充分利用不宜室外运动上课时间，每学年保证开展一定时数的健康教育内容教学。

(三)选择与运用教学方法的建议

在体育与健康课堂教学中，教学方法要根据学习目标、教学内容、学生实际、体育与健康课程资源等方面进行选择与合理运用。

1.应有利于促进学生体育与健康的知识与技能、过程与方法、情感态度与价值观的整体发展，充分发挥体育促进学生全面发展的重要作用。

2.应针对不同水平学生的身心发展特点，遵循不同内容的教学规律与要求，进行更有针对性和实效性的教法与学法创新，调动学生体育与健康学习的积极性。

3.应创设民主、和谐的体育与健康教学情境，有效运用自主学习、合作学习、探究学习（参见附录2中的案例1、案例2、案例3）与传授式教学等方法，引导学生在体育活动中,通过体验、思考、探索、交流等方式获得体育与健康的基础知识、基本技能和方法,培养应对问题、自我锻炼、交往合作等能力,开展富有个性的学习,不断丰富体育活动经验,学会体育学习和锻炼。

4.应在运动技能教学的同时,安排一定的时间,选择简便有效的练习内容,采用多种多样的方法,发展学生的体能。

5.应高度重视学生之间的个体差异,在体育与健康教学中做到区别对待、因材施教,特别要关注体育基础较差的学生,有针对性地采用相应的教学方法,提高他们的自尊和自信,促进每一位学生更好地发展。

二、评价建议

体育与健康学习评价是促进学生达成学习目标的重要手段。本标准倡导体育与健康学习评价以多元的内容、多样的方法、多元的评价标准和评价主体,构成科学的体育与健康学习评价体系,多方面收集评价信息,准确反映学生的学习情况,充分发挥评价的诊断、反馈、激励与发展功能,更有效地挖掘每一位学生的体育与健康学习潜力,调动他们的体育与健康学习积极性,促进学生更好地"学"和教师更好地"教"。

(一)明确体育与健康学习评价目标

本标准非常重视每一位学生的全面发展,强调通过体育与健康学习评价有效促进学生的不断发展。因此,教师在确定体育与健康学习评价的目标时,应关注以下几个方面。

1.了解学生的体育与健康学习和发展情况,以及达到学习目标的程度,为制定下一步教学计划做好准备。

2.判断学生在体育与健康学习过程中存在的不足及其原因,以便改进教学。

3.发现学生的体育与健康学习潜能,为学生提供展示自己能力、水平和个性的机会,鼓励和促进学生进步与发展。

4.培养与提高学生自我认识、自我教育、自我发展的能力。

(二)合理选择体育与健康学习评价内容

1.体能。主要根据教学的实际情况以及参考《国家学生体质健康标准》,确定体能测试的指标,评价学生的体能水平。

2.知识与技能。主要根据本标准的学习目标与要求,以及教学的实际情况,选择相应的体育与健康知识、技能评价指标,评价学生掌握体育与健康知识和技能的程度,以及对所学知识和技能的应用能力等。

3.态度与参与。主要对学生体育与健康课的出勤率、课堂表现、学习兴趣、积极主动地探究问题,以及课外运用所学知识和技能参与体育与健康活动的行为表现等进行评价。

4.情意与合作。主要对学生在体育学习和锻炼中的情感表现、意志品质、人际交往与合作行为等进行评价。

各地、各校可根据教学的实际情况和学生的学习需求,自行确定各水平学生不同体育与健康学习评价内容的权重分配。

(三)采用多样的体育与健康学习评价方法

本标准强调各校根据学习目标的基本要求,结合本校的体育与健康教学实际,运用多样的评价方法,全面、综合地评价学生的体育与健康学习。学习评价既要注意评价的科学、公正、准确,保证评价结果的可信度和有效性,又要注意评价的简便、实用和可操作性,制定出适合本校实际的体育与健康学习评价标准。通过学习评价,调动学生学习的主动性和教师教学的积极性,充分发挥评价的育人功能。

1.定性评价与定量评价相结合。对体能、知识与技能指标应主要采用定量评价的方法(如等级制评价、分数评价等),对态度与参与、情意与合作指标应主要采用定性评价的方法(如评语式评价等)。对水平一的学生应主要采用评语式评价;对水平二和水平三的学生可以采用评语式和等级制评价相结合的方式;对水平四的学生以等级制评价为主,结合评语式评价进行综合评价。

2.形成性评价与终结性评价相结合。在体育与健康教学中,教师应注意观察与记录学生的行为表现,用口头评价的方式,及时向学生反馈评价信息,帮助学生了解自己的学习情况并改进学习方法,不断提高学习能力(参见附录3中的案例1)。在对学生学期或学年的学习成绩进行评价时,教师应综合学生在体能、知识与技能、态度与参与、情意与合作方面的学习情况和发展变化,以及期末测试成绩,进行终结性评价,给出综合成绩,写出评语(参见附录3中的案例2),将评价结果反馈给学生并放入学生的"成长记录袋"中。最后,对学生的体育与健康学习成绩进行班级汇总(参见附录3中的案例3),上交给学校教务处。

3.相对性评价与绝对性评价相结合。本标准非常重视学生的个体差异和进步幅度,建议教师将每学期结束时的测试结果、学生在该学期体育与健康学习各方面的进步幅度(即进步成绩=期末成绩-期初成绩),以及教师的课堂教学记录结合起来,对相应的评价指标(如体能、知识与技能指标等)进行综合评价,使每一位学生都能感受到通过努力获得进步所带来的成功体验,有效地提高每一位学生的自尊和自信。

(四)发挥多方面评价主体的作用

为了更好地发挥学习评价的作用,既要采用教师评价,也要关注学生的自我评价和相互评价,并努力发挥其他和学生体育与健康学习有关人员的评价作用。

1.教师评价。教师在体育与健康学习评价中起主要作用。教师的评价应具有很强的权威性,须尽力做到全面和准确。教师要用发展的眼光来评价学生,以表扬和激励为主,并提供尽可能多的具体反馈以及改进与提高的建议。

2.学生评价。教师应充分调动学生参与体育与健康学习评价的主动性和积极性。学生评价的方式有自评、互评和小组内评价等。教师应加强对学生评价的指导,提高学生正确评价自己和他人的能力。

3.其他人员评价。学生的体育与健康学习需要得到各方面人士的支持和鼓励。建议让班主任乃至家长等参与到学生体育与健康学习评价中来,上述人员的评价可以作为对学生评价的参考。

(五)合理运用体育与健康学习评价结果

教师应及时将评价结果反馈给学生,与学生一起判断体育与健康学习目标的达成程度,分析体育与健康学习的进步与不足,帮助学生改进体育与健康学习,不断取得进步,增强自尊与自信,提高体育与健康学习兴趣,养成良好的锻炼习惯和生活方式。

教师应正确处理体育与健康学习评价与《国家学生体质健康标准》测试和"体育中考"等的关系,避免大量的"应试课"冲击和替代正常教学课的现象,以免影响体育与健康教学质量。

三、教材编写建议

体育与健康课程的教材分为教科书、教师教学参考书和挂图、卡片、图片、音像资料等。教材具有帮助学生预习、学习和复习体育与健康课程的教学内容,指导学生进行科学的体育锻炼,帮助教师制定教学计划、规范教学等重要作用。本标准是教材编写的重要依据。

水平一至水平四均要编写体育与健康教师教学参考书,水平一至水平三不编写教科书,水平四可编写一册教科书。根据本标准对健康教育教学的要求,相应健康教育的内容可编写在教师教学参考书或教科书(水平四)中。

编写体育与健康教科书应注意以下几个方面:

1.教育性

教科书编写要贯彻国家的教育方针,体现素质教育的精神和"健康第一"的指导思想。教科书要有利于学生形成正确的体育与健康价值观,有利于培养学生的社会责任感,有利于对学生进行集体主义、爱国主义和社会主义教育。

2.科学性

教科书编写要以体育与健康的科学原理为基础,符合学生认知与运动能力发展的特点,遵循体育与健康教育教学规律和具有逻辑性。教科书中的观点、引文、文字表述和数据等要正确无误,插图要清晰、准确。

3. 实用性

教科书编写应精选与学生身心健康紧密相关的、对学生终身学习具有重要影响的体育与健康知识、技能和方法以及科学锻炼的方法,强调体能与运动技能的健康价值,引导学生主动将所学的知识、技能和方法运用于体育学习和锻炼中,使教科书的内容与实践课教学相互联系、互为补充,共同促进学生实现体育与健康课程目标,提高学生的体育与健康素养。

4. 可读性

教科书编写应符合学生的心理特点,充分考虑学生的可接受性,关注学生的兴趣,内容新颖有趣、图文并茂,吸引学生主动阅读和学习,使教科书成为学生理解体育文化、健康知识和进行体育锻炼的良师益友。

5. 发展性

教科书编写要充分考虑社会发展和学生发展的要求,针对学生的求知欲望和探究精神,注意选取对学生健康成长具有长远影响的内容,引导学生建构体育与健康的知识、技能和方法,帮助学生学会体育与健康学习,逐步形成体育锻炼的习惯、终身体育的意识和健康的生活方式。

6. 差异性

教科书编写在贯彻本标准精神的基础上,要充分考虑到各地经济、文化、教育等发展的差异以及地理环境特点,体现独特的思路,形成鲜明的特色。同时,还应满足使用教科书地区学生的体育学习和锻炼需求。

四、课程资源开发与利用建议

体育与健康课程资源是不断提高体育与健康教学质量,开发体育与健康的校本课程,形成各地、各校体育与健康课程特色的重要前提和条件。各级、各类学校,尤其是农村学校应当充分开发与利用体育与健康课程资源,确保体育与健康课程正常、有效地实施。

(一)人力资源的开发与利用

体育教师是最重要的体育与健康课程资源,对体育与健康教学具有决定性的影响。体育教师应充分发挥自己的主观能动性,创造性地开展体育与健康教学。学校和体育教师应该有意识地调动学生、班主任、活动课教师、校医、团干部、少先队辅导员、有体育特长的其他课程教师、社会体育人才、社区医生和学生家长等的积极性,充分发挥他们的作用,促进他们参与教学指导、教学评价、课外体育活动、运动会以及督促学生参加校外体育锻炼等。

(二)体育设施和器材资源的开发与利用

各地、各校应按照教育部《中小学体育器材设施配备目录》的规定配齐体育设施和器材。同时,还要大力开发和充分利用其他的体育设施和器材资源,保证体育与健康课程的有效实施。

1. 开发与利用校内外的场地和设施资源。学校既要充分开发与利用校内的各种场地、设施等开展体育活动,如墙面、树林、食堂、较宽阔的走廊、空地等,也要利用社区的体育场馆、设施和器材等资源辅助教学。

2. 发挥体育器材的多种功能。体育器材一般都可以一物多用,如栏架可以用来跨栏,也可以用作钻越的障碍、小足球的球门等。

3. 妥善保养场地、设施和器材。学校要通过优化管理,加强对场地、设施和器材的维护与保养,提高它们的使用效率和寿命。

(三)课程内容资源的开发与利用

课程内容资源的开发与利用除了要遵循目的性、科学性、可行性、层次性、趣味性和文化性等原则以外,还要特别注意所开发与利用的内容一定要与身体练习相关,无助于身体练习的内容则不应作为体育与健康课程的教学内容。

学校和教师在开发与利用运动项目时,还可根据学生和学校的实际,对某些运动项目进行改造,与此同时,注意开发与利用民族民间传统体育活动项目和新兴运动项目等内容资源。

1. 现有运动项目的改造

学校和教师应根据学生的身心发展特征,加强对现有运动项目的改造。可以通过简化规则、简化技术、降低难度、改造场地与器材等手段,开发出适合学生学习的教学内容。

2. 新兴运动项目的开发与利用

体育与健康课程要注意教学内容的时代性。各地、各校可根据实际情况选用健美操、攀岩、街舞、软式排球、软式橄榄球和软式足球等新兴运动项目。在注意对新兴运动项目进行教材化改造的同时,应引导学生把追求时尚的项目转变成健康向上、参与性强、安全有益的教学内容。

3. 民族民间传统体育活动项目的开发与利用

我国蕴藏着丰富的民族民间体育资源,应大力继承和发扬。各地、各校可根据实际情况选用武术、舞狮、舞龙、踢毽子、抖空竹、竹竿舞、蒙古式摔跤、抢花炮、荡秋千、重阳节登高等民族民间传统体育活动来补充和丰富体育与健康教学内容。

(四)自然地理资源的开发与利用

学校和教师应充分利用附近的地形、地貌,根据当地气候和季节特点开展教学,例如,在保证安全的前提下,利用适宜的水域进行游泳,利用郊野进行远足,利用雪原进行滑雪橇、滚雪球、打雪仗,利用山林开展定向运动和登山运动,利用沙地进行沙滩排球和足球等。教师还可利用季节特点进行教学活动,例如,春季组织春游活动,夏季开展游泳活动,秋季组织登山和越野跑,冬季开展滑冰和滑雪等。

(五)信息资源的开发与利用

学校和教师应指导学生充分利用图书馆、阅览室、各种媒体(如广播、电视、互联网等),多渠道地获取体育与健康的有关信息,丰富学生的体育文化知识、健康知识和素养,帮助学生学会体育学习和锻炼。

(六)时间资源的开发与利用

教师在充分、有效利用有限的体育与健康课时间的基础上,还应充分利用课余时间,通过布置课外作业等方式,引导学生积极参与课外体育锻炼和健康实践活动,不断巩固与提高学生的体育与健康学习成果。体育场地比较紧张的学校要注意合理安排体育与健康课时间,提高体育场地、设施和器材的使用效率。

附 录

附录1 制定地方体育与健康课程实施方案和学校体育与健康课程实施计划的建议

(一)制定地方体育与健康课程实施方案的建议

各省、自治区、直辖市教育行政部门应根据本标准的精神和要求,结合本地区实际情况和课程发展的需要,制定本地区的地方体育与健康课程实施方案(以下简称"方案")。

"方案"应包括以下几个方面的内容:

1.对本标准主要精神的理解与把握。

2.对本地区经济、文化、教育以及体育与健康教学现状、学生体质健康状况等的分析。

3.提出本地区分类指导以及分层、分步推进的课程实施策略。

4.确定本地区水平一至水平四教学内容的范围和标准。

5.提出本地区各个水平的学习评价建议,包括内容、方法与标准等方面。

6.提出本地区实施体育与健康教学、体育场地与器材配备、体育教师研修的基本要求。

(二)制定学校体育与健康课程实施计划的建议

学校应依据本标准和"方案"的要求,结合学生健康发展的需要、学校体育整体发展需要和体育与健康教学实际情况,制定本校的学校体育与健康课程实施计划(以下简称"计划")。

"计划"应包括以下几个方面的内容:

1. 对本标准和"方案"精神的理解与把握。

2. 对学校教育改革背景、体育与健康教学现状、学生体质健康状况、课程资源、体育传统项目等的分析。

3. 明确提出本校实施体育与健康课程的目标。

4. 制定本校课程实施策略与计划。

5. 确定各水平和年级的具体学习目标。

6. 确定各水平和年级的教学内容与课时数分配范围。

7. 提出教法运用与学习指导的基本要求。

8. 具体规定各水平和年级学生体育与健康学习成绩评价方案,包括具体的内容、方法和标准等方面。

9. 提出体育与健康课程资源开发与利用的建议。

10. 提出教学管理方面的具体要求。

附录2 发展学生自主、合作、探究学习能力(案例)

案例1 在篮球投篮教学过程中培养自主学习的意识和能力

学习阶段:水平四。

学习目标:

1. 提高1分钟投篮的命中率。

2. 体验投篮的乐趣和提高命中率的成功感。

3. 培养自主学习投篮的方法和能力。

教学内容:投篮练习。

教学步骤:

1. 学生在教师指导下根据自己的实际能力选择投篮距离(如2米、3米、4米)。

2. 学生根据自己的情况设置1分钟投篮命中的次数目标(如1分钟投中3次)。

3. 学生思考"如何投准"(可以请教教师或同学)。

4. 学生尝试练习和体验。

5. 学生自我测评。

6. 达到目标的学生总结成功的经验,并设置新的目标进行练习;未达到目标的学生进行反思,并改进练习方法。

说明:本例的设计思路是学生在教师指导下,根据自己的实际选择不同的投篮距离,设置每分钟投篮命中的次数,思考投准的方法并进行练习,从而提高投篮的准确性,体验篮球活动的乐趣和成功感,培养自主学习的意识和能力。

案例2　在跳长绳教学过程中培养合作学习的意识和能力

学习阶段:水平三。

学习目标:

1. 提高连续跳长绳的总次数。

2. 增强跳绳动作的协调性。

3. 提高与同伴合作跳长绳的能力。

教学内容:跳长绳。

教学步骤:

1. 教师提出学习目标,明确连续跳长绳的总次数。

2. 分组进行跳长绳练习。

3. 学生讨论与分析影响本组跳绳成绩的原因有哪些,包括个人的跳绳技术、同伴间的协作等。

4. 学生讨论并确定解决问题的方法,并请教师指导和帮助。

5. 技术好的学生帮助技术较差的学生改进跳绳技术。

6. 再次进行集体练习。

7. 小组间比赛。

说明:本例的设计思路是在学生分组进行跳长绳练习过程中,引导学生通过相互指导和帮助来提高动作的协调性和跳绳的技术水平,培养合作学习的意识和能力。

案例3　在跨栏跑教学过程中培养探究学习的意识和能力

学习阶段:水平四。

学习目标:

1. 探究提高跨栏跑速度的方法。

2. 提高跨栏跑的速度。

3. 改进跨栏跑的过栏技术。

教学内容:跨栏跑。

教学步骤:

1. 教师针对学生的实际,设置不同的栏架高度和栏间距离。

2. 教师提问:"怎样才能提高跨栏跑的速度?"

3. 教师鼓励每一位学生大胆思考"如何提高栏间跑的速度""如何迅速跨过栏架"等问题。

4. 学生分组进行练习。每一位学生尝试练习时,组内其他学生轮流在起跑处、起跨处观察和记录。

5. 小组内每一位学生就完成动作的情况进行自我分析,并进一步思考和寻求有效的练习方法,为其他学生提出有效的建议。

6. 学生在自我分析和思考的基础上,结合同学的建议进行有针对性的练习。

7. 进行组内展示与比赛,看谁进步快。

说明:本例的设计思路是教师创设跨栏跑的问题情境,鼓励学生积极开动脑筋,寻找解决问题的方案,掌握跨栏跑的正确动作,发展速度和协调能力,培养探究学习的精神和能力。

附录3 体育与健康学习评价参考用表

案例1 水平二学生体育与健康学习行为小组记录表

年级_____ 班_____ 学期_____ 记录员(体育小组长):

姓名	课次/周次 评价内容	第__周 星期__	第__周 星期__	第__周 星期__	第__周 星期__	……	总分
李小强	态度与参与	★■▲ ◇×	★■▲ ◇×	★■▲ ◇×	★■▲ ◇×	……	……
	情意与合作	★■▲ ◇×	★■▲ ◇×	★■▲ ◇×	★■▲ ◇×	……	……
赵晓明	态度与参与	★■▲ ◇×	★■▲ ◇×	★■▲ ◇×	★■▲ ◇×	……	……
	情意与合作	★■▲ ◇×	★■▲ ◇×	★■▲ ◇×	★■▲ ◇×	……	……
……	态度与参与	★■▲ ◇×	★■▲ ◇×	★■▲ ◇×	★■▲ ◇×	……	……
	情意与合作	★■▲ ◇×	★■▲ ◇×	★■▲ ◇×	★■▲ ◇×	……	……
评分标准	态度与参与	★ 积极参与课内外体育与健康活动,并认真接受教师指导 ■ 较积极参与课内外体育与健康活动,并较认真接受教师指导 ▲ 能够参与课内外体育与健康活动,或者请病假、事假 ◇ 极少参与课内外体育与健康活动,或者有迟到、早退现象 × 旷课						
	情意与合作	★ 乐于助人,敢于展示和挑战自我,克服困难、坚持不懈,能为团队的成功积极主动地与同伴配合 ■ 较好地表现出帮助他人,愿意展示和挑战自我,克服困难、坚持不懈,能为团队的成功配合同伴 ▲ 有帮助他人、展示和挑战自我,克服困难、团结合作等表现 ◇ 缺乏帮助他人、展示和挑战自我,克服困难、团结合作等表现 × 旷课						

说明:

1. 本评价表是一张对学生的体育与健康学习过程进行评价的案例,用于每节课对学生的态度与参与、情意与合作进行记录与评价,可由体育小组长(或者体育小骨干)操作,评价本组同学的课堂行为表现。本评价表也可经过改造后,用于教师对全班同学课内外体育与健康活动表现的评价。

2.评价方法:教师可以根据教学需要给予★、■、▲、◇、×各种符号相应的分数,如分别为 5、4、3、2、1,以便于总分计算。各项评价内容总分=各节课分值之和/总课时数。

3."评分标准"一栏的内容也可以印在表格背后,以免占用表格空间。

4.本评价表中的相应内容可以为附录3案例2中教师在学期(或者学年)结束时,对学生的态度与参与、情意与合作方面的成绩进行评价以及撰写评语提供翔实的数据和参考依据。

案例2　水平二学生体育与健康学习成绩个人评价表

___年级___班___学期___姓名___性别___学号___

评价内容	评价范围					综合评分
	项目	体能1	体能2	体能3	……	
体能	期初	测试成绩				
		分数				
	期末	测试成绩				
		分数				
	进步幅度	进步成绩				
		分数				
	单项评定分数					
知识与技能	项目	知识与技能1	知识与技能2	知识与技能3	……	
	单项评定分数					
态度与参与						
情意与合作						
评语				总分		
		签名:		等级		

说明:

1.本评价表由体育教师填写。

2.评价方法:

(1)体能的评价。

①体能测试成绩主要根据《国家学生体质健康标准》测试学生各项体能的成绩,并给予相应的评分。

②每个学期期末的体能测试成绩即为下学期期初的体能测试成绩。

③各单项体能评定分数=期末测试分数+进步幅度分数(即期末测试分数-期初测试分数)×权重。

④各单项体能进步幅度分数以附加分的形式加入到相应的单项体能评定分数中,其附加权重(如③中的权重)可以根据教学的实际情况和激励学生发展的需要进行确定和调整。

⑤体能综合评分=各单项评定分数之和/测试项目总数。

⑥每学期的体能测试项目由各学校根据学生的实际情况和教学需要予以确定,一般为2—3项。

(2)知识与技能的评价。

①运动技能的评定分数主要由各校根据本校学生的实际测试成绩予以评分。

②知识与技能综合评分＝各单项评定分数之和/测试项目总数。

③体育与健康知识的评价可以采用单独进行理论考试的形式,也可以穿插在对每项运动技能的测试之中。

④每学期知识与技能测试的具体项目数由各校根据学生的实际情况和教学需要予以确定,一般为2—3项。

(3)态度与参与、情意与合作的"综合评分"可以由附录3案例1中相应总分转换成百分制分数获得。

(4)"评语"一栏由教师根据附录3案例1中记录的学生体育与健康学习表现,以简练的语言对每一位学生进行终结性评价,并给予明确的学习指导。注意给每一位学生的评语要有针对性。

(5)总分＝(体能综合评分×权重1)＋(知识与技能综合评分×权重2)＋(态度与参与综合评分×权重3)＋(情意与合作综合评分×权重4),所有权重之和为100％。

(6)"等级"主要根据"总分"成绩给出,可以根据具体情况确定和调整优、良、中、合格、需努力所对应的总分分值,确定等级评定标准。

案例3　水平二学生体育与健康学习成绩班级总表

＿＿年级＿＿班＿＿学期　学生数＿＿免修学生数＿＿

评价内容 姓名	体能	知识与技能	态度与参与	情意与合作	总分
李小强					
赵晓明					
……					

任课教师：＿＿＿＿＿＿

说明：

1. 本评价表是由体育教师填写的班级终结性评分表,用于上交班主任或学校教务处。

2. 本评价表中的各项评价内容分数可由附录3案例2中的"综合评分"一栏直接获得。

3. 计算总分时,所需要给出的各项评价内容分数权重由各地、各校根据教学的实际情况和激励学生发展的需要,予以确定和酌情调整。

附录2 《中学教师专业标准(试行)》

为促进中学教师专业发展,建设高素质中学教师队伍,根据《中华人民共和国教师法》和《中华人民共和国义务教育法》,特制定《中学教师专业标准(试行)》(以下简称《专业标准》)。

中学教师是履行中学教育工作职责的专业人员,需要经过严格的培养与培训,具有良好的职业道德,掌握系统的专业知识和专业技能。《专业标准》是国家对合格中学教师的基本专业要求,是中学教师开展教育教学活动的基本规范,是引领中学教师专业发展的基本准则,是中学教师培养、准入、培训、考核等工作的重要依据。

一、基本理念

(一)学生为本

尊重中学生权益,以中学生为主体,充分调动和发挥中学生的主动性,遵循中学生身心发展特点和教育教学规律,提供适合的教育,促进中学生生动活泼学习、健康快乐成长,全面而有个性地发展。

(二)师德为先

热爱中学教育事业,具有职业理想,践行社会主义核心价值体系,履行教师职业道德规范。关爱中学生,尊重中学生人格,富有爱心、责任心、耐心和细心;为人师表,教书育人,自尊自律,以人格魅力和学识魅力教育感染中学生,做中学生健康成长的指导者和引路人。

(三)能力为重

把学科知识、教育理论与教育实践相结合,突出教书育人实践能力;研究中学生,遵循中学生成长规律,提升教育教学专业化水平;坚持实践、反思、再实践、再反思,不断提高专业能力。

(四)终身学习

学习先进中学教育理论,了解国内外中学教育改革与发展的经验和做法;优化知识结构,提高文化素养;具有终身学习与持续发展的意识和能力,做终身学习的典范。

二、基本内容

维度	领域	基本要求
专业理念与师德	（一）职业理解与认识	1. 贯彻党和国家教育方针政策，遵守教育法律法规。 2. 理解中学教育工作的意义，热爱中学教育事业，具有职业理想和敬业精神。 3. 认同中学教师的专业性和独特性，注重自身专业发展。 4. 具有良好职业道德修养，为人师表。 5. 具有团队合作精神，积极开展协作与交流。
	（二）对学生的态度与行为	6. 关爱中学生，重视中学生身心健康发展，保护中学生生命安全。 7. 尊重中学生独立人格，维护中学生合法权益，平等对待每一个中学生。不讽刺、挖苦、歧视中学生，不体罚或变相体罚中学生。 8. 尊重个体差异，主动了解和满足中学生的不同需要。 9. 信任中学生，积极创造条件，促进中学生的自主发展。
	（三）教育教学的态度与行为	10. 树立育人为本、德育为先的理念，将中学生的知识学习、能力发展与品德养成相结合，重视中学生的全面发展。 11. 尊重教育规律和中学生身心发展规律，为每一个中学生提供适合的教育。 12. 激发中学生的求知欲和好奇心，培养中学生学习兴趣和爱好，营造自由探索、勇于创新的氛围。 13. 引导中学生自主学习、自强自立，培养良好的思维习惯和适应社会的能力。
	（四）个人修养与行为	14. 富有爱心、责任心、耐心和细心。 15. 乐观向上、热情开朗、有亲和力。 16. 善于自我调节情绪，保持平和心态。 17. 勤于学习，不断进取。 18. 衣着整洁得体，语言规范健康，举止文明礼貌。
专业知识	（五）教育知识	19. 掌握中学教育的基本原理和主要方法。 20. 掌握班集体建设与班级管理的策略与方法。 21. 了解中学生身心发展的一般规律与特点。 22. 了解中学生世界观、人生观、价值观形成的过程及其教育方法。 23. 了解中学生思维能力与创新能力发展的过程与特点。 24. 了解中学生群体文化特点与行为方式。
	（六）学科知识	25. 理解所教学科的知识体系、基本思想与方法。 26. 掌握所教学科内容的基本知识、基本原理与技能。 27. 了解所教学科与其他学科的联系。 28. 了解所教学科与社会实践的联系。

续表

专业知识	(七)学科教学知识	29. 掌握所教学科课程标准。 30. 掌握所教学科课程资源开发的主要方法与策略。 31. 了解中学生在学习具体学科内容时的认知特点。 32. 掌握针对具体学科内容进行教学的方法与策略。
	(八)通识性知识	33. 具有相应的自然科学和人文社会科学知识。 34. 了解中国教育基本情况。 35. 具有相应的艺术欣赏与表现知识。 36. 具有适应教育内容、教学手段和方法现代化的信息技术知识。
专业能力	(九)教学设计	37. 科学设计教学目标和教学计划。 38. 合理利用教学资源和方法设计教学过程。 39. 引导和帮助中学生设计个性化的学习计划。
	(十)教学实施	40. 营造良好的学习环境与氛围,激发与保护中学生的学习兴趣。 41. 通过启发式、探究式、讨论式、参与式等多种方式,有效实施教学。 42. 有效调控教学过程。 43. 引发中学生独立思考和主动探究,发展学生创新能力。 44. 将现代教育技术手段渗透应用到教学中。
	(十一)班级管理与教育活动	45. 建立良好的师生关系,帮助中学生建立良好的同伴关系。 46. 注重结合学科教学进行育人活动。 47. 根据中学生世界观、人生观、价值观形成的特点,有针对性地组织开展德育活动。 48. 针对中学生青春期生理和心理发展特点,有针对性地组织开展有益身心健康发展的教育活动。 49. 指导学生理想、心理、学业等多方面发展。 50. 有效管理和开展班级活动。 51. 妥善应对突发事件。
	(十二)教育教学评价	52. 利用评价工具,掌握多元评价方法,多视角、全过程评价学生发展。 53. 引导学生进行自我评价。 54. 自我评价教育教学效果,及时调整和改进教育教学工作。
	(十三)沟通与合作	55. 了解中学生,平等地与中学生进行沟通交流。 56. 与同事合作交流,分享经验和资源,共同发展。 57. 与家长进行有效沟通合作,共同促进中学生发展。 58. 协助中学与社区建立合作互助的良好关系。
	(十四)反思与发展	59. 主动收集分析相关信息,不断进行反思,改进教育教学工作。 60. 针对教育教学工作中的现实需要与问题,进行探索和研究。 61. 制定专业发展规划,不断提高自身专业素质。

三、实施建议

（一）各级教育行政部门要将《专业标准》作为中学教师队伍建设的基本依据。根据中学教育改革发展的需要，充分发挥《专业标准》的引领和导向作用，深化教师教育改革，建立教师教育质量保障体系，不断提高中学教师培养培训质量。制定中学教师准入标准，严把中学教师入口关；制定中学教师聘任（聘用）、考核、退出等管理制度，保障教师合法权益，形成科学有效的中学教师队伍管理和督导机制。

（二）开展中学教师教育的院校要将《专业标准》作为中学教师培养培训的主要依据。重视中学教师职业特点，加强中学教育学科和专业建设。完善中学教师培养培训方案，科学设置教师教育课程，改革教育教学方式；重视中学教师职业道德教育，重视社会实践和教育实习；加强从事中学教师教育的师资队伍建设，建立科学的质量评价制度。

（三）中学要将《专业标准》作为教师管理的重要依据。制定中学教师专业发展规划，注重教师职业理想与职业道德教育，增强教师育人的责任感与使命感；开展校本研修，促进教师专业发展；完善教师岗位职责和考核评价制度，健全中学绩效管理机制。中等职业学校参照执行。

（四）中学教师要将《专业标准》作为自身专业发展的基本依据。制定自我专业发展规划，爱岗敬业，增强专业发展自觉性；大胆开展教育教学实践，不断创新；积极进行自我评价，主动参加教师培训和自主研修，逐步提升专业发展水平。

附录3 《教师教育课程标准(试行)》

为落实教育规划纲要,深化教师教育改革,规范和引导教师教育课程与教学,培养造就高素质专业化教师队伍,特制定《教师教育课程标准(试行)》。

教师教育课程广义上包括教师教育机构为培养和培训幼儿园、小学和中学教师所开设的公共基础课程、学科专业课程和教育类课程。本课程标准专指教育类课程。

《教师教育课程标准》体现国家对教师教育机构设置教师教育课程的基本要求,是制定教师教育课程方案、开发教材与课程资源、开展教学与评价,以及认定教师资格的重要依据。

一、基本理念

(一)育人为本

教师是幼儿、中小学学生发展的促进者,在研究和帮助学生健康成长的过程中实现专业发展。教师教育课程应反映社会主义核心价值观,吸收研究新成果,体现社会进步对幼儿、中小学学生发展的新要求。教师教育课程应引导未来教师树立正确的儿童观、学生观、教师观与教育观,掌握必备的教育知识与能力,参与教育实践,丰富专业体验;引导未来教师因材施教,关心和帮助每个幼儿、中小学学生逐步树立正确的世界观、人生观、价值观,培养社会责任感、创新精神和实践能力。

(二)实践取向

教师是反思性实践者,在研究自身经验和改进教育教学行为的过程中实现专业发展。教师教育课程应强化实践意识,关注现实问题,体现教育改革与发展对教师的新要求。教师教育课程应引导未来教师参与和研究基础教育改革,主动建构教育知识,发展实践能力;引导未来教师发现和解决实际问题,创新教育教学模式,形成个人的教学风格和实践智慧。

(三)终身学习

教师是终身学习者,在持续学习和不断完善自身素质的过程中实现专业发展。教师教育课程应实现职前教育与在职教育的一体化,增强适应性和开放性,体现学习型社会对个体的新要求。教师教育课程应引导未来教师树立正确的专业理想,掌握必备的知识与技能,养成独立思考和自主学习的习惯;引导教师加深专业理解,更新知识结构,形成终身学习和应对挑战的能力。

二、教师教育课程目标与课程设置

(一)幼儿园职前教师教育课程目标与课程设置

幼儿园职前教师教育课程要帮助未来教师充分认识幼儿阶段的特性和价值,理解"保教结合"的重要性,学会按幼儿的成长特点进行科学的保育和教育;理解幼儿的认知特点和学习方式,学会把教育寓于幼儿的生活和游戏中,创设适宜的教育环境,保护与发展幼儿探究、创造的兴趣,让幼儿在愉快的幼儿园生活中健康地成长。

1. 课程目标

目标领域	目标	基本要求
1 教育信念与责任	1.1 具有正确的儿童观和相应的行为	1.1.1 理解幼儿阶段在人生发展中的独特地位和价值,认识健康愉快的幼儿园生活对幼儿发展的意义。 1.1.2 尊重和维护幼儿的人格和权利,保护幼儿的好奇心和自信心。 1.1.3 尊重幼儿的个体差异,相信幼儿具有发展的潜力,乐于为幼儿创造发展的条件和机会。
	1.2 具有正确的教师观和相应的行为	1.2.1 理解教师是幼儿学习的引导者和支持者,相信教师工作的意义在于帮助幼儿健康成长。 1.2.2 了解幼儿园教师的职业特点和专业要求,自觉提高自身的科学与人文素养,形成终身学习的意愿。 1.2.3 了解教师的权利和责任,遵守教师职业道德。
	1.3 具有正确的教育观和相应的行为	1.3.1 理解教育对幼儿成长、教师自身发展和社会进步的重要意义,相信教育充满了创造的乐趣,愿意从事幼儿教育事业。 1.3.2 了解幼儿教育的历史、现状和发展趋势,认同素质教育理念,理解并参与教育改革。 1.3.3 形成正确的教育质量观,对与幼儿教育相关的现象进行专业思考与判断。

续表

2 教育知识与能力	2.1 具有理解幼儿的知识和能力	2.1.1 了解儿童发展的主要理论和儿童研究的最新成果。 2.1.2 了解儿童身心发展的一般规律和影响因素,熟悉幼儿年龄阶段特征和个体发展的差异性。 2.1.3 了解幼儿认知发展、学习方式的特点及影响因素,熟悉幼儿建构知识、获得技能的过程。 2.1.4 了解幼儿情感、社会性发展的特点,熟悉幼儿品德和行为习惯形成的过程和规律。 2.1.5 掌握观察、谈话、倾听、作品分析等基本方法,理解幼儿发展的需要。 2.1.6 了解幼儿期常见疾病、发展障碍、学习障碍的基础知识和应对方法。 2.1.7 了解我国教育的政策法规,熟悉关于儿童权利的内容以及维护儿童合法权益的途径。
	2.2 具有教育幼儿的知识和能力	2.2.1 了解我国幼儿园教育的目标和任务,熟悉健康、语言、社会、科学、艺术等各领域的教育目标,学会以此指导自己的学习和实践。 2.2.2 了解幼儿教育的基本原理,理解整合各领域的内容、综合地实施教育活动的重要性,学会设计和实施幼儿教育活动。 2.2.3 了解幼儿的生活经验,学会利用实践机会,积累引导幼儿在游戏等活动中建构知识、发展创造力的经验。 2.2.4 掌握照顾幼儿健康地、安全地生活的基本方法和技能。 2.2.5 了解教育评价的理论与技术,学会通过评价改进活动与促进幼儿发展。 2.2.6 了解与家庭、社区沟通的重要性,学会利用和开发周围的资源,创设有利于幼儿发展的环境。 2.2.7 掌握幼儿心理健康教育的基本知识,学会处理幼儿常见行为问题。 2.2.8 了解0—3岁保育教育的有关知识和婴儿保育教育的一般方法。 2.2.9 了解小学教育的有关知识和幼小衔接的一般方法。
	2.3 具有发展自我的知识与能力	2.3.1 了解教师专业素养的核心内容,明确自身专业发展的重点。 2.3.2 了解教师专业发展的阶段与途径,熟悉教师专业发展规划的一般方法,学会理解与分享优秀教师的成功经验。 2.3.3 了解教师专业发展的影响因素,学会利用以课程学习为主的各种机会,积累发展经验。

续表

3 教育实践与体验	3.1 具有观摩教育实践的经历与体验	3.1.1 结合相关课程学习,观摩幼儿的生活和教育活动的组织与指导,了解幼儿园教育的规范与过程,感受不同的教育风格。 3.1.2 深入幼儿园和班级,参与幼儿活动,获得与幼儿直接交往的体验。 3.1.3 了解幼儿园保育教育工作的特点和幼儿园各部门工作的职责和要求,感受幼儿教育实践的丰富性和复杂性。
	3.2 具有参与教育实践的经历与体验	3.2.1 了解实习班级幼儿的实际情况,在指导下设计教育活动方案,组织一次活动,获得对教育过程的真实感受。 3.2.2 参与各种教研活动,获得与幼儿园教师直接对话或交流的机会。 3.2.3 与家庭和社区合作,提高沟通能力,获得共同促进幼儿发展的实践经历与体验。 3.2.4 参与不同类型的幼教机构活动和幼儿教育实践活动。
	3.3 具有研究教育实践的经历与体验	3.3.1 在日常学习和实践过程中积累所学所思所想,形成问题意识和一定的解决问题的能力。 3.3.2 了解研究教育实践的一般方法,经历和体验制定计划、开展活动、完成报告、分享结果的过程。 3.3.3 参与各种类型的科研活动,获得科学地研究幼儿的经历与体验。

2. 课程设置

学习领域	建议模块	学分要求		
		三年制专科	五年制专科	四年制本科
1. 儿童发展与学习 2. 幼儿教育基础 3. 幼儿活动与指导 4. 幼儿园与家庭、社会 5. 职业道德与专业发展	儿童发展;幼儿认知与学习;特殊儿童发展与学习等。 教育发展史略;教育哲学;课程与教学理论;学前教育原理等。 幼儿游戏与指导;教育活动的设计与实施;幼儿健康教育与活动指导;幼儿语言教育与活动指导;幼儿社会教育与活动指导;幼儿科学教育与活动指导;幼儿艺术教育与活动指导;0—3岁婴儿的保育与教育;幼儿园教育环境创设;幼儿园教育评价;教育诊断与幼儿心理健康指导等。 幼儿园组织与管理;幼儿园班级管理;家庭与社区教育;教育资源的开发与利用;幼儿教育政策法规等。 教师职业道德;教育研究方法;师幼互动方法与实践;教师专业发展;教师语言技能、音乐技能、舞蹈技能、美术技能、现代教育技术应用等。	最低必修学分40学分	最低必修学分50学分	最低必修学分44学分

续表

6. 教育实践	教育见习;教育实习等。	18周	18周	18周
教师教育课程最低总学分数(含选修课程)		60学分 +18周	72学分 +18周	64学分 +18周

说明:
(1)1学分相当于学生在教师指导下进行课程学习18课时,并经考核合格。
(2)学习领域是每个学习者都必修的;建议模块供教师教育机构或学习者选择或组合,可以是必修也可以是选修;每个学习领域或模块的学分数由教师教育机构按相关规定自主确定。

(二)小学职前教师教育课程目标与课程设置

小学职前教师教育课程要引导未来教师理解小学生成长的特点与差异,学会创设富有支持性和挑战性的学习环境,满足他们的表现欲和求知欲;理解小学生的生活经验和现场资源的重要意义,学会设计和组织适宜的活动,指导和帮助他们自主、合作与探究学习,形成良好的学习习惯;理解交往对小学生发展的价值和独特性,学会组织各种集体和伙伴活动,让他们在有意义的学校生活中快乐成长。

1. 课程目标

目标领域	目标	基本要求
1 教育信念与责任	1.1 具有正确的学生观和相应的行为	1.1.1 理解小学阶段在人生发展中的独特地位和价值,认识生动活泼的小学生活对小学生发展的意义。 1.1.2 尊重学生学习和发展的权利,保护学生的学习兴趣和自信心。 1.1.3 尊重学生的个体差异,相信学生具有发展的潜力,乐于为学生创造发展的条件和机会。
	1.2 具有正确的教师观和相应的行为	1.2.1 理解教师是学生学习的促进者,相信教师工作的意义在于创造条件帮助学生快乐成长。 1.2.2 了解小学教师的职业特点和专业要求,自觉提高自身的科学和人文素养,形成终身学习的意愿。 1.2.3 了解教师的权利和责任,遵守教师职业道德。
	1.3 具有正确的教育观和相应的行为	1.3.1 理解教育对学生成长、教师专业发展和社会进步的重要意义,相信教育充满了创造的乐趣,愿意从事小学教育事业。 1.3.2 了解学校教育的历史、现状和发展趋势,认同素质教育理念,理解并参与教育改革。 1.3.3 形成正确的教育质量观,对与学校教育相关的现象进行专业思考与判断。

续表

2 教育知识与能力	2.1 具有理解学生的知识与能力	2.1.1 了解儿童发展的主要理论和儿童研究的最新成果。 2.1.2 了解儿童身心发展的一般规律和影响因素,熟悉小学生年龄特征和个体发展的差异性。 2.1.3 了解小学生的认知发展、学习方式的特点及影响因素,熟悉小学生建构知识、获得技能的过程。 2.1.4 了解小学生品德和行为习惯形成的过程,了解小学生的交往特点,理解同伴交往对小学生发展的影响。 2.1.5 掌握观察、谈话、倾听、作品分析等方法,理解小学生学习和发展的需要。 2.1.6 了解我国教育的政策法规,熟悉关于儿童权利的内容以及维护儿童合法权益的途径。
	2.2 具有教育学生的知识与能力	2.2.1 了解小学教育的培养目标,熟悉至少两门学科的课程标准,学会依据课程标准制定教学目标或活动目标。 2.2.2 熟悉至少两门学科的教学内容与方法,学会联系小学生的生活经验组织教学活动,将教学内容转化为对小学生有意义的学习活动。 2.2.3 了解学科整合在小学教育中的价值,了解与小学生学习内容相关的各种课程资源,学会设计综合性主题活动,创造跨学科的学习机会。 2.2.4 了解课堂组织与管理的知识,学会创设支持性与挑战性的学习环境,激发学生的学习兴趣。 2.2.5 了解课堂评价的理论与技术,学会通过评价改进教学与促进学生学习。 2.2.6 了解课程开发的知识,学会开发校本课程,设计、实施和指导简单的课外、校外活动。 2.2.7 了解班级管理的基本方法,学会引导小学生进行自我管理和形成集体观念。 2.2.8 了解小学生心理健康教育的基本知识,学会诊断和解决小学生常见学习问题和行为问题。 2.2.9 掌握教师所必需的语言技能、沟通与合作技能、运用现代教育技术的技能。
	2.3 具有发展自我的知识与能力	2.3.1 了解教师专业素养的核心内容,明确自身专业发展的重点。 2.3.2 了解教师专业发展的阶段与途径,熟悉教师专业发展规划的一般方法,学会理解与分享优秀教师的成功经验。 2.3.3 了解教师专业发展的影响因素,学会利用以课程学习为主的各种机会积累发展经验。

续表

3 教育实践与体验	3.1 具有观摩教育实践的经历与体验	3.1.1 结合相关课程学习,观摩小学课堂教学,了解课堂教学的规范与过程。 3.1.2 深入班级,了解小学生群体活动的状况以及小学班级管理、班队活动的内容和要求,获得与小学生直接交往的体验。 3.1.3 密切联系小学,了解小学的教育与管理实践,获得对小学工作内容和运作过程的感性认识。
	3.2 具有参与教育实践的经历与体验	3.2.1 在有指导的情况下,根据小学生的特点和教学目标设计与实施教学方案,经历1—2门课程的教学活动。 3.2.2 在有指导的情况下,参与指导学习、管理班级和组织班队活动,获得与家庭、社区联系的经历。 3.2.3 参与各种教研活动,获得与其他教师直接对话或交流的机会。
	3.3 具有研究教育实践的经历与体验	3.3.1 在日常学习和实践过程中积累所学所思所想,形成问题意识和一定的解决问题能力。 3.3.2 了解研究教育实践的一般方法,经历和体验制定计划、开展活动、完成报告、分享结果的过程。 3.3.3 参与各种类型的科研活动,获得科学地研究学生的经历与体验。

2. 课程设置

学习领域	建议模块	学分要求		
		三年制专科	五年制专科	四年制本科
1. 儿童发展与学习 2. 小学教育基础 3. 小学学科教育与活动指导 4. 心理健康与道德教育 5. 职业道德与专业发展	儿童发展;小学生认知与学习等。 教育哲学;课程设计与评价;有效教学;学校教育发展;班级管理;学校组织与管理;教育政策法规等。 小学学科课程标准与教材研究;小学学科教学设计;小学跨学科教育;小学综合实践活动等。 小学心理辅导;小学生品德发展与道德教育等。 教师职业道德;教育研究方法;教师专业发展;现代教育技术应用;教师语言;书写技能等。	最低必修学分20学分	最低必修学分26学分	最低必修学分24学分
6. 教育实践	教育见习;教育实习。	18周	18周	18周
教师教育课程最低总学分数(含选修课程)		28学分＋18周	35学分＋18周	32学分＋18周

说明:
(1)1学分相当于学生在教师指导下进行课程学习18课时,并经考核合格。
(2)学习领域是每个学习者都必修的;建议模块供教师教育机构或学习者选择或组合,可以是必修也可以是选修;每个学习领域或模块的学分数由教师教育机构按相关规定自主确定。

(三)中学职前教师教育课程目标与课程设置

中学职前教师教育课程要引导未来教师理解青春期的特点及其对中学生生活的影响,学习指导他们安全度过青春期;理解中学生的认知特点与学习方式,学会创建学习环境,鼓励学生独立思考,指导他们用多种方式探究学科知识;理解中学生的人格与文化特点,学会尊重他们的自我意识,指导他们规划自己的人生,在多样化的活动中发展社会实践能力。

1. 课程目标

目标领域	目标	基本要求
1 教育信念与责任	1.1 具有正确的学生观和相应的行为	1.1.1 理解中学阶段在人生发展中的独特地位和价值,认识积极主动的中学生活对中学生发展的意义。 1.1.2 尊重学生的学习和发展的权利,保护学生的学习自主性、独立性与选择性。 1.1.3 尊重学生的个体差异,相信学生具有发展的潜力,乐于为学生创造发展的条件和机会。
	1.2 具有正确的教师观和相应的行为	1.2.1 理解教师是学生学习的促进者,相信教师工作的意义在于创造条件帮助学生自主发展。 1.2.2 了解中学教师的职业特点和专业要求,自觉提高自身的科学与人文素养,形成终身学习的意愿。 1.2.3 了解教师的权利与责任,遵守教师职业道德。
	1.3 具有正确的教育观和相应的行为	1.3.1 理解教育对学生成长、教师自身发展和社会进步的重要意义,相信教育充满了创造的乐趣,愿意从事中学教育事业。 1.3.2 了解人类教育的历史、现状和发展趋势,认同素质教育理念,理解并参与教育改革。 1.3.3 形成正确的教育质量观,对与学校教育相关的现象进行专业思考与判断。
2 教育知识与能力	2.1 具有理解学生的知识与技能	2.1.1 了解儿童发展的主要理论和最新研究成果。 2.1.2 了解儿童身心发展的一般规律和影响因素,熟悉中学生年龄特征和个体发展的差异性。 2.1.3 了解中学生的认知发展、学习方式的特点及影响因素,熟悉中学生建构知识和获得技能的过程。 2.1.4 了解中学生品德和行为习惯形成的过程,了解中学生交往的特点,理解同伴交往对中学生发展的影响。 2.1.5 掌握观察、谈话、倾听、作品分析等方法,理解中学生学习和发展的需要。 2.1.6 了解我国教育的政策法规,熟悉关于儿童权利的内容以及维护儿童合法权益的途径。

续表

2 教育知识与能力	2.2 具有教育学生的知识和能力	2.2.1 了解中学教育的培养目标,熟悉任教学科的课程标准,学会依据课程标准制定教学目标或活动目标。 2.2.2 熟悉任教学科的教学内容和方法,学会联系并运用中学生生活经验和相关课程资源,设计教育活动,创设促进中学生学习的课堂环境。 2.2.3 了解课堂评价的理论与技术,学会通过评价改进教学与促进学生学习。 2.2.4 了解活动课程开发的知识,学会开发校本课程,设计与指导课外、校外活动。 2.2.5 了解班级管理的基本方法,学会引导中学生进行自我管理和形成集体观念。 2.2.6 了解中学生心理健康教育的基本知识,学会处理中学生特别是青春期常见的心理和行为问题。 2.2.7 掌握教师所必需的语言技能、沟通与合作技能、运用现代教育技术的技能。
	2.3 具有发展自我的知识与能力	2.3.1 了解教师专业素养的核心内容,明确自身专业发展的重点。 2.3.2 了解教师专业发展的阶段与途径,熟悉教师专业发展规划的一般方法,学会理解和分享优秀教师的成长经验。 2.3.3 了解教师专业发展的影响因素,学会利用以课程学习为主的各种机会积累发展的经验。
3 教育实践与体验	3.1 具有观摩教育实践的经历与体验	3.1.1 观摩中学课堂教学,了解中学课堂教学的规范与过程,感受不同的教学风格。 3.1.2 深入班级或其他学生组织,了解中学班级管理的内容和要求,获得与学生直接交往的体验。 3.1.3 深入中学,了解中学的组织结构与运作机制。
	3.2 具有参与教育实践的经历与体验	3.2.1 在有指导的情况下,根据学生的特点,设计与实施教学方案,获得对学科教学的真实感受和初步经验。 3.2.2 在有指导的情况下,参与指导学习、管理班级和组织活动,获得与家庭、社区联系的经历。 3.2.3 参与各种教研活动,获得与其他教师直接对话或交流的机会。
	3.3 具有研究教育实践的经历与体验	3.3.1 在日常学习和实践过程中积累所学所思所想,形成问题意识和一定的解决问题的能力。 3.3.2 了解研究教育实践的一般方法,经历和体验制定计划、开展活动、完成报告、分享结果的过程。 3.3.3 参与各种类型的科研活动,获得科学地研究学生的经历与体验。

2. 课程设置

学习领域	建议模块	学分要求		
		三年制专科	五年制专科	四年制本科
1. 儿童发展与学习 2. 中学教育基础 3. 中学学科教育与活动指导 4. 心理健康与道德教育 5. 职业道德与专业发展	儿童发展;中学生认知与学习等。 教育哲学;课程设计与评价;有效教学;学校教育发展;班级管理等。 中学学科课程标准与教材研究;中学学科教学设计;中学综合实践活动等。 中学生心理辅导;中学生品德发展与道德教育等。 教师职业道德;教师专业发展;教育研究方法;教师语言;现代教育技术应用等。	最低必修学分8学分	最低必修学分10学分	
6. 教育实践	教育见习;教育实习。	18周	18周	
教师教育课程最低总学分数(含选修课程)		12学分+18周	14学分+18周	

说明:
(1)1学分相当于学生在教师指导下进行课程学习18课时,并经考核合格。
(2)学习领域是每个学习者都必修的;建议模块供教师教育机构或学习者选择或组合,可以是必修也可以是选修;每个学习领域或模块的学分数由教师教育机构按相关规定自主确定。

(四)在职教师教育课程设置框架建议

在职教师教育课程分为学历教育课程与非学历教育课程。学历教育课程方案的制定要以本标准为依据,考虑教师教育机构自身的培养目标、学习者的性质和特点,并参照在职教师教育课程设置框架;非学历教育课程方案的制定要针对教师在不同发展阶段的特殊需求,参照在职教师教育课程设置框架,提供灵活多样、新颖实用、针对性强的课程,确保教师持续而有效的专业学习。

在职教师教育课程要满足教师专业发展的多样化需求,充分利用教师自身的经验与优势,进一步深化和发展职前教师教育的课程目标,引导教师加深专业理解、解决实际问题、提升自身经验,促进教师专业发展。

课程功能指向	主题/模块举例
加深专业理解	当代教育思潮、教师专业伦理、学科教育新进展、儿童研究新进展、学习科学新进展等,也可以选择哲学、人文、科技等研究领域的一些相关专题。
解决实际问题	学科教学专题研究、特殊儿童教育、青少年发展问题研究、学校课程领导、校(园)本课程开发、综合实践活动设计与指导、档案袋评价、学生综合素质评定、教学诊断、课堂评价、课堂观察、学业成就评价、信息技术与课程的整合、校(园)本教学研究制度建设等。
提升自身经验	教师专业发展专题研究、教育经验研究、反思性教学、教育行动研究、教育案例研究、教育叙事等。

三、实施建议

（一）各级教育行政部门要根据基础教育改革发展的需要，加强对教师教育课程的领导和管理，提供相应的政策支持和制度保障，充分调动各方面的积极性，做好教师教育课程标准实施工作。依据课程标准，加强教师教育质量的评估和监管，确保中小学和幼儿园教师培养质量。

（二）教师教育机构要依据课程标准，制定幼儿园、小学、中学教师教育课程方案，科学安排公共基础课程、学科专业课程和教师教育课程的结构比例。根据学习领域、建议模块以及学分要求，确立相应的课程结构，提出课程实施办法，制定配套的保障措施。建立课程自我评估制度，及时发现问题，总结经验，不断完善课程方案。

强化教育实践环节，完善教育实践课程管理，确保教育实践课程的时间和质量。大力推进课程改革，创新教师培养模式，探索建立高校、地方政府、中小学合作培养师范生的新机制。

（三）教师教育机构要研究在职教师学习的特殊性，提供有针对性的在职教师教育课程，满足不同学习者的发展需求。在职教师教育课程要反映相关研究领域的新进展，联系教育实际，尊重和吸纳学习者自身的实践经验，解决实际问题，增强在职教师教育课程的针对性和实效性。

主要参考文献

[1] 李秉德,李定仁.教学论[M].北京:人民教育出版社,2001.

[2] 孙可平.现代教学设计纲要[M].西安:陕西人民教育出版社,1998.

[3] 盛群力,程景利.教学设计要有新视野[J].全球教育展望,2003,191(7).

[4] 何克抗,郑永柏,谢幼如.教学系统设计[M].北京:北京师范大学出版社,2002.

[5] 盛群力等.简论系统教学设计的十大特色[J].课程·教材·教法,1998,5.

[6] 张振华.体育教学策略与设计[M].北京:北京师范大学出版社,2012.

[7] 施良方,崔允漷.教学理论:课堂教学的原理、策略与研究[M].上海:华东师范大学出版社,1999.

[8] 佟晓东,刘铁.体育教学设计与实践[M].沈阳:东北大学出版社,2009.

[9] 何克抗,林君芬,张文兰.教学系统设计[M].北京:高等教育出版社,2006.

[10] 李丽.优秀教师提升课堂实效的101个问题[M].长春:吉林大学出版社,2010.

[11] 朱慕菊.走进新课程——与课程实施者对话[M].北京:北京师范大学出版社,2002.

[12] 吕达.课程史论[M].北京:人民教育出版社,1999.

[13] 朱伟强.基于标准的体育课程设计[M].北京:北京体育大学出版社,2008.

[14] 季浏.《义务教育体育与健康课程标准》修订说明与分析(一)课程名称和前言部分[J].中国学校体育,2012,3.

[15] 钟启泉,崔允漷.新课程的理念与创新——师范生读本[M].北京:高等教育出版社,2003.

[16] 季浏.体育(与健康)课程标准(实验稿)解读[M].武汉:湖北教育出版社,2002.

[17] 教育部基础教育司,教育部师范教育司组织.体育与健康课程标准研修[M].北京:高等教育出版社,2004.

[18] 石冰冰.对美国SPARK体育课程教学培训的梳理与思考[J].中国学校体育,2013,1.

[19] 裴新宁.面向学习者的教学设计[M].北京:教育科学出版社,2005.

[20] 徐英俊.教学设计[M].北京:教育科学出版社,2001.

[21] 孙可平.现代教学设计纲要[M].西安:陕西人民教育出版社,1998.

[22] 于素梅.体育教学设计范式及要素分析[J].中国学校体育,2012,4.

[23] 董玉泉.如何确定教学内容的重点和难点[J].中国学校体育,2010,4.

[24] 毛振明,杨帆.论"教学重点"和"教学难点"[J].中国学校体育,2010,4.

[25] 北京师联教育科学研究所编.有效教学的策略、艺术与技巧(上)[M].北京:学苑音像出版社,2004.

[26] 周军.教学策略[M].北京:教育科学出版社,2007.

[27] 于素梅.体育教学设计中的"教学流程"设计与撰写[J].中国学校体育,2012,7.

[28] [美]荷烈治,哈尔德等著,牛志奎译.教学策略——有效教学指南(第八版)[M].北京:中国人民大学出版社,2011.

[29] 李祥主编.学校体育学[M].北京:高等教育出版社,2001.

[30] 于素梅.体育教学场地器材的"选"、"检"、"摆"及设计呈现形式[J].中国学校体育,2012,8.

[31] 柴娇.我国中小学体育课堂教学设计的理论与实践研究[D].北京体育大学博士论文,2006.

[32] 杨开城.以学习活动为中心的教学设计理论[M].北京:电子工业出版社,2005.

[33] 季浏.体育与健康教学研究与案例[M].北京:高等教育出版社,2007.

[34] 梁占歌,张振华.建构主义思想对体育教育影响与启示[J].合肥师范学院学报,2010,3.

[35] 郭成.课堂教学设计[M].北京:人民教育出版社,2006.

[36] 何克杭.教学系统设计[M].北京:北京师范大学出版社,2007.

[37] [美]R.M.加涅著,皮连生等译.学习的条件和教学论[M].上海:华东师范大学出版社,2001.

[38] 毛振明.体育教学改革新视野[M].北京:北京体育大学出版社,2003.

[39] 皮连生,刘杰.现代教学设计[M].北京:首都师范大学出版社,2010.

[40] 盛群力等编著.21世纪教育目标新分类[M].杭州:浙江教育出版社,2008.

[41] 杨雪芹,刘定一.体育教学设计[M].桂林:广西师范大学出版社,2005.